/

DÁN AGUS TALLANN 10

Canfar an Dán

Uilliam English agus a Chairde

Canfar an Dán

Uilliam English agus a Chairde

Úna Nic Éinrí

Pádraig Ó Cearbhaill: Eagarthóir Cúnta agus Amhránaí

Micheál Ó Súilleabháin: Comhairleoir Ceoil

Frances Boland: Ealaíontóir

Tá An Sagart buíoch de Bhord na Leabhar Gaeilge as tacaíocht
airgeadais a chur ar fáil don leabhar seo

An Sagart
An Daingean
2003

An Chéad Chló 2003

© Úna Nic Éinrí agus Pádraig Ó Cearbhaill

ISBN 1 903896 16 9

ISSN 0791 3583

Sa tsraith chéanna:

1. *Orthaí Cosanta sa Chráifeacht Cheilteach*

2. *Aisling agus Tóir*

3. *Ár Seanscéalaíocht*

4. *Scéalta agus Seanchas Phádraig Uí Ghrífín*

5. *Thiar sa Mhainistir atá an Ghaolainn Bhreá*

6. *Téamaí Taighde Nua-Ghaeilge*

7. *Éist leis an gCóta*

8. *An Cantaire Siúlach: Tadhg Gaelach*

9. *Béalra: Aistí ar Theangeolaíocht na Gaeilge*

AN CINNIRE LAIGHNEACH A CHLÓIGH

Clár an Ábhair

Grianghrafanna

1. An tAth. Uilliam English
   Good Counsel (Iúil – Meán Fómhair, 1937, lch. 450)
2. Cnoc Gréine
   Willie Ryan, Riasc, Pailís Ghréine
3. Altóir na Maighdine Muire, i Mainistir na nAibhistíneach, Fiodh Ard, Co. Thiobraid Árann. Ina haice atá an tEaspag de Buitléir (*ob.* 1800) curtha
   Anthony Ryan, Pailís Ghréine
4. Uaigheanna mhuintir English, sa tSulchóid, Co. Thiobraid Árann
   Willie Ryan, Riasc, Pailís Ghréine
5. Fothrach Theach an Aifrinn i mBaile an Chaisleáin, gar don tSulchóid
6. Seán, Ridire an Ghleanna (*ob.* 1737)
   Kieran Clancy, le cead Desmond, Ridire an Ghleanna, Co. Luimnigh
7. Maria Therese na hOstaire (1717-1761)
8. Elizabeth na Rúise (1709-1761)
9. Maximilian Ulysses Browne (1705-1757)
10. Mapa de Chathair Chorcaí (de Rocque, 1773)
    Dónall Ó Luanaí, L.N. na hÉireann
11. Maurice Count Lacy (1725-1801)
12. Leopold Count von Daun (1705-1766)
    Heeresgeschichtliches Museum im Arsenal, Wien
13. Teach Noel Mac Cormick, Pailís Ghréine. Ba sa suíomh sin a chónaigh Domhnall Ó Meára
14. Leac Uaighe na mBrianach i reilig na Sean-Phailíse
15. Leac Uaighe mhuintir English, sa Spidéal (Sunglen), Co. Luimnigh
16. Leac Uaighe mhuintir English ar an mBóthar Rua, Co. Luimnigh
    Willie Ryan, Riasc, Pailís Ghréine
17. An Leac a thóg Uilliam English, sa bhliain 1765, i Reilig Eoin, Sr. Dhúglaise, Corcaigh, in onóir na nAibhistíneach a chuaigh roimhe. Is i Reilig Naomh Iósaef, Corcaigh, atá sí anois
18. An leac chéanna lena haghaidh nua
19. Mainistir na nAibhistíneach, Corcaigh (1872-1937)
20. An mhainistir níos déanaí
    An tAth. John O'Connor, O.S.A., Dún Garbhán
21. Fothrach mhainistir na nAibhistíneach i bhFiodh Ard, faoina bhfuil na Buitléirigh (Dunboyne) curtha
    Anthony Ryan

do Emer agus Róisín Ní Chearbhaill
agus
do Úna Ní Dhrisceoil
triúr nach dtagann stad orthu ach ag casadh ceoil

Réamhrá

Chaith Uilliam English an dara leath dá shaol ina shagart Aibhistíneach i gcathair Chorcaí, áit ar cailleadh é sa bhliain 1778. Chuir Risteárd Ó Foghludha a shaothar i gcló cheana i *Cois na Bríde* (1937). Sa ransú ar na lámhscríbhinní Gaeilge, a maireann a shaothar iontu inniu, ba oscailt súl dúinn na freagraí go léir a fuair sé ar a chuid ceapadóireachta fileata. B'ait linn freisin na dánta go léir a raibh ainm foinn ag gabháil leo. Thoiligh an tOllamh Micheál Ó Súilleabháin, Oll. Luimnigh, a bheith ina Chomhairleoir Ceoil ar an tionscadal, agus tá toradh na hoibre ar fáil anseo – leathchéad dán in eagar, a mbaineann naoi gcinn is fiche le Uilliam English (ceithre cinn díobh nár fhoilsigh an Foghludhach). Mar leis na freagraí ó fhilí eile, tuigtear dúinn go bhfuil riar maith díobh in eagar sa leabhar seo don chéad uair, deich gcinn ar a laghad. Ar an dlúthdhiosca cantar sampla amháin de gach fonn, a luaitear sna lámhscríbhinní, seachas aon cheann eisceachtúil amháin nár éirigh linn a aimsiú. Is mór idir na seánraí liteartha atá ar fáil anseo, idir dhánta grá, chaointe, aithrí, aislingí, agus chúrsaí cogaidh san Eoraip (1756-63). Faightear spléachadh ar Choill Bheithne, is ar an nGleann, Co. Luimnigh, in dhá dhán. Mhol Uilliam English uaisleacht is flaithiúlacht mhuintir Heidhin is Uí Bhriain 'ar binn Chnoic Ghréine' i ndéantúis fhilíochta eile dá chuid, agus tugtar éachtaint ar a stair siúd sa leabhar chomh maith.

Admhálacha

Gabhann dlúthdhiosca leis an leabhar seo, a bhfuil scór amhrán air. Is le cabhair deontais ón g**Comhairle Ealaíon** a eisíodh an diosca sin.

9

Airgead ó Stiúrthóireacht Taighde Choláiste Mhuire gan Smál, a réitigh an bealach do Mhanchain, d'fhonn lámhscríbhinní Gaeilge Leabharlainne John Ryland a scrúdú.

Fuarthas **grianghrafanna** (agus cead foilsithe) ó Chartlann na nAibhistíneach, Baile Baodáin, Baile Átha Cliath, ón Ath. John O'Connor, O.S.A., Dún Garbhán, ó Anthony Ryan, agus Willie Ryan, Pailís Ghréine, ó Ridire an Ghleanna *via* Tom Donovan, Co. Luimnigh, ón Heeresgeschichtliches Museum im Arsenal, Wien, a bhuíochas don Dr. Declan Downey, Oll. na hÉireann, Baile Átha Cliath, agus ó Leabharlann Náis. na hÉireann.

Cead Foilsithe

Fuarthas cead ó Ac. Ríoga Éireann dánta ó na lámhscríbhinní seo leanas a fhoilsiú:
Ac.R.É. 23G20, 237-238; 23 N 12, 31-36; 23 B 36, 33-37; 23 B 36, 158-159; 23 N 9, 1-3; 24 M 5, 56; 23 C 21, 257-258; 23 L 37, 284; 23 M 6, 44-45; 23 I 20, 68; 23 F 18, 31-33; 23 B 38, 231; 24 B 29, 141; 23 C 32 (b), 36; 23 B 38, 234-235; 23 B 38, 234; 24 B 29, 140; 23 B 38, 231-232; 23 I 20, 69; 23 C 3, 59-60; 23 C 3, 60-61; 23 B 38, 233; 24 B 29, 141; 23 C 3, 61-62; 23 C 3, 60; 23 G 22, 80; 23 C 3, 58-59; 23 L 24, 200-202; 23 B 38, 11-12; 23 C 3, 54-55; 23 C 3, 55-56; 23 C 3, 57-58; 23 M 51, 72-73; 23 B 38, 191; 23 B 38, 192; 23 B 38, 193; 23 M 14, 122-124; 23 M 51, 68; 23 B 38, 6-8; 23 O 73, 14 (d) −14 (e).

Thug an Leabharlannaí, Col. Phádraig, Maigh Nuad cead foilsithe dúinn ó na lámhscríbhinní seo leanas: **M.N.** M43, 27-28; M6, 271-273; M58(a), 28-29; M11, 15-16; M9, 374.

Fuarthas cead ó Leabharlann Huntington, San Marino, California chun leas a bhaint as **H.M.** 4543, 319-320.

Thug caomhnóirí Choláiste Cholmáin, Mainistir Fhear Maí, cead **PB** 9, 32-33 a fhoilsiú.

Táimid buíoch de Leabharlann Náisiúnta na hÉireann a thug cead foilsithe dúinn as an lámhscríbhinn **G** 434 (b), 59-61.

Fuarthas cead ó Leabharlann Náisiúnta na Breataine chun dán a fhoilsiú ó **Eg.** 150, f. 357 (lgh. 705-706).

Daoine a chuir comaoin orainn

Foilsitheoir an leabhair, An Monsignor Pádraig Ó Fiannachta, a stiúraigh, a spreag sinn chun saothair, agus a chabhraigh linn i ngach slí.

Stan Hickey agus Mark Rogers, ón *Cinnire Laighneach* a chaith a ndúthracht leis an gcló.

Nioclás Ó Cearbhalláin, Glen Cumiskey, agus Jackie Small ó Thaisce Cheol Dúchais Éireann.

An Dr. Ríonach Uí Ógáin, Oll. na hÉir., B.Á.C.

An tAth. Dáithí Ó Ceallaigh, O.S.A. a chuir ábhar na Cartlainne Aibhistíní faoin ár mbráid.

An tAth. John O'Connor, O.S.A., Dún Garbhán, a thaistil go Corcaigh faoi dhó chun grianghrafanna a sholáthar agus a dhein taighde san Archivio Generale del Vicariato di Roma ar stair San Matteo.

An tAth. Hugh Fenning O.P., a roinn a chuid eolais linn ar stair na hEaglaise san ochtú haois déag in Éirinn agus thar lear.

Diarmaid Ó Catháin a chuir alt luachmhar faoi Choláiste San Matteo, in Merulana ar ár súile.

An Dr. Liam Mac Peaircín, Coláiste Mhuire gan Smál a léigh agus a cheartaigh an téacs.

An Dr. Maura Cronin, Liam Chambers, Liam Irwin, Máiréad Ní Dhomhnaill, Darach Sanfey, agus Donnchadh Ó Duibhir, Col. Mhuire gan Smál, a réitigh fadhbanna staire is Fraincise dúinn.

Diarmuid Ó Murchadha, Bun an Tábhairne, Co. Chorcaí, a léirigh ansuim san ábhar, agus a roinn a chuid eolais ar logainmneacha linn.

Thomas J. Byrne a bhfuil an-chur-amach aige ar Ridirí an Ghleanna.

Foireann na Leabharlann seo leanas a dhein leabhair agus lámhscríbhinní a sholáthar: Coláiste Mhuire gan Smál (Phyllis

Conran agus Marion Ní Fhógartaigh go speisialta), Acadamh Ríoga Éireann, Leabharlann Russell, Maigh Nuad, Coláiste Cholmáin, Mainistir Fhear Maí, Leabharlann John Ryland, Manchain, Oll. na hÉir., Gaillimh agus Oll. na hÉir., Corcaigh.

Is fuirist teacht ar shaothar na bhfilí sna lámhscríbhinní, ach ní haon ribín réidh é an stair áitiúil laistiar de a rianadh. Bhí beirt a tháinig i gcabhair orainn go rábach – John Gallahue, ón nGallbhaile, Co. Luimnigh, agus Anthony Ryan ó Phailís Ghréine. Roinn John Gallahue a chuid eolais faoi Ghleann na gCreabhar linn go fial flaithiúil.

Níl aon teora le cur amach Anthony Ryan ar stair a cheantair, agus níor tháinig stad air ach dár múineadh. Chuir sé grianghrafanna de leac uaighe na mBrianach, is de mhuintir English ar fáil dúinn. Thochail sé foinsí mhuintir Heidhin. Thar aon ní eile chuir sé Tom English is Hugh, an tSr. Cecilia English ó Chlochar na Trócaire, Dún, agus Rose English, Teampall Uí Bhrídeáin, Co. Luimnigh, de threibh an fhile, in aithne dúinn.

Linn féin na botúin i ndiaidh a ndíchill go léir.

Úna Nic Éinrí
Pádraig Ó Cearbhaill
um Shamhain 2003

Noda

Na Lámhscríbhinní Gaeilge ar baineadh feidhm astu

Aberystwyth A	Lámhscríbhinní Gaeilge sa Bhreatain Bheag
Ac.R.É.	Acadamh Ríoga Éireann
B.Á.C. Feir.	Lámhscríbhinní Phádraig Feirtéir, Ollscoil na hÉireann, Baile Átha Cliath
B.Á.C. O'Curry	Lámhscríbhinní Eoghain Uí Chomhraí, Oll. na hÉireann, Baile Átha Cliath
Béal Feirste	Lámhscríbhinní Bunting, Ollscoil na Ríona, Béal Feirste
B.L. Add.	Lámhscríbhinní Gaeilge sa British Library
B.L. Eg.	Lámhscríbhinní Egerton, sa British Library
Boston Ath.	Lámhscríbhinní Gaeilge sa Boston Athenaeum
California H.M.	Lámhscríbhinn Huntington, San Marino, California
Cambridge Add.	Lámhscríbhinní Gaeilge i leabharlanna Cambridge
Cill Chainnigh CC	Lámhscríbhinní Gaeilge Choláiste Chiaráin, Cill Chainnigh
Corcaigh C.	Cnuasach lámhscríbhinní Uí Mhurchú, Oll. na hÉireann, Corcaigh
Corcaigh T.	Lámhscríbhinní Torna, Ollscoil na hÉireann, Corcaigh
Gaillimh de hÍde	Lámhscríbhinní de hÍde, Ollscoil na hÉireann, Gaillimh
Gaillimh L. Bhreise	Lámhscríbhinní Breise, Ollscoil na hÉireann, Gaillimh

IL.	Lámhscríbhinní i Leabharlann na nÍosánach, Baile Átha Cliath
L.N.	Leabharlann Náisiúnta na hÉireann
Longfort ML	Lámhscríbhinní Gaeilge i gColáiste Mel, Longfort
M.N.	Coláiste Phádraig, Maigh Nuad
Main. Fhear Maí CF agus PB	Lámhscríbhinní Gaeilge i gColáiste Cholmáin, Mainistir Fhear Maí
Manchain Ryl	Lámhscríbhinní i Leabharlann John Ryland, Manchain
Melleray L. Bhreise	Lámhscríbhinní 11-16 i Mainistir Mhelerí
Nat. Lib. Scotland	Lámhscríbhinní ceoil i Leabharlann Náisiúnta na hAlban
Port Láirge CE	Lámhscríbhinní Gaeilge i gColáiste Eoin, Port Láirge
Schoyen	Ceithre lámhscríbhinn Ghaeilge i seilbh phríobháideach, Oslo
T.C.D. H	Lámhscríbhinní Gaeilge i gColáiste na Tríonóide, Baile Átha Cliath
Wisconsin	Lámhscríbhinní Gaeilge in Ollscoil Wisconsin-Madison

Cúlra na Filíochta

Filíocht chathrach ar an mórgóir a fhaightear sa leabhar seo. Goideadh bróga Uilliam English uair amháin, mar shampla, agus chuaigh Éadbhard de Nógla sa tóir orthu. Shiúil sé curraithe, bogaithe is móinte, Dúiche Ealla, Triúcha an Bharraigh, agus Ciarraí deiseal is tuathal, gan aon toradh ar a chamchuairt. Ansin thug sé aghaidh ar Phort Láirge, ar Luimneach, 'bolg gach bóthair', ar Chluain Meala, is ar Chill Chainnigh 'le fuinneamh is fórsa'. Stad ná cónaí níor dhein sé ina dhiaidh sin gur bhain sé Baile Átha Cliath amach, ach b'éigean dó an bád a thógaint go Páras. Ar deireadh thiar shroich sé leannán a chroí, Máire Treasa na hOstaire, a gheall aiseag na mbróg dó, gur fhill sé ar chathair Chorcaí 'le sála nóna' (féach Uimh. 23 [a]). Domhan na samhlaíochta atá á chruthú anseo, gan amhras, a bhfuil tionchar láidir an Bharántais air, ach is ceann é atá lán de chathracha is de mhuintir na gcathracha sin. Ghearáin Uilliam English go raibh sé dóite gan na bróga céanna ar chlocha Chorcaí, agus a throithe scólta ó phluid na cathrach. Níorbh aon futa fata a ghrean na bróga dó, dar leis, ach Pádraig Ó Murchadha, gréasaí den scoth. (Uimh. 23).

Saol cathrach a chaith Uilliam English ón uair ar cheangail sé leis an Ord, ach go háirithe, agus is léir sin ó ábhar a chuid filíochta. Ceardaithe ón gcathair a d'fhreagair é, an táilliúir, Éadbhard de Nógla agus an fíodóir, Seán Ó Cuinneagáin, mar shampla. An leagan is luaithe de na dánta sin a mhaireann anois, ba cheardaí eile a bhreac síos iad, ie. Stiabhna Mac Coiligin. 'Stephen Cox' a ghlaoigh sé air féin i mBéarla. Is dóigh le Niall Buttimer go raibh fear darbh ainm Stephen Cox ina chónaí 'in Half-moon Street' i gCorcaigh, sa bhliain 1787, agus go raibh sé ina dhéantóir seoil (Buttimer, 1988, 129). Ní bheifeá ag dul thar cailc, más ea, dá ndéarfá go raibh aithne

15

phearsanta aige ar an Nóglach, ar an gCuinneagánach, agus ar English. Thuigfidís ceirdeanna a chéile ach go háirithe. Mar seo a chuir Uilliam English síos ar cheardaíocht an ghréasaí, Pádraig Ó Murchadha:

> Do thug sé ceap ar fad leis ornaithe,
> leathar Spáinneach bláfar córach,
> bonn is bálta is sáil 'bhí ródheas,
> céir is cnáib go sásamh eolaigh. (Uimh. 23, línte 13-16)

Is fíor gur mhair Caitlicigh Ghaelacha áirithe go cluthar compordach i gCo. Chorcaí san ochtú haois déag, agus nár leasc leo éadaí ón iasacht a chaitheamh. Tóg Art ó Laoghaire, ó Mhaigh Chromtha, ar chaoin a bhean Eibhlín mar leanas é:

> Is breá thíodh lann duit,
> Hata faoi bhanda,
> Bróg chaol ghallda,
> Is culaith den abhras
> A sníomhthaí thall duit. (Ó Tuama, 1961, 35)

Bhí bagairt ón iasacht ar na ceirdeanna i gCorcaigh, mar is mó fógra mar leanas a léifeá i nuachtáin Chorcaí:

> James Collins, at the Harp and Crown near the Exchange-keeps English broad cloth, livery cloths, nankeens, swanskins, allap-ines, English bombazines, calimancoes, etc. Sells at low prices for ready money. (*Cork Journal*, Lá Nollag, 1753 – Collins, 1957, 97)

Thosaigh cuid de na ceardaithe ag léirsiú, agus bhagair an tEaspag Butler coinnealbhá orthu siúd a lean de na léirsithe sin (Buttimer, 1988, 126-137, Costello, 2000, 15-16). Bhí an tEaspag ar thaobh na nGall, sa chás áirithe seo, ar chan Uilliam English chomh fíochmhar sin ina gcoinne. Ba ghean leis an bhfile tagairt do shnáthaid an táill-iúra, Éadbhard de Nógla, ina chuid filíochta, agus níor leis a b'fhaillí a áiteamh gur dhein Críost 'bréidfhilleadh' den Mhuir Rua, nó Muir na nGiolcach, mar a ghlaoitear uirthi anois. Bhí an bhochtaineacht ag gabháil stealladh don chosmhuintir:

> Four fifths of Irish Papists taste not bread but as a dainty. Their habitation is no other than that of a few sods reared one upon the other in the space of a few hours. (Gibbons, 1932, 47)

Chaith Uilliam English leath a shaoil sa timpeallacht sin, ina:

> B[h]ráthair diaga rialta rómhaith,
> fáidh na gceall, 's a gceann treorach,
> teagascóir diachta, stíobhard eolais, (Uimh. 23 [b], línte 9-11)

Mar seo a labhair Seán Ó Cuinneagáin faoi:

> Beidh an tAth. Uilliam ag riar ar bhráithribh,
> i gcríoch aird Choinn, cé tá lag fós,
> go meanmnach rialta diaga cráifeach,
> ag síorshníomh grinn is é lán de scóip, (Uimh. 20 (b),17-20)

Bhí sé ar a tháirm ag plé le fíoraí an fhíodóra agus le snáthaid an táilliúra. **Achainí an Fhíodóra ar an Athair Uilliam Inglis chun a mhadra 'fhógairt** a scríobh Tomás Ó hÍceadha, Baile an Ghraeigh, Co.Thiobraid Árann, sa bhliain 1821, do Shéamas Ó Meára, ceannaí a raibh cónaí air ag '40, Main St. Clonmel':

> Mo bheannacht duit, a Athair is go bhfachair do chion den
>   ghlóire;
> Duit beannacht na nAspal 's mo mhadra cuir á fhógairt.
> Coileán deas dathannach a chailleas-sa d'éis a thóigthe
> Go críonna gasta le hanraithe is togha na feola.
>
> *Rover* a ainm – bhí paiste de chiar 'na scornach.
> Bhí eireaball fada aige is geadainn in ard a chorónach.
> Dhá shúil lasanta, is dearfa d'áireamh comhraic.
> 'S bhí spota beag liath thiar ar ard a thóna.

Ba lúfar, tearcanta a thaisteal, 's a ghuth ba ghlórach,
gach oíche 'om' fhaire, is é im' aice 'na luí sna seoltaibh.
Níor bhaol dom' phearsa fad 'mhairfinn, ar dhíon dom *Rover*
's do scaipfeadh cearca, lachain is lucha móra. ⁄

Guím a Athair Uilliam ar Dhia nár ghabhair breoiteacht,
is cuir mallacht go dian i ndiaidh mo choileáin ghleoite.
Cá bhfios nach dtriallfadh i ndiaigh do léanntacht, 'eolaigh,
's go n-aiscí Dia ort iad, is faigh dom *Rover*. (L.N. G230, 67)

I lámhscríbhinn Manchain, Ryl. 134 cuirtear an dán thuas i mbéal
Éadbhaird de Nógla.

Thaithíodh Uilliam English margadh an ime, ag Ard an Gheata, sa
chathair, a bhí ina cheann sprice ag na carraerí a thugadh im saillte ó
áiteanna i bhfad i gcéin (féach Uimh. 22). Níorbh aon stróinséir don
chroch é:

> *Cork Journal*, 23ú Aibreán, 1754. On Saturday (20th) was exe-
> cuted at Gallows Green, William Sullivan, for forcibly abduct-
> ing and carrying away Miss Margaret Mullane. (Collins, 1957,
> 100)

agus:

> San mbliain 1749, mar shampla, crochadh duine ag an Lána
> Leathan féin i ngiorracht céad slat do choinbhint Liam Inglis
> féin. (Ó Callanáin, 1992)

Ba dhóigh leat nár ghoill an saol rómhór air féin ná ar a chairde,
áfach. D'imrídís cártaí, ní foláir, ó fhianaise na meafar a thógtar orthu
san fhilíocht sa leabhar seo – buafaidh an mámh (an *Pretender*) ar an
gcárta gan mhaith (Seoirse na Breataine), a mhaítear in áit amháin
(Uimh. 26). "Cearrbhaigh" a d'imríodh cleas leis na cártaí ba ea na
Seáin Bhuí, a mhalartaigh an Rí Cóir ar Sheacht an Spéireat, dar leis
an bhfile i ndán eile. Arís eile, cuirtear i gcuimhne do Chathal

(Séarlas Eadbhard) go bhfuil *Heart* maith ina láimh aige, ach é a imirt ar Sheán Buí (Uimh. 18 [d]).

> But cards were the resource of all the world.. In European Courts, I believe the practice still remains, not for gambling, but for pastime. Our ancestors generally adopted it. 'Books! prithee, don't talk to me about books,' said old Sarah Marlborough. 'The only books I know are men and cards'. ... Even the Nonconformist clergy looked not unkindly on the practice. 'I do not think' says one of them, 'that honest Martin Luther committed sin by playing at backgammon for an hour or two after dinner, in order by unbending his mind to promote digestion. (Thackeray, 1855/1995, 50)

Faoin ochtú haois déag in Éirinn bhí meafar na gcártaí tar éis áit mheafar na fichille a thógaint san fhilíocht, mar is léir ó na dánta sa leabhar seo. Ar an láimh eile i dteach an Ath. Heidhin, ar binn Chnoic Ghréine, ba iad an fhicheall is an táiplis phoncach a bhain gáire as an sagart, go háirithe ar fáil na saorbheart dó! (Uimh. 31, línte 46-51).

Léadh Uilliam English na nuachtáin a thagadh chun na tíre ó Shasana gach Máirt is Satharn. Dá mbeifí chun an tír a ionsaí d'áitítí sna Páipéir chéanna gurbh é an Stíobhartach a bheadh i gceannas! (Munter, 1967, 119). Bhíodar claonta, mar a dúradh i gceann dá dhánta:

> 'S a chara, a rún, do ghlacas niús na Máirte inné.
> Dar an leabhar úd do thaitnigh liom a cáil 's a gné,
> gur cailleadh long i bPort Mathún thar sáile i gcéin,
> is caithfid bua air a dhearbhú gurbh é a máistir féin.
> (Uimh. 27, línte 9-12)

Cathair bhreá ba ea Corcaigh faoi lár an ochtú haois déag. Chuir an cuairteoir Twiss i gcomparáid le Lyons nó Oporto í, agus ní raibh aon oidhre uirthi ach Bristol, dar le de la Tocnaye, a ghnóthaí is a bhí sí (Maxwell, 1940 agus 1979).

Cork Journal, 16/09/ 1754: Arrived in Cork, the *Mayflower,* under Captain Driscoll, from Lisbon with salt, sugar, fruit and wine. Sailed, *The Egmont,* of Cork to New York, with beef, butter, mackerel, etc. (Collins, 1958, 97)

Bhí im, muiceoil agus mairteoil shaillte á n-easportáil uaithi, agus bhíodh bádóirí mar Dháth Ó Glasáin ón Áth Fhada, Co. Chorcaí, ag filleadh ón Eoraip go Corcaigh, trí Chuan na bhFaoileann 'taoibh le Cóbh theas' (Uimh. 28, líne 19). Nuair a cailleadh é chaoin Uilliam English é, agus mhol sé a chrógacht:

> fear nár stríoc do ghaoith ar mhórmhuir,
> fear de cheap na sean a bhíodh treorach,
> fear do b'innealta cuisle insa chorda,
> fear breá maisiúil, dea-chlumhail córach. (Uimh. 28)

Bheadh nuacht ag a leithéid le breith chuig a chairde sa bhaile, ní foláir, agus bhí an lucht éisteachta ann, mar ón uair ar cheangail English leis an Ord Aibhistíneach, dhírigh sé a aire ar Chogadh na Seacht mBliain san Eoraip (1756-63) ina raibh Sasana agus an Phrúis ar thaobh amháin, i gcoinne na Fraince, na hOstaire, na Rúise agus na Sualainne ar an taobh eile. Bhí ag éirí leis an bPrúis faoi Fheardorcha II, nó gur buadh orthu ag Kolin ar an 18ú Meitheamh, 1757. Bhuaigh an Fhrainc ar Shasana ag Hastenbeck ar an 26ú Iúil 1757, agus fuair an Rúis an lámh in uachtar ar an bPrúis ag Gross Jagerndorf i mí Lúnasa na bliana céanna. D'ionsaigh an tSualainn Pomerania i mí Dheireadh Fómhair, agus ghlac an Ostair seilbh ar Berlin ar feadh tamaill i mí Dheireadh Fómhair chomh maith (Williams, 1980, 403-407; féach freisin dánta 20-26 sa leabhar seo). Ba ghean leis an bhfile Máire Treasa na hOstaire, agus Eilís na Rúise. Ní gá a rá gur chúis mhórtais dó Laoiseach XV, Rí na Fraince, a bheith ina shea. Thabharfadh sé sin seans don *Pretender,* Charles Edward, filleadh ar a dhúchas, dar leis, agus dá bharr sin bheadh an creideamh Caitliceach i mbarr a réime arís.

Níorbh é sin an chéad uair dó ag láithriú an *Pretender* i suíomh Eorpach, mar sa dán **Cé Sin Amuigh**, déanann sé tagairt do Naples a bheith 'gan time', toisc gur bhuaigh Pilib V na Spáinne ar ais é sa bhliain 1734. (Uimh. 17, línte 34-35). Tagairt do Chogadh Chomharbacht na Spáinne (1701-1738) a bhí á dhéanamh aige ansin, díreach mar a luaigh Éadbhard de Nógla Cogadh Chomharbacht na hOstaire (1740-48), ina dhán **Mo Chumha is mo Dhainid** (Uimh. 22 [a]). Forás nádúrtha ba ea é, más ea, díriú ar Chogadh na Seacht mBliain, ach bhí na filí dall, de réir dealraimh, ar fhíorchúis an chogaidh, sé sin, bunú cóilíneachtaí san Ind agus i Meiriceá Thuaidh. Ba mhairg dóibh a dhein deimhin dá ndóchas, mar chuir an cogadh céanna bonn faoin mBreatain Mhór; leath a cóilíneachtaí ar fud an domhain; agus ón uair ar baineadh a gceart de na Stíobhartaigh easpaig na hÉireann a ainmniú thit an lug ar an lag ar Uilliam English, ní foláir. Níor mheáigh cúrsaí creidimh oiread is brobh i stair na hEorpa faoin am sin. Aon dán amháin eile a chum sé i ndiaidh Chogadh na Seacht mBliain, agus ba ag cásamh an ghúta a bhí sé ann! (féach Uimh. 29 sa leabhar).

Bhain buntáiste fileata leis an ábhar canta a bhí aige, áfach, mar dealraíonn sé gur chuaigh na dánta polaitiúla isteach caol díreach sna lámhscríbhinní agus scaipeadh go forleathan iad. Gheobhfá a rá gurbh iad a thuill clú na filíochta do Uilliam English, mar ba sa thréimhse chéanna, sé sin ón mbliain 1750 ar aghaidh, a scríobhadh síos a chaointe, a dhánta grá, a aislingí is a aithrí, ó fhianaise na lámhscríbhinní a mhaireann inniu, ach go háirithe (dánta 1-18). Tugann fianaise inmheánach cuid de na dánta sin le fios go raibh siad ar an bhfód i bhfad sular cheangail an file leis an Ord, nó sular thug sé faoin 'seanduine Seoirse' ina chuid filíochta.

Scríobh Seán Ó Dálaigh:

The Jacobite bards felt peculiar satisfaction in reviling the house of Hanover. The following is the first stanza of one of the most popular Scotch songs of this period:

'Wha the deil hae we gotten for a king,
But a wee wee German lairdie?
And when we gae'd to bring him hame,
He was delving in his kail-yardie;
Sheughing kail, and laying leeks,
Without the hose, and but the breeks;
And up his beggar duds he cleeks
The wee wee German lairdie.' (Ó Dálaigh, 1925, 120-121)

Céad bliain ina dhiaidh sin níorbh é an focal molta a tháinig ó
Thackeray ach chomh beag i dtaobh na ríthe Seoirseacha. Ní raibh an
Rí róthógtha le creideamh, dar leis:

As I peep into George II's St. James's, I see crowds of cassocks
rustling up the back-stairs of the ladies of the Court; stealthy
clergy slipping purses into their laps; that godless old King
yawning under his canopy in his Chapel Royal ... no wonder
that Wesley quitted the insulted temple to pray on the hill-side.
(Thackeray, 1855/1995, 43)

Breith Thackeray ar Sheoirse II, b'shin í breith Uilliam English agus
an Nóglaigh ar an Rí chomh maith, mar is léir ó na haistí filíochta sa
leabhar seo:

Here was one who had neither dignity, learning, morals, nor wit
– who tainted a great society by a bad example; who in youth,
manhood, old age, was gross, low, and sensual. (Thackeray,
1855/1995, 56)

Léirítear cur amach sna dánta seo ar chúrsaí na hEorpa nár ghnách i
gcumadóireacht na linne. Luann an Nóglach Gallasoniere, mar sham-
pla. 'This was the Marquis de la Galissoniere who commanded the
French at the taking of Minorca from the English under General
Blakeney in the year 1756,' a bhreac scríobhaí lámhscríbhinne
Corcaigh C63, lch. 632, mar ghluais air. Aimiréal i gcabhlach
Shasana ba ea Byng, le linn Chogadh na Seacht mBliain. Ba é Puerto

Mahòn príomhchathair Menorca ó 1721 ar aghaidh, agus ba aige a bhí an cuan ab fhearr sa Mheánmhuir. Ag a bhéal bhí an dúnáras cáiliúil San Felipe, a thóg an rí Pilib II na Spáinne (1527-98). Theith Byng ó na Francaigh ann, ach gabhadh i Gibraltar é; dhaor na Sasanaigh i gcúrsaí meatachais é, agus mharaigh scuad lámhaigh é ar deic a loinge féin an *HMS Monarch*. Bhailigh báid eile ón scuad *Spithead* ina thimpeall i Portsmouth, fad a scaoileadh cúig philéar isteach ann, agus thit sé marbh láithreach. Ba ghean leis na filí Corcaíocha a dhán. Rug sé greim ar a samhlaíocht. Léirigh Voltaire trua dó i *Candide*, ach chuir a bhás filí Chorcaí sna stártha. Bhí an scríbhneoir anaithnid seo ó Cheanada ar aon fhocal leis na filí Gaelacha, áfach, nuair a mhaígh sé:

> Said Blakeney to Bing as he stood at a distance,
> You'll be hang'd you paltroon if you don't bring assistance.
> Why aye, replied Bing, what you say may be true
> But then I may chance to be shot if I do;
> Sudden death I abhor; while there's life there is hope,
> Let me 'scape but the gun I can buy off the rope.
> (Poems in Early Canadian Newspapers, 1764-75
> www.uwo.ca/english/canadianpoetry)

B'ábhar maíte dóibh nuair a bhuaití ar an Aimiréal Edward Hawke, a bhí i gcabhlach Shasana, agus a thaobhaigh le Feardorcha na Prúise i gCogadh na Seacht mBliain:

> ó cailleadh i ngliadh na bhFiann an Hácach,
> le *Gallasoniere* 'thug iad chun náire.
> 'S ait an sult a leaba ag *Byng* i bhfíoraíbh arda
> 's a chaí 's binne linn ná táinte den tsórt. (Uimh. 20 [b], 21-24)

Níorbh amhlaidh do Bhardas Chathair Chorcaí ag an am, mar ba ócáid cheiliúrtha dóibh aon uair a raibh an bua ag an Hácach:

> That £11-16-0 be paid to Kean Mahony, vintner, for an entertainment at the Exchange to celebrate the victory of Admiral Hawke, over the French Fleet. Furthermore that Admiral Hawke

be presented with his freedom in a gold box for defeating the
French Fleet commanded by Mons. Conflans, whereby this city
was saved from an attack of a large body of French forces. (Ó
Callanáin, Bealtaine 1992, lch. 15)

Ba róchuma lenár bhfilí, áfach, mar bhí a n-aire siúd ar an Eoraip,
agus buailtear go rialta lena cathróirí san fhilíocht seo. Ní i dtaobh
leis an *Pretender* a bhí siad le haghaidh ábhar a gcumadóireachta, mar
siúlann Máire Treasa na hOstaire, Eilís na Rúise, Don Carlos na
Spáinne, Contades, Brunswick, agus Daun trasna an stáitse chomh
maith. Ná níor dheineadar faillí sna Gaeil chróga, in Iarla an Chláir, i
Claid Mac Conmara, agus thar aon duine eile i Maximilian Ulysses
Browne ar bhronn Máire Treasa na hOstaire an lomra órga air de
bharr a chrógachta. Geallann siad dúinn ina véarsaí nár gabhadh Prág,
mar gur tapa an t-amas a thug Browne áigh uirthi.

Cérbh iad na filí sin a chuireann gliondar ar ár gcroí agus a spreagann
chun machnaimh sinn? Is cinnte gurbh fhada ó dhomhan síodúil diop-
lómaitiúil na hEorpa a mhair siad. Féachaimis ar dtús ar an té ar leis
níos mó ná a leath de na dánta sa leabhar seo:

Uilliam English (1695?-1778)

Tuairiscíonn Risteárd Ó Foghludha gur bhain an file triail as Clochar
na nDoiminiceánach ag Old Friary Lane, láimh le Sr. an tSeandúna i
gCorcaigh i dtús báire. Níor fhan sé leis na Doiminiceánaigh ach trí
ráithe, mar a dhearbhaíonn English féin ina dhán **Mar Chéile
'Ghabhaimse leatsa** (Uimh. 5). An 'Mór-Bhráthair' a chaith amach
é, toisc nár réitigh an file le riail na bochtaineachta san Ord (Ó
Foghludha, 1937, xv-xvi). Chuaigh sé caol díreach chuig na
hAibhistínigh agus chaith sé bliain nó dhó leo nó gur cuireadh thar
sáile é, ag déanamh léinn (Ó Foghludha, 1937, xvi-xvii). Níor
thángthas ar aon fhianaise bhreise a chuirfeadh nó a bhréagnódh téis
seo an Fhoghludhaigh, ach is intuigthe gur bheag a bhí idir riail na
bochtaineachta san dá Ord ag an am, mar i ndiaidh na bliana 1731
d'ardaigh na Doiminiceánaigh agus na hAibhistínigh 'a bpinsin' i.e.
an méid a bhí le n-íoc acu, ó £3/4 in aghaidh na bliana go dtí £8

(Fenning, 1972, 89). Ní fhanann aon tuairisc ar Uilliam English i gClochar na nDoiminiceánach, ach ní mhairfeadh a leithéid mura gcaithfeadh sé níos mó ná bliain leo, an tréimhse a bhí riachtanach sula nglacfaí leis mar Bhráthair san Ord. Scríobh an Foghludhach go raibh seanphictiúr de na bráithre sa Chlochar Aibhistíneach agus go luaití ainm Uilliam English le duine díobh. Foilsíodh grianghraf de sin san Irisleabhar *Good Counsel* (Iúil-Meán Fómhair, 1937, lgh. 450-52), agus cuireadh athchló air sa bhliain 1994 (Martin, F. X., 1994, 29).

Agus iad ag cur síos ar sheanmhainistir na nAibhistíneach, ba é a scríobh Méara Chorcaí, Randall Westropp, agus Robert Wrixon, agus William Harding, an sirriam, i gCorcaigh ar an tríú lá déag de mhí na Márta, 1743:

John Casey, … Tool, … Burn – their Christian names we could not find out – three reputed popish friars reside at a reputed ffryery in Fishamble Lane in said City where was formerly an Anabaptist meeting-house. (Burke, 1969, 380-381)

'Sráid na Saoirse' – 'Liberty St.' – a ghlaoitear ar Sheamlas an Éisc anois, agus téann an ráiteas thuas leis an gcuntas san **House Book** a coimeádadh sa Chlochar Aibhistíneach i gCorcaigh, ina mbíodh tuairisc ar chúrsaí an Chlochair go míosúil. Shíníodh an Prióir agus baill an Oird é. Chaití an-chúram leis an **House Book** seo, mar bhí cead ag na Bráithre an fuílleach airgid a roinnt eatarthu féin. Bhí **House Book** Chorcaí ar an bhfód go dtí tús na haoise seo caite, nuair a chuaigh sé ar bóiléagar. Bhreac an tAth. Mc Swiney nótaí as, áfach, sular cailleadh é, agus tá fáil orthu anois i gCartlann na nAibhistíneach i mBaile Baodáin, Co. Átha Cliath. Caitheann na nótaí seo solas ar shaol na mBráithre, agus Uilliam English ina measc, san ochtú haois déag in Éirinn, agus is léir uathu nárbh aon ribín réidh é an saothar i nGort an Tiarna ag an am. Bhí cónaí orthu i bhfothrach de sheanteach, agus ar an naoú lá de mhí Iúil na bliana 1768, nuair a tugadh cuntas ar a raibh sa Chlochar acu i Seamlas an Éisc, áiríodh ina measc:

1768, June 7th – inventory: Thirteen suits of vestments; One
cope and shoulder knot; Three silver chalices, with their
patens. One Silver Remonstrance ... 19 pairs of sheets ...
Six standing beds; 28 chairs, 7 pairs of blankets, Six quilts.
5 pewter plates, One pewter washing basin, 4 pewter spoons
One gridiron. Two smoothing irons
One skinner
One copper tea kettle
One chain and dog wheel
Eight wine glasses. Two muggs, One teapot
One salting crock, One copper Begging pan, One tin do ...

We the undersigned do certify the above to be the true inventory
of the moveable effects of the Convent of our Fr. S. Augustine
of Cork. In witness whereof we put our hands, the 9th day of
July, 1768.
Laurence Toole, Pr.
Dennis O'Donoghu, William English, Pat Ryan. (nótaí ó **House
Book** an Chlochair)

Mí Lúnasa na bliana 1751 toghadh an tAth. Augustine Ryan ina
Phrióir. Tháinig Uilliam English ina áit sa bhliain 1754. Faoin mbli-
ain 1758 bhí an Rianach i gceannas arís. Laurence O'Toole a toghadh
sa bhliain 1764. An tuairisc a fhaightear ar an mbliain 1777 ná go
raibh an tAth. Ed. Keating ina Phrióir, agus go raibh William English,
Patrick Ryan, agus Eugene Mc Crohan sa Chlochar chomh maith. Ar
an tríú lá déag de Eanáir na bliana 1778 fuair an tAth. Uilliam English
bás (nótaí ón **House Book**). Is inspéise nár luaigh Battersby (1856)
an Rianach sin, a ndeirtear faoi san **House Book** go raibh sé ina
Phrióir sa bhliain 1751 agus arís eile sa bhliain 1758. Ní fheadar ar
chuir sin leis an iomrall aithne a bhí idir an sloinne 'English' agus
'Ryan', ar chuir Maolsheachlainn Ó Comhraidhe tús leis sa bhliain
1816, agus a ndeachaigh an Foghludhach siar go heireaball leis sa
bhliain 1937? Bhí sagart darbh ainm Pádraig Ó Riain san Ord i
gCorcaigh sa bhliain 1765, agus dealraítear gur leis sin, agus chuig
Uilliam English a sheol Seon Lloyd an dán **Stiúraigh le Cúnamh an
Dúilimh** (Uimh. 30).

Luaitear sna nótaí faoin mbliain 1765:

> Fr. William English, being in the country and questing for him-
> self, left his vestry to be divided between the Fathers who served
> the house in his absence, which absence was extended for seven
> months.

Ghlaoití 'beistrí' ar an teacht isteach beag a d'fhaigheadh gach
bráthair sa Chlochar. Luaitear faoin mbliain sin, leis, go raibh an gúta
ag cur as don Ath. Ó Tuathail. Níorbh fholáir nó bhí Uilliam English
go maith ag iarraidh déirce, toisc go raibh an fhilíocht is an amhrán-
aíocht ar a thoil aige, agus gur chan sé in onóir na déirce féin san
amhrán **Maíodh Gach nAon a Shlí sa tSaol** (Uimh. 7). Ba sa bhliain
1765, leis, a thóg sé an leac uaighe i Reilig Eoin i gcuimhne na
mBráithre a chuaigh roimhe (féach an pictiúr de sa leabhar). Seans
gur tógadh é le cabhair na déirce a bhailigh Uilliam English, agus é
'amuigh faoin tuath'. Bhí gá leis an déirc sin, mar ba bheag teacht
isteach eile a bhí ag na hOird ag an am. Sa bhliain 1728 ghnóthaigh
na bráithre Doiminiceánacha sé scilling ó mheáchan cloiche de olann
a bhailigh siad ina dhéirc in Eiscir, Co. na Gaillimhe. Naoi scilling a
thug 'Neddy's begging in Loughrea' isteach (Pochin Mould, 1957,
180).

Saol Uilliam sula ndeachaigh sé sa Chlochar

Is spéisiúil go bhfuil ceithre dhán adhmholtacha Uilliam English
tiomnaithe do Luimnígh, do Dhonnchadh Mac Craith as Coill
Bheithne (Uimh. 1), do Sheán an Ridire ón nGleann (Uimh. 2), don
Ath. Domhnall Ó Briain ó Phailís Ghréine (Uimh. 3) agus don Dr.
Tadhg Ó Heidhin ó 'bhinn Chnoic Ghréine' (Uimh. 31). Luimníoch,
Maximilian Ulysses Browne, ba mhó a dhein sé a mhóradh ina dhánta
ar Chogadh na Seacht mBliain. Sin é an fáth, is dócha, gur áitigh Seán
Ó Dálaigh gur rugadh sa Chaisleán Nua, Co. Luimnigh é. Bhí breall
air, áfach, nuair a scríobh sé go raibh Uilliam English sa Chlochar i
Sr. Brunswick, Corcaigh (Ó Dálaigh, 1925, 33), mar gur i ndiaidh a
bháis a bhog na hAibhistínigh amach ó Sheamlas an Éisc. Agus é ag

trácht ar an scoil Phrotastúnach sa Ráth, Co. Chorcaí, san ochtú haois déag, d'áitigh Michael Quane, gur mheall an scoil chlasaiceach a bhunaigh Uilliam English ann daltaí de gach creideamh chuici, agus gur bhain sí den tinreamh sa scoil Phrotastúnach (Quane,1958, 45).

Shéan an Foghludhach an Caisleán Nua mar áit a bhreithe, mar ba dhóigh leis gurbh ón gCeapach (Cappagh White), Co. Thiobraid Árann dó, tharla go raibh teaghlaigh de mhuintir English ann, a raibh gaol acu le muintir Riain [Ruaidhrí]. Na Coirríní, tamall laisteas den Aonach, i gCo. Thiobraid Árann, a raibh dream de mhuintir Riain [Ruaidhrí] ina gcónaí ann a mheas sé a bhí i gceist sa dán **Ag Tarraingt ar Aonach na gCoirríní** (Ó Foghludha, 1937, x-xi.). Ó dháta an aonaigh i gceapadóireacht Uilliam English, áfach, is é is dóichí gur do na Coirríní, gar do Oileán Ciarraí, Co. Chiarraí, a bhí an file ag tagairt (féach Uimh. 8). D'áitigh an Foghludhach:

> Ar chómhghar an tsráid-bhaile sin Cheapach an Fhaoitigh do bhí teaghlaigh de mhuinntir Inglis go raibh gaol aca le muinntir Riain [Ruaidhrí]. (Ó Foghludha, 1937, x)

Is díol suntais na háiteanna a raibh cónaí ar dhaoine a raibh an sloinne English, Englyshe, Engles, Engleshe, Englis, nó Inglishe orthu, de réir *Fiants* ré Eibhlís a haon. Tá nach mór nócha tagairt do dhaoine den sloinne úd in index an tsaothair. I dtaca leis na daoine de, a bhfuil a n-ionad cónaithe luaite, is i gCo. Thiobraid Árann a bhí a bhformhór mór ag cur fúthu. Bhí cónaí ar a bhformhór sin arís in dhá cheantar ar leith laistigh den chontae, (a) ceantar Ard Fhíonáin agus na Cathrach i mBarúntacht Uíbh Eoghain agus Uíbh Fhathaidh Thiar i dTiobraid Árann thiar theas, agus (b) paróistí Shulchóid Bheag agus Mhór atá i gcoigríoch Cho. Luimnigh, i mBarúntacht Chlann Liam, taobh thuaidh de bhaile Thiobraid Árann, agus taobh theas den Cheapach thuasluaite. Seo roinnt samplaí ón dá cheantar (tá an bhliain idir lúibíní i ndiaidh gach tagairt): (a) 'John Englishe of Ballendouny' (1576), nó Baile an Donaigh i bParóiste Ard Fhíonáin; 'Patr. English of Ballyea' (1601), nó Baile Uí Aodha idir Ard Fhíonáin agus An Chathair; 'Wm. Englishe fitz Jonaky of Kilcoman'

(1576), nó Cill Chomáin i bParóiste na Cathrach; (b) 'William lith English of Salloghodbeg' (1587), nó Sulchóid Bheag; 'James reogh Englishe of Solcote' (1577); 'Wm. Fitz Walter English of Rahynenycorr' (1577) – (ionann is An Ráithín i bParóiste Shulchóid Bheag, dar linn). Tá cáipéisí eile ag cur leis an eolas sin. In *Calendar of Ormond Deeds* (Imleabhar III), cuir i gcás, luadh 'Thomas and Patrick Engleys' i measc tionóntaithe saora Offathe (Uí Fhathaidh) timpeall 1432 (Curtis, 1935, 92). Sa téacs ar a dtugtar *Census of Ireland circa 1659*, bhí 'English' áirithe ar cheann de na 'principall Irish names' i mBarúntacht Uíbh Eoghain agus Uíbh Fhathaidh, agus i mBarúntacht Chlann Liam .i. na barúntachtaí ina bhfuil Ard Fhíonáin/An Chathair agus an dá Shulchóid fá seach (Pender, 1939, 314 agus 328). Ní raibh tásc ar éinne den sloinne sin i gCo. Luimnigh ag an am.

Ag díriú ar dhúiche Shulchóide, ba dhaoine den sloinne 'English' na príomhúinéirí talún i bParóiste Shulchóid Bheag sa bhliain 1640, de réir *Civil Survey* Cho. Thiobraid Árann (Simington, 1934, 54-5). Ba iad a n-ainmneacha, 'George, Eustas, W[illia]m, James, Piers'. Tuairiscítear go raibh tithe le tinteáin ag 'John, Richard, Phillip, Patrick, James, Redmond, Gibon, Morish agus William English' i bParóiste Shulchóid Mhór sa bhliain 1667 (Laffan, 1911, 114-116). Luaitear daoine den sloinne céanna a raibh cónaí orthu in aice Shulchóide an bhliain úd, 'William English' ó Thobar Bhriain idir Sulchóid Bheag agus Baile Thiobraid Árann, cuir i gcás (Laffan, 1911, 117), nó 'W[illia]m English' ó Gharrán an Cheantaigh, láimh le baile Thiobraid Árann, an bhliain roimhe sin (Laffan, 1911, 65).

Cuireadh tús leis an gclann i mBarúntacht Ó gCuanach, Co. Luimnigh, taobh thiar de Shulchóid, nuair a pósadh duine díobh le bean de mhuintir Gilhooley, i mBaile na gCailleach, cóngarach don Bhóthar Rua, agus is den sliocht sin na hamhránaithe Nóirín, John agus Owen Gilhooley a saolaíodh i Lios na Graí, Co. Luimnigh. Tá sé i seanchas na clainne gur phós James English ón mBóthar Rua Margaret Hogan, iníon 'Galloping' Hogan, a threoraigh an Sáirséalach ó chathair Luimnigh go Baile an Fhaoitigh (féach

Culligan-Hogan, 1979). Deir muintir English, leis, gur chaith an tÓgánach oíche leis an gclann, ar an mBóthar Rua, ar a shlí abhaile. Tuairiscítear sna **Tithe Applotment Books** go raibh cónaí ar John English agus Michael English ar an mBóthar Rua, go raibh Pat English i bPailís Ghréine, agus go raibh Thomas English, agus Thomas English sóis. i dTeampall Uí Bhrídeáin thart faoin mbliain 1830. Láthraíonn an tAth. Ó Mathúna an bheirt Tomás thuasluaite ar an gCnocán Dúlas, i bParóiste Theampaill Uí Bhrídeáin, ar theorainn Thiobraid Árann, sa bhliain 1834 (féach O'Ferrall, 1975, 100). Sa lá inniu, maireann sliocht mhuintir English, a dhein an chraobh ghinealaigh a sholáthar dúinn, i gcathair Luimnigh, i dTeampall Uí Bhrídeáin, agus ar an mBóthar Rua i gCo. Luimnigh. Tá sé i seanchas na muintire sin go raibh múinteoirí i bhfad siar orthu, ag teagasc i mBaile an Chaisleáin, cóngarach don Bhóthar Rua. Tar éis ar chan Uilliam English faoi Chnoc Gréine, agus i bhfianaise an eolais thuas, tharlódh gurbh eisean, nó a athair, duine de na múinteoirí sin:

> there was then to be found in the parish of Castletown one old Mass House, three Popish schoolmasters, one Priest ...
> (Returns on Popery, 1731)

Tá trácht ar Edmund English a bheith ina mhúinteoir i nDún na Sciath, Co. Thiobraid Árann, timpeall na bliana 1740 (Corcoran, 1932). Faightear leac uaighe sa tSulchóid do 'William English' a cailleadh sa bhliain 1769, agus dá mhac Laurence, a fuair bás sa bhliain 1773. An garmhac, William, a thóg é, agus ráineodh gur den chlann sin an file. Bhí gaol pósta idir an chlann sin agus muintir Riain [Toby], mar atá le léamh ar leac uaighe eile sa reilig chéanna. In aigne an Fhoghludhaigh freisin, bhí ceangal idir sloinne an fhile agus a áit bhreithe i gCo. Thiobraid Árann:

> Dubhairt Eoghan Ó Comhraighe gur dhen tsloinne Ua Riain an file le ceart agus níl éan agó ná go raibh baint éigin ag an dá shloinne le n-a chéile, maidir le Liam. (Ó Foghludha, 1937, x)

Scrúdaigh an Foghludhach cuntas ar an Áireamh a rinneadh ar

Chlochar na mBráithre de Ord San Aibhistín i gCorcaigh sa bhliain 1766, in Oifig na nAnnála Poiblí i mBaile Átha Cliath, agus ní raibh ainm Uilliam English ann – cruthú eile, dar leis, nach raibh aithne air faoin sloinne 'English' sa Chlochar (Ó Foghludha, 1937, x). Is faoin sloinne 'English', áfach, a aithníodh sna lámhscríbhinní i gcónaí é. Faoin ainm 'Uilliam English' a scríobhadh an dán **M'atuirse Traochta na Fearchoin Aosta** sa lámhscríbhinn Ac.R.É. 23 I 20, 68, ar bhreac Conchúr Ó Súilleabháin cuid de sa bhliain 1754, i gCillín an Chrónáin, i bParóiste an Teampaill Ghil, Co. Chorcaí. Bhíodh Cúirt Éigse sa Teampall Geal a ndéanadh an scríobhaí freastal uirthi, (Ó Conchúir, 1982, 178), agus cá bhfios nach mbíodh Uilliam English i láthair chomh maith? 'Uilliam English' a ghlaoigh Seon Lloyd air sa bhliain 1756 (L.N. G136, 61), fad a bhreac Muiris Camshrónach Ó Conchúir síos é mar 'an tAthair Uilliam Einglish' (L.N. G351, 85). An scríobhaí ba thúisce a chuir an fhilíocht ar Chogadh na Seacht mBliain ar phár, ba é Stiabhna Mac Coiligin é, agus ní raibh amhras air ná gurbh é 'an tAthair Uilliam English' a chum í (Ac.R.É. 23 C 3). Diarmaid Ó Maolchaoine a scríobh an lámhscríbhinn Ac.R.É. 23 L 24 i gCaisleán Hanraí, Co. an Chláir idir 1766 agus 1767, a chéadbhreac mar 'Uilliam Inglis OSF' é. Bhí breall air faoin Ord lenar bhain an file, áfach. Iarracht a bhí san 'Inglis' sin, is dócha, chun a shloinne a litriú de réir na foghraíochta. Meascán de 'English/Innlis/Inglis/ Inglish' a fheictear sna lámhscríbhinní ó shin i leith, ach gur ghlaoigh Seon Lloyd 'An tAthair Uilliam Gallda i gCorcaigh' air, ar lch. 342 den lámhscríbhinn Ac.R.É. 24 C 55. Thall i Chelsea, Massachussetts, mar ar bhreac Pádraig Feirtéir cuid den scríbhinn a nglaoitear B.Á.C. Feir 1 uirthi anois, leag sé an dán **Is Déarach an Bheart** ar 'Uilliam Englis', fad a ghlaoigh Tadhg Ua Donnchadha 'Uilliam Inglis' ar an bhfile sa bhliain 1895 (T81 [T.v], lch. 117). Chuir an tAth. Seán Ó Briain Barántas amach chun breith ar Sheán Ó Lúba 'agus é a chur ceangailte cruachuibhrithe chuige féin go Caisleán Ó Liatháin', agus i measc na bhfilí a bhí le teacht chun na Cúirte sin bhí an 'gliaire cumais Uilliam de Bhriotaibh' (Ó Fiannachta, 1978, 69). Imeartas focal ar 'English' a bhí ansin, ní foláir. Mar seo a fógraíodh bás an fhile sa *Freeman's Journal* sa bhliain 1778:

22 Jan. died a few days ago in Corke the Rev. William English (Brady, 1965, 188).

Tá breith a bhéil, nó a phinn féin againn gur 'English' ba shloinne dó, mar sa leac uaighe a cuireadh suas i reilig Eoin, Sr. Dhúglaise do bhráithre an Oird scríobhadh:

> Fr Gulielmus English
> fieri fecit

Is i reilig Naomh Iósaef i gCorcaigh atá an leac sin anois. Luaitear 'Father William English' go rialta sna nótaí i **House Book** an Chlochair ón mbliain 1749 ar aghaidh. Is faoin ainm sin a fógraíodh a bhás ann in iontráil na bliana 1778. Nuair a scríobh William Battersby stair an Oird thagair sé don fhile mar 'William English' (Battersby, 1856, 188).

Sa bhliain 1816, áfach, bhreac Maolsheachlainn Ó Comhraidhe mar cholafan ar an lámhscríbhinn M.N. C15, 83: 'Uilliam Inglis .i. Ó Maol Riain cct.' B'shin a chuir breall ar an bhFoghludhach. D'fhreagair Nicholas O'Kearney é sa bhliain 1846:

> Mr. Eugene (*sic*) Curry says the name of English or Gallóglach was not the real writer's name but Ryan. (Ac.R.É. 23 E 12, 91)

D'áitigh O'Kearney, áfach, nach raibh an ceart ag Ó Comhraidhe (féach na nótaí ar Uimh. 30).

Is fada siar a théann an sloinne 'English' in Éirinn. Scríobh Edward Mac Lysaght go raibh sé i gCo. Luimnigh ón tríú haois déag; gur 'l'Angleis' a ghlaoití air ar dtús, agus gurbh 'Aingléis' an fhoirm Ghaeilge de (Mac Lysaght, 1957, 99).

> Father William English (d. 1778) a Limerick man associated with Co. Cork, was one of the best of the eighteenth-century poets. (Mac Lysaght, 1982, 92)

1. An tAth. Uilliam English

2. Cnoc Gréine

3. Altóir na Maighdine Muire, i Mainistir na nAibhistíneach, Fiodh Ard, Co. Thiobraid Árann. Ina haice atá an tEaspag de Buitléir (*ob.* 1800) curtha

4. Uaigheanna mhuintir English, sa tSulchóid, Co. Thiobraid Árann

5. Fothrach Theach an Aifrinn i mBaile an Chaisleáin, gar don tSulchóid

6. Seán, Ridire an Ghleanna (*ob.* 1737)

MAR. THERESIA. AVGVSTA
HVNG. ET. BOHEM. REGINA.

7. Maria Therese na hOstaire (1717-1761)

8. Elizabeth na Rúise (1709-1761)

MAXIMILIAN ULYSSES

GRAF von BROWNE,

k.k.öfter. Feldmarfchall

Geb. 1706, geft. 26" Juny 1757.

9. Maximilian Ulysses Browne (1705-1757)

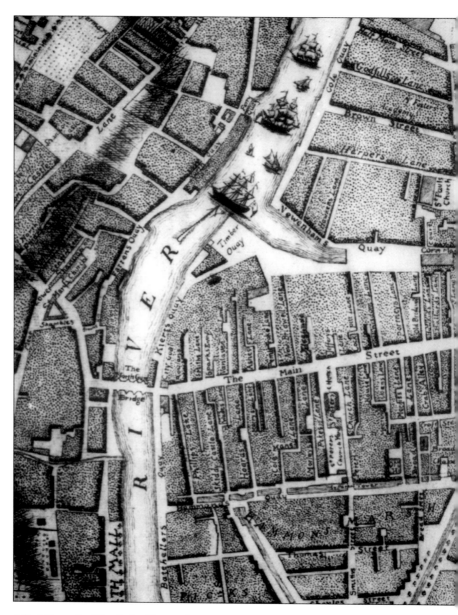

10. Mapa de Chathair Chorcaí (de Rocque, 1773)

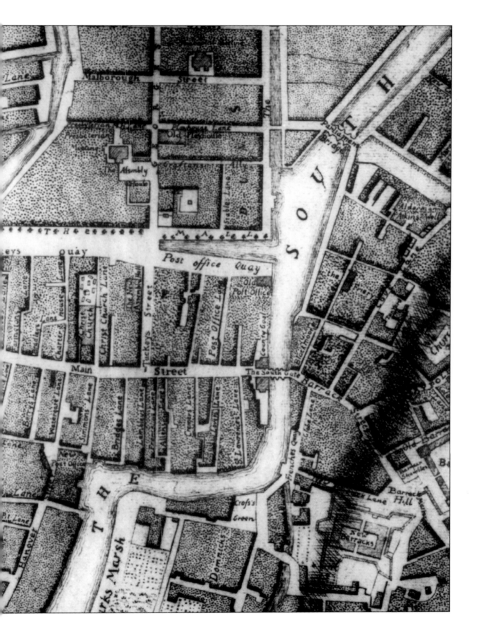

François Maurice   Comte de Lacy

Chevalier de la Toison d'or, Grand Croix de l'   Ordre militair de Marie Theresie, Chambela
de leurs Majestés Imperiales et Royalles leur   Conseiller intime, et Ministre d'État et de Con
ference Marechal de leurs Armées, Colonel   Propriétaire d'un Regiment de Carabiniers
d'un Regiment d'Infanterie, cy devant   Président du Conseil aulique de la guerre

11. Maurice Count Lacy (1725-1801)

12. Leopold Count von Daun (1705-1766)

13. Teach Noel Mac Cormick, Pailís Ghréine. Ba sa suíomh sin a chónaigh Domhnall Ó Meára

14. Leac Uaighe na mBrianach i reilig na Sean-Phailíse

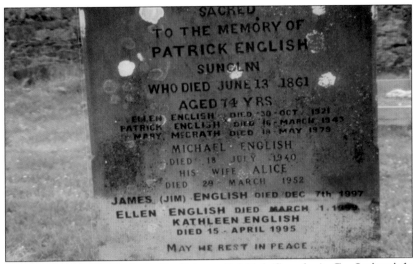

15. Leac Uaighe mhuintir English, sa Spidéal (Sunglen), Co. Luimnigh

16. Leac Uaighe mhuintir English ar an mBóthar Rua, Co. Luimnigh

17. An Leac a thóg Uilliam English, sa bhliain 1765, i Reilig Eoin, Sr.
Dhúglaise, Corcaigh, in onóir na nAibhistíneach a chuaigh roimhe.
Is i Reilig Naomh Iósaef, Corcaigh, atá sí anois

18. An leac chéanna lena haghaidh nua

19. Mainistir na nAibhistíneach, Corcaigh (1872-1937)

20. An mhainistir níos déanaí

21. Fothrach mhainistir na nAibhistíneach i bhFiodh Ard, faoina bhfuil
    na Buitléirigh (Dunboyne) curtha

Bhí daoine den sloinne i gCo. Thiobraid Árann sa tríú haois déag chomh maith: 'Thos le Engleys', mar shampla, atá luaite faoin mbliain 1286 in *Calendar of Documents, Ireland, 1285-1292* (Sweetman, 1879, 122), nó 'Thomas le Engleys' a bhí i seilbh 'Maghenywyr, Fynnoure and Clonymolynton' go sonrach sa bhliain 1299 de réir *Calendar of the Justiciary Rolls of Ireland* (Mills, 1905, 295). Is ionann 'Fynnoure' agus Fionnúir in oirdheisceart an chontae, de réir dealraimh. Is faoi na ceannfhoirmeacha 'English, Inglish' a chláraigh P.H. Reaney an sloinne in *A Dictionary of British Surnames* (1961, 110). Thug sé foirmeacha luatha den sloinne as Sasana – 'le Engleis', cuir i gcás, ón dara haois déag, agus léirigh sé gur foirm stairiúil Albanach ba ea 'Inglis[h]'. Ba iad na foirmeacha Gaeilge den sloinne a thug an tAthair de Bhulbh ná 'Aingléis, Ingléis, Inglis' (Woulfe, 1923, 221 agus 300). 'Aingléis' an t-aon fhoirm Ghaeilge de atá ag Mac Lysaght sa saothar thuasluaite. Foirm Ghaeilge den sloinne is ea 'inghean an Ridire Ainglisigh', dealraíonn sé, ón *Leabhar Muimhneach*, lch. 362. Mar a chonaiceamar, ní guta fada ach guta gearr atá sa siolla deiridh de shloinne an fhile de réir scríbhinní an 18ú agus an 19ú haois. Measaimid gur díol comparáide leagan an fhoircinn ghairid leis an sloinne 'Wallis, Wallace', atá díorthaithe ó na foirmeacha Angla-Normannacha 'Waleis, Walais', a chiallaíonn 'Ceilteach' nó 'Breatnach' (Reaney, 1961, 341). Tá foirm Ghaelaithe den sloinne úd caomhnaithe i **Scairt Bhaile an Bhailisigh,** an seanainm a bhí ar bhaile fearainn na Scairte i mBarúntacht Chlann Liam, i gCo. Luimnigh, leithéidí 'Scarte Ballyn Wallishoe' (ón mbliain 1655), 'Scartbally Willashagh' (ón mbliain 1685), agus samplaí stairiúla nach iad (féach Ó Maolfabhail, 1990, 243-4).

Fágtar an focal scoir, más ea, ag an bhfile féin a d'áitigh i ndán dá chuid:

> 'Is English mo shloinne 's ní shéanfad go brách,
> a lúibín na cruinne 's a chéad searc mo ghrá.'

> (Uimh. 11, línte 21-22)

Uilliam English sa Chlochar

Oide scoile ba ea Uilliam English ina óige, de réir an tseanchais. Níorbh é an Ráth an t-aon áit amháin a ndeirtear a mhúin an file, mar go bhfuil sé sa seanchas go raibh sé ina oide ag Edmund Burke, leis. Scríobh Conor Cruise O'Brien mar leanas:

> It is virtually certain that the Nagles, like other Catholic families, who managed to hold on to some land, would have had a clandestine priest, either a secular or a regular, living under their protection. Indeed, local tradition maintains that the young Burke was taught by Father William Inglis (1709-1778) an Augustinian. (O'Brien, 1992, 22)

Chaith Edmund Burke a óige le muintir a mháthar, na Nóglaigh, sa Bhaile Dubh, Co. Phort Láirge. D'aistrigh sé go scoil *Quaker*, i gCo. Chill Dara, sa bhliain 1741, in aois a dhá bhliain déag. Mar sin, más fíor gur mhúin Uilliam English é, is féidir a rá gur chaith sé tréimhse sa Bhaile Dubh timpeall 1735. Múinteoir den scoth ba ea é, más dó a bhí an Búrcach ag tagairt nuair a dúirt sé gur fhoghlaim sé níos mó Laidine agus Gréigise ón 'obscure schoolmaster on the banks of the Nore' ná mar a fuair sé san Ollscoil féin (Milner, 1808, 184). Luíodh na dátaí sin le fianaise inmheánach an dáin **Faoin Uair a Dhruideas chun Fírinne ar Fónamh,** ina n-áitíonn an file go raibh sé ar an drabhlás i ndúthaigh an Bharraigh Mhóir, ach gur tháinig sé ar a chéill i Múscraí! (féach Uimh. 4).

Níl aon amhras ná go raibh Uilliam English ina shagart Aibhistíneach agus ina Phrióir ó am go chéile sa Chlochar ag Seamlas an Éisc, i gCorcaigh ó lár na haoise go dtí a bhás ann sa bhliain 1778. Is deacair a dhéanamh amach cár oirníodh é, áfach. Risteárd Ó Foghludha a d'áitigh ar dtús gur seoladh chun na Róimhe é, chuig Mainistir Aibhistíneach San Matteo, i Merulana idir 1743-44, agus gur fhan sé ann gur deineadh sagart de i dtosach na bliana 1749 (Ó Foghludha, 1937, xvii). Scríobh an tAth. Cullen faoi:

Liam was received and sent to study in Rome, where his classical learning helped him. In 1749 he returned to Cork, Fr. William English. (Cullen, 1959, 24)

Ghlac an tAth. Francis Xavier Martin leis gur oirníodh sa Róimh é freisin (Martin, 1994, 15). Bhí a théis bunaithe ar fhianaise an Fhoghludhaigh. Is í tuairim Dhiarmuid Uí Chatháin faoi ná:

Having completed a novitiate, presumably, he was sent to Rome for studies and pursued his philosophical and theological studies at San Matteo in Merulana, in Via Merulana, the street which connects the Basilicas of S. Maria Maggiore and St. John Latern. (Ó Catháin, 1995, 135-136)

Bhí Éamon Ó Ciardha ag brath ar an bhFoghludhach chomh maith nuair a scríobh sé faoi English:

He left for the monastery of Merlano (*sic*) in Rome in 1743-4 where he eventually received holy orders in 1749. (Ó Ciardha, 1998, 18)

Ní raibh aon amhras ar Liam Ó Buachalla ná gur fhill Uilliam English ón Róimh go Corcaigh i mbád de chuid Dháith Uí Ghlasáin ón Áth Fhada, mar gur chaoin sé a bhás sa dán **A Dháith Uí Ghlasáin** (Ó Buachalla, 1958, 34, agus féach Uimh. 28).

Bíodh gur tháinig na hAibhistínigh go hÉirinn timpeall na bliana 1280, agus gur leath siad ar fud na tíre, níor bronnadh teach orthu sa Róimh go dtí an bhliain 1656. Deineadh géarleanúint orthu in Éirinn le linn Chromail, dála na nOrd eile. Cuireadh an tAibhistíneach, James Mac Carthy, i gceannas San Matteo sa bhliain 1656, ar ordú an Phápa, Alexander VII. Bhí slí ann do chúigear mac léinn ag an am. Ach sa bhliain 1661 ba iad na hAibhistínigh Iodáileacha a bhí chun cónaithe ann. Níor tugadh ar ais é i seilbh na nGael go dtí an bhliain 1739, nuair a d'iarr an Stíobhartach, Séamas III mar achainí ar an bPápa é. Bhí lámh istigh, de réir dealraimh, ag an am ag na hAibhistínigh leis na Stíobhartaigh, toisc go raibh ball díobh, John Dowdall (*ob.* 1739) ina sheanmóirí cúirte ag Séamas II. Faoin am seo gheobhadh dáréag bheith istigh sa mhainistir. Cúrsa ocht mbliain staidéir a bhí le leanúint ag gach aon mhac léinn ann. Ar mhí-ámharaí an tsaoil, cailleadh eolas na Cartlainne nuair a loit na trúpaí Francacha San Matteo sa bhliain 1798. Leagadh go talamh é. Ord an tSlánaitheora atá i Merulana anois, fad atá na hAibhistínigh i mainistir Naomh Pádraig, i Via Piemonte a osclaíodh sa bhliain 1892 (Martin, 1994, 3-30). Ba iad na prióirí a bhí i San Matteo idir 1739 agus 1751 ná Xaverio Valletti, Thomas Berrill, Augustine Waldron, James Mac Kenna, agus Patrick Casey (Martin, 1994, 53). Shroich Patrick Casey Clochar Aibhistíneach Chorcaí le linn do Uilliam English a bheith lonnaithe ann.

In ainneoin ar scríobhadh faoi Uilliam English a bheith ag déanamh staidéir i San Matteo, is tearc an fhianaise atá ann go raibh sé riamh san áit. Scríobh F.X. Martin:

> Only a small collection of documents – and those from the last quarter of the eighteenth century – survive from the San Matteo archives. (Martin, 1994, 158)

Ní raibh le rá ag William Battersby faoi ach 'in 1749 the Rev. William English joined Cork' (Battersby, 1856, 188). 'Date of ordination 1749' a scríobh Butler (1988, 51). Is é an nóta a bhreac An tAth. Mac Swiney ón **House Book** faoi ná 'Fr. William English ... returned to Cork'. Níl a ainm ar liosta Fenning (1996 lgh. 29-49). Ná níor aimsigh sé é mar mhac léinn in aon áit eile san Iodáil ach chomh beag (Fenning, 1981, 329-362). Ní mó ná sin a fheictear a ainm ar liostaí na mac léinn i gColáiste Greagóir Naofa i Seville (Murphy, 1992), ná sa Choláiste i bPrág (Hosler, 1991). Tá fáil ar líon na sagart is na dtuatach i gColáiste San Matteo sa Róimh ó 1623 go 1797 san AGVR., S. Gio. in Laterano. I gcaitheamh na mblianta 1745 go dtí 1752, bhí fear darbh ainm 'Temoteo Denij, quondam Guglielmo Irlandese' ina chónaí i San Matteo, i bparóiste San Martín (*Libri de Statu Animarum*, Vol.77, fol. 5; V.78, fol. 5; V. 79, fol. 5v; V. 80, fol. 5v; V.

81, fol. 5v; V. 82, fol. 4; V. 83, fol. 5). Bhí an fear sin leathchéad
bliain d'aois sa bhliain 1745 (féach Ferrero, 1969, 392). Cérbh é an
'Guglielmo Irlandese' sin? Tuairiscíonn Skehan (1993), lch. 213 go
raibh 'E ? English' ina shagart paróiste ar Chill Náile, Co. Thiobraid
Árann, sa bhliain 1722.

It is said that he was ordained at Springhouse, Kilshane,
Tipperary. (Skehan, 1993, 213)

Tháinig sé i gcomharbacht Thaddeus O'Donoghue i gCill Náile.
Oirníodh Thaddeus san Fhrainc, agus chláraigh sé mar shagart
paróiste san Aonach, Co. Thiobraid Árann, sa bhliain 1704. Tá sé
curtha i gCluainín, Co. Thiobraid Árann, ach ní raibh dáta a bháis ag
Skehan (1993, 212). Dá mba é Uilliam English an 'Guglielmo
Irlandese' a bhfuil trácht air sa Vicariato sa Róimh, ráineodh gur
ghlac sé chuige féin ainm an té a bhí ina shagart paróiste roimhe ar
Chill Náile, agus a bhí cláraithe go dlisteanach, sé sin Thaddeus
O'Donoghue .i. 'Temoteo Denij'. Bhí an nós sin coitianta go leor san
ochtú haois déag. Sa bhliain 1724 bhí Patrick Brehon 'who passed
under the name of Johnson' ina Phrióir Aibhistíneach sa Dún Mór
(Burke, 1969, 255). An chúis go raibh ainm cúl le cine air ná go raibh
'Patrick Brehon, alias Johnson' ina 'friar of the militant type' (Burke,
1969, 263). Nuair a scríobh Ard Easpag Tuama, Bernard O'Gara, litir
sa bhliain 1731, shínigh sé í:

under the highly respectable and Protestant name of George
Fowler. (Burke, 1969, 263)

Pé duine a bhí i San Matteo faoin ainm Temoteo Denij, is iontuigthe
ó na *Libri.* gur duine ar leith ba ea é sa choláiste. Gheobhfá a áiteamh
gur ag foghlaim Diagachta a bhí sé, toisc gur oirníodh in Éirinn é (i
dTiobraid Árann, mar a tuairimíodh thuas), sula ndeachaigh sé thall?
Is é atá sna *Libri de Statu Animarum,* a bhfaightear tuairisc
Guglielmo Irlandese iontu, ná cuntas ó shagairt pharóiste sa Róimh ar
dhaoine a chabhraigh leo ina gcuid oibre sna paróistí. Más é Uilliam
English a bhí ann, agus é caoga bliain d'aois sa bhliain 1745, fágann

sin gur saolaíodh é sa bhliain 1695. Glacaimis leis ar teoiric sin nó go ndéanfar taighde iomlán ar mhic léinn sagartóireachta ar an Mór Roinn san ochtú haois déag.

Maireann blúire amháin béaloidis a deir gur shagart sa Chaisleán Nua, Co. Luimnigh, ba ea Uilliam English:

> Another time Eoghan Rua went to Newcastlewest to a fair. Father Liam Inglis was the parish priest in Newcastlewest then, and Eoghan Rua had promised before this to go and see him when he came to Newcastle, and sure enough he did. But Father Inglis was fond of a joke, and he put up his house-keeper to say that the priest was out, but that if Eoghan Rua would come in he would get a grand feast that Father Inglis had left there for him. Eoghan Rua came in to the room and he saw potatoes and salt and a mug of water on the table before him. There was a pen and paper on the table too, so Eoghan wrote this verse and left it there:

> Is fada aniar mé ag triall ar aonach.
> Ar chuireadh gan iarraidh riamh níor dhéanas.
> Dá fhairsing' é an bia, 'sí an iarracht chaol í,
> Is ní mhairfinn-se bliain fé riar na cléire!
>
> (Ó Danachair, 1947, 64-65)

Ag tús an ochtú haois déag bhí an Dr. Seán Ó Beaglaoich ina shagart paróiste ar Mhóin Achaidh Ghae agus ar an gChaisleán Nua, Co. Luimnigh. Bhí cónaí air i Lios Urlann, gar do Ráth Chathail, agus bhíodh cliarscoil tuaithe aige ina theach. Dhéanadh sé thart ar sheisear mac léinn a thraenáil ag an am sna Clasaicí mar réiteach dá n-oirniú ar an Mór-Roinn. Dhéantaí cuid díobh a oirniú sa bhaile (Begley, 1938, 185-186). Nós coitianta ba ea é sin, más ea, sa chéad leath den ochtú haois déag ach go háirithe, mar bhí an bheirt sagart, Ó Heidhin agus Ó Briain, leis, dar chum Uilliam English dánta adhmholtacha dóibh, gníomhach i réiteach na sagart ina ndeoise Imligh féin (O'Dwyer, 1975, 1-90 agus 1976/77, 1-49). Pé áit in

Éirinn a n-oirneofaí English, áfach, is cinnte go gcuirfí thar sáile é le haghaidh na Diagachta, agus toisc gur nasc sé leis na hAibhistínigh, is go San Matteo sa Róimh is dealraithí a sheolfaí é.

An Eaglais Chaitliceach in Éirinn san Ochtú hAois Déag

Is fíor gur chaith Uilliam English a shaol le dúthracht ar son an Oird ó lár na haoise amach. Bhí sé ina Phrióir ó am go chéile, mar shampla, agus ba é a thóg an leac uaighe i gcuimhne na mBráithre a chuaigh roimhe. Díol suntais é an ráiteas seo i **House Book** Chorcaí a scríobhadh sa bhliain 1764, ag trácht ar an mbeistrí:

Father Patrick Casey received nothing as he served the Parish and not the House.

Is suimiúil an léargas a chaitheann an abairt sin ar stair achrannach na hEaglaise Caitlicí in Éirinn san ochtú haois déag. Cuireadh na Péindlithe i bhfeidhm i gcoinne na cléire sa seachtú haois déag; ach ón mbliain 1704 amach bhí na sagairt ag filleadh ar an tír, bíodh gur cuireadh an ruaig orthu faoi acht na bliana 1698. Faoin mbliain 1750 bhí dhá mhíle sagart sa tír le haghaidh dhá mhilliún Caitliceach. Bhain a thrian díobh sin leis na hOird Rialta, a raibh a leath ina bProinsiasaigh, an ceathrú cuid ina nDoiminiceánaigh, agus riar maith eile ina nAibhistínigh (Ó Fiaich, 1975, 30-56). Ní raibh rith an ráis leo, áfach, in Éirinn an ochtú haois déag. Mar shampla i Samhain na bliana 1718 triaileadh James Dillon as ucht Aifreann a rá i Sr. Phroinsias, Baile Átha Cliath. Ciontaíodh é toisc nach raibh sé cláraithe. Proinsiasach ba ea Francis Morry a léadh an tAifreann i Sr. an Chócaire, Baile Átha Cliath, agus a ciontaíodh 'having offici-ated contrary to Law'. Aibhistíneach ba ea John Browne a léadh an tAifreann i Lána Eoin sa chathair chéanna. Cuireadh an dlí air, agus 'then accordingly Received his Sentence to be kept in Goal (*sic*) without bail or Main Prize until he was transported out of his Majesty's Dominions, upon which he Thanked God and the Court, but a great many English and Irish are very sorry for the said Brien (*sic*) knowing him to be a very good honest Man, who maintained a poor helpless Charge' (Fenning, 1969, 48-49 agus 52). John Garzia, *priest catcher* ón bPoirtingéil a thug fianaise in aghaidh na ndaoine thuas.

Mar bharr ar an mí-ádh, thall sa Róimh, bhí cuid de chléir thuata na hÉireann ag déanamh gearáin faoin gcléir rialta. Ina measc siúd a rinne clamhsán bhí Michael O'Reilly, Ard-Easpag Ard Mhacha, agus John Linegar, Ard Easpag Bhaile Átha Cliath. D'éist an Pápa leo, agus thug sé foláireamh do na hOird Rialta sa bhliain 1743, ach níor cuireadh Acht sin an Phápa chun na tíre, de bharr a leochailí is a bhí cúrsaí creidimh ann ag an am. Cuireadh an Canónach John Murphy chun na Róimhe ina dhiaidh sin, áfach, le gearán faoi na hOird Rialta arís, agus a bhuíochas dó sin ritheadh acht na bliana 1750/51, a chuir laincisí go leor orthu (Fenning, 1966, 59-102). Ba bheag an mhaith do na hOird Rialta a gcás a chur. Níor leasc leis na Proinsiasaigh, mar shampla, tabhairt faoi na sagairt thuata, ag áiteamh orthu 'tricks and frauds; they boast that they can do everything without our help' (Fenning, 1990, 449). Ba thearc iad na Clochair a bhí fágtha sa tír, a d'áitigh siad:

> because the bishops take from them whom they please and send them to some place they deem incapable of providing food and clothing for any diocesan priest. (Fenning, 1990, 449)

Ag trácht ar *Propaganda Decrees* na bliana 1761 a pléadh thuas, ba í tuairim an Ath. William Gahan, Proibhinseal na nAibhistíneach fúthu ná gurbh iad:

> the principal cause of the troubles under which the Regulars of this Kingdom labour. (Fenning, 1990, 449)

Dhein Francis Higgins, Proinsiasach, agus Charles O'Kelly, Doiminiceánach, achainí i gcoinne an achta sa bhliain 1759. Snámh in aghaidh easa ba ea é, áfach, agus ba é deireadh an scéil ná gur thit líon na sagart sna hOird, agus gur cailleadh daoine gan an Ola Dhéanach a chur orthu dá bharr.

The college in Prague was the first to be suppressed in 1786 as part of the reforms of Joseph II. Boulay in France was the next to go in 1792. Then, but a few years afterwards, the friars lost their two fine colleges in Louvain (1794) and three thriving establishments at Rome itself (1798). By the close of the century, the Irish regular clergy were left with virtually no novitiates or houses of study either at home or abroad. In some ways, their position was worse than it had been at the time of the general exile one hundred years before. (Fenning, 1972, 386)

I ndiaidh bhás Uilliam English a tharla an chuid ba mheasa den díothú sin, ach b'éigean dó déileáil le trioblóidí ar thairseach a dhorais féin ón uair ar toghadh John Butler ina Easpag Chorcaí.

An tEaspag John Butler (Lord Dunboyne) 1763-1787

For upwards of two hundred years the epithets 'apostacy' and 'disgrace' have clouded the reality of John Butler's positive contribution to the reorganization and development of the diocese of Cork. An able administrator and builder of churches, he may be regarded as the first bishop of Cork to have implemented, in any degree, the Decrees of 1750-1. (Bolster, 1989, 87)

An 'apostacy' agus 'disgrace' a dtagraíonn Bolster dóibh thuas, ba é fágaint na hEaglaise Caitlicí ag an Easpag, agus a choiscreacadh mar easpag Protastúnach, maraon lena phósadh (féach Costello, 2000). Le linn dó a bheith ina easpag Caitliceach, áfach, bhí ceithre bhuíon de na hOird Rialta i gCorcaigh, na hAibhistínigh, na Doiminiceánaigh, agus na Proinsiasaigh sa chathair, agus na Cairmilítigh i gCionn tSáile, agus ní mó ná maith a réitigh an tEaspag le haon dream díobh idir 1774 agus 1783, de bharr na *Decrees* thuas. Choisc acht 1750 na nóibhíseachtaí in Éirinn; d'fhág acht 1761 na hOird Rialta go hiomlán faoi ordóg na n-easpag, agus bíodh gur thug acht 1775 cead do na hOird Rialta na nóibhíseachtaí a athoscailt, bhí ollchumhacht na n-easpag ag dó na geirbe iontu fós.

Ó thaobh na nAibhistíneach de, ba é Patrick Casey ba mhó a chuir isteach ar an Easpag de Buitléir. B'in é an sagart a bhí ina phrióir ar San Matteo sa Róimh, agus a d'fhill ar an gClochar i gCorcaigh i lár na haoise. Dhéanadh sé obair pharóiste sa chathair, nár thaitin leis an easpag, de réir dealraimh. Faoin mbliain 1783 bhí sé ar ais ina Phrióir sa Chlochar nua i Sr. Brunswick, áit ar fhan sé go dtí a bhás sa bhliain 1787 (Battersby, 1856, 189). Sa bhliain 1774, áfach, agus an t-aighneas faoi lántseol chuir céad Caitliceach Rómhánach ó Chorcaigh achainí chun na Róimhe ar son na sagart rialta (Fenning, 1965, 108). Shínigh prióirí Chorcaí an achainí sin a seoladh chuig Clement XIV (Fenning, 1965, 109, n. 56). Tharla go raibh Uilliam English ag feidhmiú mar phrióir sa bhliain sin, is dócha go raibh a ainm leis an gcáipéis chomh maith le cách.

Ach ní raibh deireadh leis an aighneas fós. Léitear san **House Book** faoin mbliain 1776 gur chinn Aibhistínigh Sheamlas an Éisc ar shéipéal nua a thógaint:

We the undersigned F.F. Prior and Conventuals of the Order of St. Augustine in Cork, considering our miserable situation here in an old tottering house with an old tottering and narrow Chapel, exposed to the censures and insults of all sorts of persons of every quality and persuasion who frequently pass this way, moreover having no lease of said premises have resolved to stint ourselves to lay up something yearly whenever it shall please Providence to favour us and give success to our endeavours; therefore, we have this day laid up in the Depository the sum of twenty pounds sterling which together with the ten pounds deposited in the year 1764 by order of the Rev. Fr. John O'Dwyer then Provincial (to supply the contingent wants of the Convent always, i.e., that which necessity would require to be laid out of it, should be replaced before the paying of any vestiary) makes up the sum of thirty pounds sterling.

May God enable us or our successors to accomplish this design soon to His Honour and Glory and May He reward our Benefactors with temporal and eternal happiness. Amen

Fishamble Lane, March 7th, 1776
Cornelius Funosy, V. Prior.
William English. Ed. Keating.

Is dócha go raibh an tAth. Cornelius Funosy (Ó Fianúsa?) a luaitear thuas tar éis filleadh ar Chorcaigh ón gClochar i bhFiodh Ard, Co. Thiobraid Árann, áit ar chabhraigh sé leis an Aibhistíneach Séamas Ó Slatara a bhí ina shéiplíneach ann idir na blianta 1760-90 (Battersby, 1856, 232-235). Ní mó ná sásta a bhí an tEaspag le tógaint an Chlochair nua, toisc gur theastaigh suíomh lár cathrach ó na hAibhistínigh, fad ba mhian leis-san go rachaidis lasmuigh den chathair. Mar seo a scríobh sé chucu:

We the Bishop of the Diocese of Cork, having naturally considered the good order of this city of Cork ... have thought it necessary to give you this ... notice concerning the Chapel I am informed you are about removing from its present situation. It is highly improper that you should build it in any part of SS. Peter and Paul's parish or the parish of Shandon, because we have two convents already established therein, besides one parish chapel, and another we mean to build; secondly, for the greater convenience of the town which would suffer from too great a proximity of chapels; thirdly because your ancient establishment [Red Abbey] was in the parish of St. Finbar and your present house is also. If ... you should attempt an establishment or chapel ... we declare the same interdicted ... and moreover, we declare that anyone of the above gentlemen belonging to the said convent of the Augustinians that will advise, go about, or promote any building contrary to this express command to be deprived of every jurisdiction whatsoever in this diocese. (Butler, 1986, 42)

Bhí Uilliam English i measc na 'gentlemen' thuas, ach ba é an tAth. Ed. Keating, an prióir, a tharraing fíoch an Easpaig air féin. Thug na Doiminiceánaigh tacaíocht do na hAibhistínigh sa bhliain 1779, áfach, á chur in iúl do *Propaganda* sa Róimh go raibh sé de cheart ag na hAibhistínigh teacht amach faoi sholas an lae (Fenning, 1990,

449). Bhí an lá leo, agus thógadar Clochar nua i Sr. Brunswick, a
nglaoitear Sr. Washington air anois. B'éigean don Easpag é a
bheannú, ar ordú an Phápa, ach bhí Uilliam English imithe ar shlí na
fírinne faoin am sin.

Sampla amháin den easpa tuisceana a bhíodh idir an chléir rialta is
thuata san ochtú haois déag ba ea é seo, agus b'annamh a bhíodh an
lá leis na hOird Rialta. I ndiaidh 1751 tháinig laghdú an-mhór ar a
líon agus chuir na proibhinsil litir chun na Róimhe á chásamh sa
bhliain 1767. Leanadh den díothú, áfach. Bhí idir dhá chéad agus trí
chéad sagart rialta sa tír sa bhliain 1812. Ar theacht na bliana 1829 ní
raibh ach an dá chéad fágtha. Thóg sé go deireadh an naoú haois déag
orthu téarnamh. Ba ansin a thosaigh líon na bProinsiasach, na
nDoiminiceánach, na nAibhistíneach is na gCairmilíteach ag méadú
in athuair (Wall, 1961).

Téamaí Fhilíocht Uilliam

Oiread is focal níor chan Uilliam English faoin aighneas thuas go
bhfios dúinn. Ráineodh, áfach, gur réidh an achair dó éalú uaidh ina
chuid filíochta. Is léir tionchar na sagartóireachta ar a chuid
cumadóireachta, mar sin féin. Tá daonnacht inti, mar thug sé de shólás
do Sheán Ó Murchadha na Ráithíneach nach mbéarfadh cléireach na
bhFlaitheas róchruaidh air nuair a d'fhéachfadh sé ar a bhille (Uimh.
6). Is léir a thuiscint féin don teannas idir an fhilíocht is an
tsagartóireacht, nuair a d'áitigh sé i gcás Fheardorcha, Rí na Prúise:

    Ós maith 'n aghaidh an oilc is oideas domhsa,
     ní dhéanfad aoir ná laoi don chóbach, (Uimh. 23, línte 49-50)

Is dócha nach raibh an saol sa Chlochar chomh Gaelach sin, ach
chomh beag, lena linn. Ba léir freisin gur thuig English go raibh an
meath i ndán don teanga, mar chan sé go minic faoi áit na Gaeilge
versus an Bhéarla. Ba é a dúirt an bhean óg Ghallda a bhí á mealladh
aige ná:

'As I hope to be married, a word I can't speak
of that silly language which makes my heart ache.
Some token or other I beg you will show,
for I have the cholic; I cannot well go.' (Uimh. 11, línte 9-12)

Is fiú a chuid filíochta a léamh is a chanadh ar son na braistinte uirbí a fhaightear iontu, fág gur léirigh sé cur amach ar na piseoga freisin – gan an tine a ligint thar tairseach, mar shampla (Uimh. 22); buailtear le cúpla amhrán grá uaidh ar an sean-nós chomh maith, ceann a d'eascair ón *Reverdie*, mar shampla (Uimh. 8), agus ceann a mbeadh a phréamhacha sa *Chanson d'Amour* (Uimh. 9). Glacaimis lenár n-ais go raibh an greann leanbaí in áiteanna. Bhí sceon chomh mór sin ar Sheoirse na Breataine, a áitíodh go caithréimeach, go mbeadh sé ag cac ina bhríste, is nach nglanfadh an taoide a thiompán! (Uimh. 25). Greann na gCartún is na nGreannán is ea é gan aon amhras. Agus ní féidir éalú ón mbarbarthacht sna haistí ach chomh beag. Má bhí cruthú uainn go bhfaca Uilliam English duine á chrochadh uair amháin ar a laghad, níl le déanamh againn ach na línte seo leanas dá chuid a léamh:

> ag cac san gcroich go raibh an coirneach,
> baic ar a cheann is cam 'na scornaigh,
> is an crochaire go stolla de a bhróga,
> rince an ghaid aige 'seasamh ar *nothing*
> in anaithe a anama 's a theanga 'muigh le corda,
> go bhfaice sé a shochraid is a thórramh,
> agus tua na gceann in am á spóladh,
> a cheann ar sparra is saithe cuileog air,
> a chorp á stracadh ag madraí ar bhóthar,
> gan gin tsleachta air 'na mbeathaigh le comhaireamh.
>
> (Uimh. 23, Línte 53-64)

Tá baile fearainn i gcomharsanacht Ghréine, Co. Luimnigh, leis, a nglaoitear Cnoc na Croiche air, gan ceangal na croiche leis an Lána Leathan ag Seamlas an Éisc i gCorcaigh a bhac. Sea, tá síodúileacht na cúirte ar iarraidh anseo, ach is cuid suntais é an meafar cumhachtach ar bhain a chara an Nóglach leas as chun cruachás an *Pretender* i Vincennes na Fraince a chur in iúl:

> Measaim gur ciall dó triall 'na tháinrith
> ón gcarcar ba iata ná sliasta ag mnáibh oilc,
>
> (Uimh. 20 [c], línte 21-22)

Tríd is tríd is filíocht nua-aoiseach a bhfuilimid ag plé léi sa leabhar seo. Sna dánta a chum Uilliam English ina óige, go fiú is, gheobhfá blas an Iar-Reistiréisin ar a mheafar do phléisiúr na collaíochta, mar d'áitigh sé i ndéantús dá chuid gur stiúraigh sé an mealltóir mná 'thar mhaoileann an tsléibhe' (Uimh. 8, líne 31).

> The maids "yield" not to men but to their own desires, and do so for their pleasure. This is a world of reciprocity, a world of give and take where all is "lawful". (Guibbory, 1993, 218)

Agus is é an t-úrscéal rógaireachta (Picaresque) an anáil a bhraithfeá ar a Aithrí (Uimh. 4). Is í an fhilíocht adhmholtach amháin, más ea, atá traidisiúnta, agus ansin féin is léir an fhorbairt ar a mharbhnaí sa cheann do Dháth Ó Glasáin a chum sé sa bhliain 1760. Marbhna 'oifigiúil', a cumadh sa bhliain 1733, is ea **Cé easpaitheach d'Éirinn éag Mhic Golaimh na dtreas** (Uimh. 1), a bhfuil rian láidir de stíl Mhic Coitir air, agus gur léir go bhfuil English ag foghlaim a cheirde ann. Caoineadh is ea **A Dháith Uí Ghlasáin** (Uimh. 28) a dtagraítear ann do thréithe pearsanta Uí Ghlasáin, agus a bhfuil anáil na Críostaíochta ag a dheireadh. Téitear ó 'cuan na nAingeal' sa chéad cheann go 'Cathair na Glóire' sa cheann deiridh, agus is léir nárbh é rogha an dá dhíogha ag an bhfile é nuair a deir sé go mb'fhearrr faoi dhó é do Dháth Ó Glasáin paidir a chur lena anam, bíodh go mb'fhéidir marbhna a b'fhaide a chumadh dó. Ná níor leasc leis a scileanna pionsóireachta a lua, mar ba é a chuirfeadh 'an ball 's an pionsa cóir air', a dúirt sé (Uimh. 28, líne 48). B'in é Uilliam English ina ról mar chaointeoir, mar fhear cathrach, agus mar shagart.

Is é is mó a d'fhág Uilliam English le huacht againn ná a chumas

chun teachtaireacht a chur abhaile orainn go gonta, a dheisbhéalaí is
a bhí sé. Máistir ar an ngiotán cainte ba ea é in aois a raibh claonadh
ag filí scéal an ghamhna bhuí a dhéanamh dá nuacht. 'Geallaimse
díbh nár gabhadh Prág' a mhaígh sé (Uimh. 25, líne 11); agus 'Táid
Swedes le dásacht ag carnadh mo shlóite' a chuir sé i mbéal Sheoirse
(Uimh. 21, líne 19). In Uimh. 29, líne 3 mhaígh sé go raibh sé céasta
'ó dearnadh den ghúta Freemason'. Bhí an greann ina orlaí trína
chuid filíochta níos minicí ná a chéile. 'An drong mhaol a ghéill don
chráifeacht' a ghlaoigh sé ar a chomh-Bhráithre, agus thug sé faoin
bPápa féin nuair a d'áitigh sé gur dhóbair dó bás a fháil nuair nach
bhfuair sé 'méar Pheadair' ó leastar an Bhráthar!

Sa bhliain 1774 d'eisigh na heaspaig Chaitliceacha Móid Dílseachta
(Acht 13 agus 14 Seoirse III):

I, do take almighty God and His only son Jesus Christ my
Redeemer to witness, that I will be faithful and bear true alle-
giance to our most gracious sovereign lord, King George the
Third, and him will defend to the utmost of my power against all
conspiracies and attempts whatever, that shall be made against
his person … (Costello, 2000, 17)

Sa *Dublin Evening Post* (6/10/ 1778) fógraíodh:

Cork, Oct. 1. Tuesday the Hon, and Rt. Rev. Dr. John Butler …
took and subscribed the Oath of Allegiance before the judges of
assize; as did also above seven hundred reputable Roman
Catholic ladies and gentlemen residing in this city and county …
(Costello, 2000, 20)

Ar ámharaí an tsaoil ní raibh ar Uilliam English an mhóid a thógaint,
tar éis ar chan sé faoin 'seanduine Seoirse,' mar cailleadh é mí Eanáir
na bliana céanna. Seans go raibh aithne aige ar Thomás Ó Míocháin
de bharr chaidreamh na beirte le Seon Lloyd. Is é an trua é nár mhair
sé fada go leor le hamhráin ghairdeachais an Mhíochánaigh ar bhua
na gcóilíneach ar na Sasanaigh i Meiriceá a chloisint (féach Ó

Muirithe, 1988). Bhí an dóchas céanna acu beirt: briseadh ar impireacht Shasana chun go mbainfí a ceart amach do Éirinn.

An Comhluadar Fileata

Is í an ghné is suimiúla i saolré Liam Inglis, b'fhéidir, ná an tsíorchumarsáid le filí eile, eisean á spreagadh, iadsan á fhreag-airt, is gan aon duine díobh ródháiríre. (Ó Callanáin, Lúnasa, 1992, 15)

Éadbhard de Nógla

Duine dá chairde ba ea Éadbhard de Nógla. Táilliúir téagartha ó Chorcaigh ba ea é, ach bíodh gur fíor an ráiteas thuas faoi chuid den chomhluadar fileata, ar éigean a thoill an Nóglach sa mhúnla sin. Cogadh na Seacht mBliain ba ábhar canta dó féin, don Chuinneagánach, is do Uilliam English, agus ba dhóigh leat go raibh siad lándáiríre faoi. Ina theannta sin, tá dán amháin ar a laghad a raibh an Nóglach i dtús cadhnaíochta leis, agus ar thug Uilliam English agus Seán Ó Cuinneagáin freagra air (Uimh. 20). Ghabh Éadbhard buíochas leo ar deireadh thiar. Níl aon amhras ná gur chorraigh siad a chéile chun cumadóireachta.

Idir Mala agus Mainistir Fhear Maí a bhí a atharthacht, ach ba i gcathair Chorcaí a chaith Éadbhard a shaol, ag gabháil don táill-iúireacht, ní foláir. Dlíodóir Seacaibíteach ba ea a athair, a bhí cairdiúil le Sir Séamas Mac Coitir, a cúisíodh in éigean Betty Squibb sa bhliain 1720 (Ó Ciardha, 1998, 27). Bhí Gaeilge, Laidin, is Béarla ar a thoil aige. Bhí caidreamh aige le Piaras Mac Gearailt sa bhliain 1791, agus ní fada ina dhiaidh sin a mhair ceachtar den bheirt acu (Ó Foghludha, 1945, 46). Thug Peadar Ó Féithín cuireadh chun dinnéir do Éadbhard ar an gcéad lá de mhí Aibreáin, agus chum Éadbhard dán gairid ina thaobh, an chéad cheathrú ag tagairt don chuireadh agus an dara ceann do Chonradh Aix-La-Chapelle. Ba é an Conradh sin a chuir deireadh le Cogadh Chomharbacht na hOstaire (1740-48), agus dá bharr sin b'éigean do Rí na Fraince, Louis XV, Seoirse II a aithint mar rí dlisteanach ar an mBreatain Mhór agus ar Éirinn. Bhí air geallúint a thabhairt freisin go ndíbreodh sé na Stíobhartaigh ón bhFrainc. Mar seo a chan an Nóglach:

Im thaisteal tráth go háras féinní inniu
Ba dhearg-náireach a admháil le haon ar bith
Scamall scáth ba mhaith liom fháil go séanfainnse
Gurab amadán an Aibreáin mo scéal anois.

Ó d'imigh an greann is níl ann ach iarmhar lag
Ó d'imigh an dream nár ghann ag riaradh flea
D'imir an Francach an cam ar ár dtriatha ar fad
Is ní chuirfinn mo gheall lastall ón mbliain seo amach.
(Ó Callanáin, 1992, Uimh. 16)

Nuair a d'fhreagair an Nóglach **Cré agus Cill**, le Uilliam English, ba léir go raibh sé ag tagairt don Chonradh céanna nuair a d'áitigh sé:

níorbh é do b'ábhar do spairn na nArd-fhlaith,
ach craos is cealg triúr eachtrannach bráthar
a léim le gangaid ó bhrataigh an chrábhaidh.
(Uimh. 22 [a], línte 42-44)

Ba léir, leis, go raibh sé ag cur fainic ar English é a thógaint bog, nó go mbéarfaí ar lár air. Glacam leis, más ea, gurbh é an múinteoir staire ab fhearr a bhí ag Uilliam English, de bharr a aoise, b'fhéidir; ina theannta sin, cá bhfios cén saghas scolaíochta a fuair sé, toisc a athair a bheith ina dhlíodóir?

Mar fhreagra ar a aiste filíochta **Atá dánta bog searbh** (L.N. G819, 229) a d'fhreagair Liam Rua Mac Coitir é 'ag conntráil an fhir shuas' (L.N. G819, 230). **Éadbháird a bhráthair is náireach na scéalta** a fhreagra (Ó Foghludha, 1937[b], 55-56). Chum sé 'A ccualabhair sgeólta leóghain an deaghchroidhe', 'iar mbriseadh don phrionnsa Cormac Stuairt ar machaire Culodon in Albain san mbliadhain 1745 (L.N. G 371, 94). Bhí Éadbhard ina bhaintreach fir ar feadh i bhfad, ach ceaptar go bhfuil tagairt dá bhean sa dán **Babaití Dálaoi:**

Níl file san tír ná siollaire grinn,
Ná Pilib is a phíb, is a mhálaí,
Ná cuirfeadh a shuím sa bhruinneal seo mhaoidhim
Dá ngoireathar Babaití Dálaoi. (Ó Foghludha, 1945, 52)

D'fhreagair Liam Abson é:

Is go Corca dá dtíodh an file gan teimheal
A labhair ar straoill na spág mbuí
Ach amharc go cruinn is dearfa chífeadh
Déithe cailce na mbánchíoch. (Ó Callanáin, 1993, Uimh. 12)

Máire Treasa na hOstaire ba ea searc a chroí, áfach, mar labhair sé fúithi amhlaidh sa dán **Tá grá agam don Spéirbhruinneall:**

Is fírinneach breá péarlach gach réise dá dlaoi
Go hómrach, go néamhrach, go caolchrios ag tíocht
Mar lánbhile cléirigh gléchleite a braoi
Is a lánroisc mar shaorchriostal gréagach go fíor;
Tá an lánlile in éineacht is caora ina gnaoi
i ngráscar le chéile gan chlaochló don dís
thug lacht mo dhearc ag teacht go beacht ina braonta liom síos
Is le páirt is le méin di gur chaolaigh mo chlí.
(Manchain, Ryl. 86, 118)

Thug Napoleon I 'broinn na hEorpa' ar Mháire Treasa, mar i dteannta a mhná céile féin, ba mháthair í ar bheirt impire – Seosamh II agus Leopold II, gan trácht ar Marie Antoinette. Thuig an Nóglach a chumhachtaí is a bheadh sí le tacaíocht Daun agus an Luimnígh, Count de Lacy:

Hungaria gur ghéill di, Bohemia is gach tír,
Moravia, Silesia, is Vienna na Rí,
Tá ann Daun agus an Léiseach ag plé di gan mhoill
Is bláthscoth na Féinne ó Éirinn go fíor.

(Manchain, Ryl. 86, 118)

Paidir ar son Mháire Treasa is ea an dán **Mo Uileacán Dubh Óg,**
nuair a socraíodh ar Chonradh Aix-La-Chapelle. Is deacair a
dhéanamh amach cén fáth go raibh an Nóglach chomh fabhrach sin
di, mar nár léirigh sí aon spéis in Éirinn, ná i gcúis na Stíobhartach.
Is fíor gur Chaitliceach deabhóideach í, cé gur mhinic í i ngleic leis
an bPápa. Pé scéal é, chaoin an Nóglach:

Tá Máire, an chael-bhean mhaordha ar siubhal
Gan congnadh dfhagháil chun bróg,
'S gan dfhagháil de réim dá chéile acht Diúic,
'S ní cumha liom fáth a ndeór;
Tá stát Genébha saor gan smúit
'S an sáir-fhear séimh Modéna subhach,
Mo lá is mo léan gan éinne dubhach
Acht m'uileacán dubh óg. (Ó Foghludha, 1945, 49)

Ghoill an tseanaois is an liathachán air. In Aisling dá chuid **Lá 'gus
mé ag taisdiol,** bhuail sé le bean óg álainn:

Ba áluinn a pearsa, ba thaithneamhach, dréimreach,
Ba chamarsach péarlach a cúl, O!
Ba bhláthmhar a mala mar ghearra le caol-phinn,
Ba leathan a h-éadan gan smúit, O! (Ó Dálaigh, 1925, 294)

Ní raibh sí meallta, áfach, mar chaith sí ina leith:

Is ceárrda fir cealgaidh measaim, cé d'aosais,
T-ainimsi, léig dham ar d-túis, O!
Is gránda do leacadh 's as searbh do bhréithre,
Mealla na m-béithe ann do rúin, O! (Ó Dálaigh, 1925, 296)

Nuair a deineadh sagart de Standis Óg de Barra cheap sé amhrán molta dó, **Pearsa duine uasail an Buachaill Gléigeal** (Ó Foghludha, 1937 [b], 15). Chum sé **Mo dhaichead Cúileann** in onóir Neilí de Barra a bhí pósta le Dónall Ó Faoláin as Áth na nDéise, Co. Luimnigh. D'fhulaing sé faoi bhráca an tsaoil in Éirinn an ochtú haois déag, agus chaoin sé:

> Táid Gaeil bhochta le sealad ag Gallaibh faoi ghéarsmacht
> Ag taxanna daora dá dtarrac gach ló
> Gan léas acu ar thalamh ná branar le déanamh
> Is go gcaithid gach féile bheith glan ins an scór.
>
> (Ó Callanáin, 1993, Uimh. 15)

I ndiaidh don Doiminiceánach, Donncha Ó hÉadromáin, an Clochar i gCill Mocheallóg, Co. Luimnigh, a fhágaint sa bhliain 1736 chun bheith ina mhinistir Protastúnach, cháin Éadbhard de Nógla a imeacht in **A Dhoiminic dhiaga, is ciach mar scéal sin.** Bhí beirt eile a d'imigh roimhe, a áitíonn an Nóglach sa dán (féach O'Flynn, 1995, lgh. 44-60, le haghaidh chúlra an dáin sin).

Chuir an Nóglach fáilte roimh John Butler, nuair a coisreacadh é ina Easpag Chorcaí sa bhliain 1763, i ndán le seacht gceathrú ann:

> Fáilte is míle a ghuím gan séanadh
> don ghroidhire glé d'fhuil Ghréagach ard.
> Fáilte óm' chroí le díograis chléibhchirt
> don taoiseach cléir gan bhéim 'na cháil.
>
> (M.N. M8, 341; L.N. G 371, 130)

Níorbh é mian an Easpaig na bochtáin a bhrú faoi chois, a d'áitigh an Nóglach sa dán adhmholtach seo (Costello, 2000, 7). Ba ina dhiaidh sin, ar ndóigh, a d'éirigh idir muintir Sheamlas an Éisc agus an tEaspag de Buitléir.

Níorbh é Muiris Ó Gríofa amháin a d'fhreagair **Peadar na Péice,** le Tadhg Gaelach, mar thug an Nóglach faoi chomh maith – **Áilleán**

chuala luag le hÉigsibh, 'ag iomcháine Pheadair na Péice' (L.N. G470[b]). De réir na lámhscríbhinne sin breacadh an dán áirithe sin 'Sept. 20th. 1768' (Nic Éinrí, 2001[a], 45).

I 'Barántas Leabhráin Sheáin Uí Mhuláin' áitíodh gurbh é an Nóglach:

Aon de bhreathúnaibh na héigse idir Chorca Mhór Mumhan et Oileán Chiarraí et fós san réim dhírigh ó Chumar glantsruthánach na Caillí go Cathair Dhúna hIasc. (Ó Fiannachta, 1978, 105)

Glaoitear 'aon d'ard-bhreithiúnaibh na héigse i gContae agus i gCathair Chorcaí' ar an Nóglach i mBarántas eile (Ó Fiannachta, 1978, 173). Ba le cead 'Phiarais uasail Mhic Gearailt, ard-shirriam Leithe Mogha' a cuireadh gairmscoile amach 'de réir ordú Éadbhaird de Nógla'. Glaodh ar Mhuiris Camshrónach Ó Conchúir, a bhíodh ag breacadh fhilíocht an Nóglaigh ann, agus ar Uilliam English freisin, agus dúradh faoin gConchúrach:

gurb í ceird is mó do lean an fear so saoirseacht loinge agus gur chomhdheas ar gach ceird é, agus nach lia do cheardaibh maithe ná drochcheardaibh. (Ó Fiannachta, 1978, 170)

Arís eile, ba 'le cead Phiarais uasail 'ic Gearailt ardsirriam Leatha Mogha' a chuir an Nóglach ordú amach:

Whereas go dtáinig Uilliam uasal de mhaithibh na mBrúnach … dom' láthair agus gur dhearbhaigh ar mhóide an Bhíobla go dtáinig ann strae óglaigh de shíolrach coigríoch ó Chúige Laighean san aird aniar chum a rétheaghlaigh shearcoscailte do gach neach ghabhas an tslí … (Ó Fiannachta, 1978, 184-185)

An chuid is suntasaí dá shaothar sa leabhar seo, léiríonn sí a shamhlaíocht bheo, aibí, fite fuaite le réadúlacht na haimsire. Is dócha go raibh sé ag brath ar thuairiscí ó leabhair nuair a thagair sé do Indiaigh dhúchasacha Mheiriceá mar 'an fhiann a ghearrann a gciabha le scianaibh bearrtha'! Leathchéad dán dá chuid a mhaireann, dar leis an bhFoghludhach, agus bhí sé réidh chun iad a fhoilsiú nuair a scríobh sé *Mil na hÉigse* sa bhliain 1945 (Ó Foghludha, 1945, 46). Níor foilsíodh ach cúig cinn i *Mil na hÉigse,* áfach.

Seán Ó Cuinneagáin

Nuair a chum Uilliam English **M'atuirse Traochta na Fearchoin Aosta** ar an bhfonn 'Seán Buí' (Uimh. 18), d'fhreagair Seán Ó Cuinneagáin é leis an déantús **Fanaig go nÉisteam a Cheathair ar Chaoga** ar an bhfonn céanna (Uimh.18 [d]). **Bead feasta le Mian gach Bliain ag trácht** an freagra a thug sé ar dhuais dána Éadbhaird de Nógla a chum Uilliam English, ar an bhfonn 'An Craoibhín Aoibhinn Álainn Óg' (Uimh. 20). Fíodóir ón mBaile Nua, i gCo. Chorcaí ba ea é, áit a raibh cónaí ar Liam Rua Mac Coitir, leis (Ó Foghludha, 1946, 9). Láimh le Dún Guairne a mhair Uilliam English, Seán Ó Murchadha na Ráithíneach, agus Seán Ó Cuinneagáin (dar le Ó Foghludha, 1937 [b], 11). Scríobhaí ba ea é, i dteannta a bheith ina fhile, ach ní mhaireann a lámhscríbhinní anois (Ó Conchúir, 1982, 325). Mhaígh Seán Ó Dálaigh go raibh cuid dá lámhscríbhinní, dar dáta 1737 ina sheilbh féin, ach, ina thuairim siúd 'of the author, Seaghan O'Cuinneagain, there is no memoir' (Ó Dálaigh, 1925, 201).

Muiris Ó Gríofa

A Óigfhir Ghrinn cé Binn do Dhréacht an freagra a thug Muiris Ó Gríofa (*ob.* 1783) ar Uilliam English, nuair a mhol sé an déirc (Uimh. 7). Agus bhí sé i measc na bhfilí a chan amhrán ar an bhfonn 'Seán Buí' dar tús **Tríom' Aisling do Smúineas 's mé i gCreathadh gan Mhúscailt** (Uimh. 18 [i]). Chum sé **Is é meastar liom** ar an bhfonn 'An Clár Bog Déil', ar ar canadh **Cois na Bríde** freisin (Uimh. 27). Máistir scoile i mBaile an Ghadaí, gar do Chill Mocheallóg, Co. Luimnigh, ba ea Muiris. Is cosúil go raibh aithne aige ar Uilliam English agus ar an bProinsiasach Pádraig Ó Broin, mar bhíodh sé ag taisteal na dúiche mar dhochtúir agus mar sheanmóirí (Mhág Craith, 1967/1980 II, 317). Cailleadh é sa bhliain 1783 (Br. Lib.Cat. II, 220).

'Ag seo bharántas Mhuiris Uí Ghríofadh' a ghairm Eoghan Ó Súilleabháin, dar tús:

Críocha mionáile Mumhan agus a chuid eile d'Éirinn iathghlas oileánach le hEoghan Ó Súilleabháin. (Br. Lib. II, 461)

Dlúthchara dó ba ea Eoghan Rua Ó Súilleabháin, agus nuair a cailleadh é sa bhliain 1784 chaoin an Gríofach é:

Eoghan ó cailleadh ní'l aiteas ná spórt san dáimh,
Gan ceol dá spreagadh mar cleachtadh ná cómhad na ndán,
Gan scóip ghrinn feasta gan taca gan treoir gan tábhacht,
Gan seoladh ranna go greanta glic cóir gan cháim
(Ua Duinnín, 1923, 158)

Bhí tuiscint don ghreann ag an nGríofach; mar fhreagra ar 'Sa gCualabhair Eachtara ar Pheadar na Péice, le Tadhg Gaelach Ó Súilleabháin is ea a chum sé A dháimh an ghrinn, a fhaightear sa lámhscríbhinn Longfort ML3, 575. D'áitigh sé ann go raibh:

mal mear groidhe sa tír gan traochadh
is fearr chun gnímh ná laochra Féinne ..
do sháraigh, geallaimse, Peadar na Péice
dá áille a bhachaill, 's dá mhallaithe a bhéasa.
(Nic Éinrí, 2001[a], 261)

Ba le linn a óige i gCorcaigh, ní foláir, a bhí Tadhg Gaelach cairdiúil le Muiris Ó Gríofa, agus nuair a chum sé Tabhair i Lámh Sheáin dhil Uí Cheallaigh chaoin chaoimh níor leis ab fhaillí a chara a lua:

Ná dearmad Gríofa croíúil, cailce, cuachach,
gaisceamhail, gníomhach, soilseach, searcach, suagach,
draganta, díonmhar, buíonmhar, beartach, buacach,
flaitheamhail, fíontach, loinseach, lannach, luachmhar.
(Nic Éinrí, 2001 [a], 189)

Liam Rua Mac Coitir

Cé Easpaitheach d'Éirinn Éag Mhic Golaimh na dTreas an chéad
sampla de dhéantús filíochta Uilliam English atá sa leabhar seo, agus
ó fhianaise na lámhscríbhinní chum sé féin is Liam Rua Mac Coitir
(*ca.* 1675-1738) gach re rann de (Uimh.1). Cailleadh Donnchadh Óg
Mac Craith, ó Choill Bheithne sa bhliain 1733, dar le Micheál Óg Ó
Longáin, sa lámhscríbhinn Ac.R.É. 23 G 20, 237, agus ba eisean a bhí
á chaoineadh ag an mbeirt sa dán seo. I ndúthaigh an Bharraigh
Mhóir, Co. Chorcaí, a rugadh Liam sa bhliain 1690. Duine de
mhórfhilí na dúiche sin ba ea é. Bhí Laidin ar a thoil aige, agus bhí
meas ag muintir de Barra air. Comharsana dó ba ea an tAth.
Conchubhar Ó Briain, Seán Ó Cuinneagáin, Seán Ó Murchadha na
Ráithíneach, agus Uilliam English (Ó Foghludha, 1937 [b]). Chum
Liam Rua filíocht in onóir Sir Séamas Mac Coitir ó Charraig
Thuathail, a crochadh sa bhliain 1720 de bharr coir i gcoinne Betty
Squibb. Ainm an dáin ná **Mór an Chreidhill seo Gheibhim do
Chéas mé** (Ó Foghludha, 1937 [b], 29). Bhíodh Cúirt Éigse sa
Teampall Geal, Co. Chorcaí, a mbíodh Liam Rua i gceannas uirthi,
agus tháinig Seán Ó Murchadha na Ráithíneach mar chomharba air
ann (Br. Lib., Cat. II, 385). Cailleadh Liam Rua sa bhliain 1738, agus
cuireadh i mBréachmhaigh é. Seacht ndán ar fhichid a leagann an
Foghludhach air ina leabhar *Cois na Cora* (1937).

Seán Ó Murchadha na Ráithíneach

Is *Rake* Mé a d'admhaigh Seán Ó Murchadha na Ráithíneach (*ob.*
1762) nuair a chuaigh sé 'chun faoistine' chuig Uilliam English. Níor
leasc leis an sagart maithiúnas a thabhairt dó, á chur ina luí air nach
baol go mbéarfadh cléireach na bhFlaitheas go cruaidh air (Uimh. 6).
Rugadh Seán sa bhliain 1700, agus ba i gCarraig na bhFear ba mhó a
bhí sé chun cónaithe. Ag braith ar na Cárthaigh Spáinneacha i
gCorcaigh a bhíodh sé, ach ba ag sclábhaíocht dóibh a chaith sé a
shaol, in ainneoin oideachas maith a bheith air. Chaith sé tréimhse ag
obair don *Pretender* freisin, i dteannta Sheáin Chláraigh Mhic
Dhomhnaill. An leasainm a bhí air ná an *Munsterman* agus é ag dul

thart ag earcaíocht (Torna, 1954, xiv). Bhíodh Cúirt Éigse aige i gCarraig na bhFear, agus i measc na bhfilí ó chathair Chorcaí a raibh caidreamh ag Seán leo bhí an tAth. Tomás Boghléir, Pádraig Ó Súilleabháin, agus Seán Ó Comáin.

Cuid d'éigse Chathair Chorcaighe iadsan, ba réamhtheachtaí ag an Athair Liam Inglis, Liam Apson agus Éadbhard de Nógla. (Torna, 1954, xxii)

Scríobhaí ba ea Seán i dteannta a bheith ina fhile, agus sa bhliain 1744/45 bhreac sé cnuasach de fhilíocht na mBard sa lámhscríbhinn Ac.R.É. 23 L 17, bunaithe ar cheann de chuid Liam Rua Mac Coitir a scríobhadh sa bhliain 1723.

Liam Dall Ó hIfearnáin

Ba den chomhluadar fileata é Liam Dall (*ob*. 1782) freisin, a rugadh timpeall na bliana 1720 i Laitean, Co. Thiobraid Árann, cóngarach do theorainn Luimnigh. Bhí sé dall ó bhroinn. De réir an tseanchais chaith sé tamall ina chónaí le Seán Clárach. Chum sé aoir ar Sheán Déamar, an tiarna talún saibhir i Srónaill. Ba idir 1750-1760 a chum sé an t-amhrán **Mo Dhainid go nÉagaid na Fearchoin Aosta** (Uimh. 18 [b]), ar an bhfonn 'Seán Buí' (dar leis an bhFoghludhach, 1939, 29). Bhí sé beo bocht ag deireadh a shaoil, agus chuaigh sé chun cónaithe le fear gaoil leis, Otto Ó hIfearnáin, i Laitean, áit ar cailleadh é sa bhliain 1782 (Ní Mhurchú agus Breathnach, 1999, 115). San fhreagra a thug sé ar Uilliam English, is inspéise a phaiseanta is a bhí a dhréacht, i gcomparáid leis an mbundán. Tugann Liam Prút Aisling nua de chuid an Daill chun solais, ar a dtugtar 'Aislin Uilliam Dall' a bhfuil na línte seo leanas mar chríoch léi:

Chuir si fáine air bhárr a dóid ghil
Is ceangail an ainfhir le reachtaibh an Mhór-Mhic
le h-éide Bhriain ghil a n-diaidh na comhairle
Is budh phríomh-fháidh tú ar na chúig chóige
Bainig an ceann le pleangc de Sheoirse
Is cuirig san diabhal 'n-a dhiaig na Cóbaig. (Prút, 1985, 210)

Tá macsamhail na línte sin le fáil i ndán Uilliam English **Mo Chumannsa Thiar an Diagaire Domhnall** (Uimh. 3, línte 51-56).

Eibhlín Uí Chaoilte (Ní Eachiarainn)

B'ait leat bean i gcomhluadar fileata an ochtú haois déag, ach féach gur fhreagair Eibhlín Uí Chaoilte (fl. *c*. 1745) **M'atuirse Traochta na Fearchoin Aosta,** le Uilliam English ar an bhfonn 'Seán Buí' (Uimh. 18 [a]). Tá an aiste filíochta lán dóchais, ar aon dul le cumadóireacht English féin. Ba as Cathair Dhroinge, cóngarach do Bhaile Mhistéala, Co. Chorcaí di (Pádraig A. Breatnach, 2002, 453). Ní chreideann Breatnach go bhfuil aon bhonn faoi thuairim Hardiman in *Irish Minstrelsy,* lch. 149 nach raibh san ainm ach 'nom de guerre' a ghlac file fireann éigin chuige féin ar eagla go mbéarfaí air.

Pádraig Mac Gearailt

A Bhalsam Dheas Mhaorga gan Ghangaid gan Aon Locht (Uimh. 18 [c]) a chan Pádraig Mac Gearailt mar fhreagra ar Eibhlín, ar an bhfonn 'Seán Buí'. Is beag eile dá shaothar a mhaireann sna lámhscríbhinní, go bhfios dúinn, seachas an t-amhrán Seacaibíteach 'Ceo draoidheachta sheol oidhche chum fáin mé' a fhaightear sna lámhscríbhinní Ac.R.É. 23 G 23, 251, agus 23 A 50, 162, mar shampla.

An tAth. Tomás Ó Gríofa

Ba é an tAth. Tomás a thug freagra ar Uilliam English ina dhéantús **A Chara 's a Chléirigh ba Thaitneamhach Tréitheach** (Uimh. 18 [e]), a bhfuil meafar leathnaithe na gcártaí ann. Chum sé ar an bhfonn 'Seanbhean Chríon an Drantáin', leis, 'don Athair Séamus Céitin agus don Athair Seán Ó Moriain, iar dteacht ó Ard Mhóir dóibh':

> An aithnid díbh Séamas is Seán óg,
> aicme den gcléir sin a ghráigh ceol,
> fear díobh ó shléibhtibh
> an bhaile nach aerdha,
> 's neach eile ón gcé sin na mbád seoil. (Ac.R.É. 23 O 15, 45)

Spreag sé a mhuintir chun paidreoireachta mar leanas:

A dhaoine mar tá sibh cois trátha Malbay anseo ..
Líonaig go láidir fiormáiltí na spéire,
ag síormholadh an Ard Mhic le gárrtha lán baochais.

(Ac.R.É. 23 K 3, 92)

Chaoin Donnchadh Rua Mac Conmara an cás ina raibh an tAth. Tomás le:

daorghuth na Mainistir ag éileamh an airgid
thraoch an fear calma ar comh lár. (Ac.R.É. 23 O 15, 46)

Bhí a fhadhbanna féin ag an Ath. Tomás Ó Gríofa, ní foláir!

Pádraig Ó hÉigeartaigh

Is Acmhainneach Aoibhinn do Rann Breá (Uimh. 23 [a]) a chan
Pádraig ar an bhfonn 'Seanbhean Chríon an Drantáin' mar fhreagra
ar **An eol Díbhse 'Dhaoine i bhFonn Fáil,** le Uilliam English.
Maireann dán eile dá chuid, 'Mallacht Phádruig Uí Éigcearta air an
bhithiúnach do ghoid a mholt maith ó Sheághan Ó Murchughadh na
Raithíneach'. Níor chuir sé fiacail ann á dhaoradh:

Milleadh margaidh, leagadh is síorleonadh
duig 'na bhathas 's a thachtadh le righinchorda.

(Ac.R.É. 23 B 38, lch. 97)

D'imigh bean Phádraig uaidh, de réir dealraimh, mar chan file anaith-
nid mar leanas:

A charruid a Phádraig ghráidh 's a ghliadhaire an tsuilt
ná glacaig an cás go cásmhar diachrach dubh

(Ac.R.É. 23 N 32, 161).

Sa lámhscríbhinn Manchain, Ryl. 61, 152 léitear:

Padruig Ó hAegearta, maghistear sgol a gCorcadh cct. dá bhean
féin, d'imthigh air earraid chum siubhail uag ... le buachail do
mhuintear Dhonabháin –

D'imigh chun ratha, is ní feasach an t-ard 'nar thriall,
le duine gan ghairm gan cháil gan chiall.

Ba mhairg don Donnabhánach, áfach, mar b'é a bhagair Pádraig Ó
hÉigeartaigh air ná go mbeadh sé:

id' chonablach go locartha id' luí i ndíg. (Manchain, Ryl. 61,
155)

Tadhg Ó Cruadhlaoich

Cá bhfuil bhur Saothar le Daichead is Caoga? (Uimh. 18 [e]) a
d'fhiafraigh an file seo ar an bhfonn 'Seán Buí'. Ba é a thuairim sa
dán nach mbeadh an Béarla in uachtar in Éirinn nó go mbeadh dhá
ghrian le feiscint in aon áit amháin! Ná ní raibh aon fhírinne sa ráfla,
dar leis, go raibh Éire tréigthe ag an Stíobhartach. Is beag eile dá
shaothar a mhaireann sna lámhscríbhinní, ach ceathrú amháin dar tús:
'Má mhairim ar feadh seachtaine is gur buan mé beo' (Corcaigh T.21,
214). Chum sé ceathrú eile do Thadhg Ó Ríordáin: 'A bhile do scag-
adh a dragannaibh leonta Chuirc'. D'fhreagair seisean é leis an
gceathrú: 'Uireasba capaill is easba na córach san' (Corcaigh T.21,
214).

Seon Lloyd

Ba é Seon Lloyd (*ob.* 1786) a sheol beannachtaí chuig Uilliam
English sa dán **Stiúraigh le Cúnamh an Dúilimh** (Uimh. 30):

*Sent by Mr. John Lloyd of Limerick, June 20th. 1765 to Fr.
William English of Fishamble Lane, Cork.* (Ac.R.É. 23 L 38, 37)

Ó Cho. Luimnigh do Sheon Lloyd, ach chaith sé cuid mhaith dá shaol
i gCo. an Chláir (Ó Madagáin, 1974, 67). An mhúinteoireacht an

ghairm bheatha a bhí aige, ach ba fhile is scríobhaí é chomh maith. Chaith sé tamall ag múineadh i bhForúir, i gCill Rois, agus i gCill Mhichíl. Bhog sé ina dhiaidh sin isteach go hInis, áit ar éirigh sé cairdiúil le Tomás Ó Míocháin. Ba ansin, sa bhliain 1765 a chum sé an dán Seacaibíteach thuas do Uilliam English. Tuairimíonn Breandán Ó Conchúir go mb'fhéidir go raibh baint ag an Míochánach le Cúirt Éigse sna seascaidí, mar go gcuireann sé fáilte roimh Phádraig Ó Conaill i gceann dá dhánta, agus bhí pas faighte ag an gConnallach sin ó Sheán Ó Tuama (Ó Conchúir, 2000, 65). Má bhí, ráineodh gur thug Uilliam English cuairt uirthi, mar d'fhág sé an Clochar i Seamlas an Éisc ar feadh tamaill sa bhliain 1765 (nótaí ón **House Book**).

Chaith Lloyd tamall i gcathair Luimnigh idir 1773-74, agus ba dhuine é de na scríobhaithe a bhailíodh le chéile i dteach Sheáin Uí Mhaoldomhnaigh, Sr. an Chaisleáin, Luimneach. Cailleadh sa Chlár é timpeall na bliana 1786 (*An Claidheamh Solais,* Lúnasa 11, 1917). Maireann thart ar scór dán dá chuid, ach ba é ba cháiliúla ná **Cois Leasa dham go huaigneach**, a d'aistrigh Micheál Coimín go Béarla. Bhí sé sa seanchas gur cuireadh Lloyd ar a thriail nuair a tháinig an leagan Béarla amach, a cheannaircí is a bhí sé (de Paor, 1988, 23). Ba mhaith, más ea, gur chloígh a chara Uilliam English le Gaeilge, mar ba réabhlóidí go mór fada a sheintimintí siúd! Bhí cuimhne ar Lloyd fós in oirdheisceart an Chláir faoin mbliain 1917, nuair a scríobh Tomás Ó Rathaille nóta air sa *Claidheamh Solais* (Lúnasa, 11, 1917).

Is spéisiúil go raibh cónaí ar chlann Lloyd i *Castle Lloyd* in aice le hÚlla in oirthear Luimnigh san ochtú haois déag (Ní Dheá, 2000, 21). Ba de lucht leanúna Chromail iad, agus bhí cónaí ar chraobh eile díobh ar an gCeapach, Co. Luimnigh. Tiarnaí talún i bPailís Ghréine be ea muintir Apjohn; phós iníon le duine díobh fear den sloinne Lloyd, agus chuaigh an Rev. Michael Lloyd Apjohn chun cónaithe i Linfield House, Pailís Ghréine. Feictear a shíniú i **Tithe Applotment Books** an cheantair. Dá mba as an bPailís do Uilliam English ó dhúchas, tharlódh go mbeadh aithne aige ar Sheon Lloyd, óna óige. Ba sa bhliain 1765 a d'fhág English an Clochar i gCorcaigh, gur fhan

sé amuigh ar feadh seacht mí. Timpeall an ama sin a chum sé an dán
Táimse sa tSúsa (Uimh. 29). Cá bhfios nach ag triall ar Sheon Lloyd
a bhí sé ag an am, tharla gur ghlaoigh Tomás Ó Míocháin 'príomh-
luibheach' air agus é ag tagairt dá leigheas ar an ngúta? (Ó Muirithe,
1988, 49).

Pléann Eilís Ní Dheá (2000) lgh.18-22 lámhscríbhinní Gaeilge Lloyd.
Faightear cóipeanna de **M'atuirse traochta na fearchoin Aosta**
(Uimh. 18), mar aon le freagra Mhuiris Uí Ghríofa, **Tríom' Aisling
do Smúineas** (Uimh. 18 [i]) sa lámhscríbhinn L.N. G136, a scríobh
sé sa bhliain 1756. Bhreac sé **Stiúraigh le Cúnamh an Dúilimh**
(Uimh. 30) ag 'Loim na nEach' (Luimneach) sa bhliain 1773 (M.N.
C25 [a]). Thriail sé an mhúinteoireacht i gCorcaigh sa bhliain 1775,
de dhealramh, áit ar bhreac sé an lámhscríbhinn a nglaoitear Mainistir
Fhear Maí PB9 uirthi anois. Shnaidhmigh sé cairdeas in athuair, ní
foláir, leis an Ath. Uilliam English, mar is sa scríbhinn sin a
fhaightear cóipeanna de **Níl Súgaíocht ná Dúil Ghrinn go Brách
im' Ghaor** (Uimh. 9), **Maíodh gach nAon a Shlí sa tSaol** (Uimh. 7),
'Cé Sin Amuigh? (Uimh. 17), maraon le **Cré agus Cill go bhFaighe
gach Bráthair** (Uimh. 22). Níor dhein sé faillí i bhfreagra Mhuiris Uí
Ghríofa ach chomh beag, mar chuir sé isteach **A Óigfhir Ghrinn, cé
Binn do Dhréacht** (Uimh. 7[a]) freisin.

Bhí Seon beo bocht nuair a cailleadh é, de dhealramh, mar chum 'a
member of the Antiquarian Society' 'To the memory of Mr. John
Lloyd':

> Could social mirth and sentiments refined
> A grateful honest and inoffensive mind,
> Poetic parts and antiquarian fame
> With friendship fixt and virtue in extreme,
> Mortal man from murdering fate defend,
> Our Lloyd alas! would have a happier end.
> (Manchain, Ryl. 86., 68, a bhreac Tomás Mac Mathghamhna sa
> Chlár, sa bhliain 1853)

An tAth. Pádraig Ó Riain

Is fiú a thabhairt faoi deara faoin dán **Stiúraigh le Cúnamh an Dúilimh** (Uimh. 30) a scríobhadh sa bhliain 1765, agus a dtagraítear ann don 'Athair glan séimh Ó Riain' (l. 41), go raibh an tAth. 'Patrick Ryan', Aibhistíneach, i láthair ag Comhdháil a tionóladh ag Cnocán Idir Dhá Bhóthar, i bParóiste Gréine ar an naoú lá de Mheitheamh, sa bhliain 1752. (O'Dwyer, 1975, 79). Bhí baint aige leis an gClochar Aibhistíneach i mbaile Thiobraid Árann ag an am. D'fhreastail an tAth. Domhnall Ó Briain ar an gComhdháil chomh maith. Sagart paróiste ar Phailís Ghréine ba ea eisean. Saolaíodh mac dá dheartháir siúd, Thomas O'Brien, an sean-*Major* (*ob.* 1750) sa bhliain 1742, agus ba ar ócáid bhreithe an *Major* óg sin, Dan Meara O'Brien, a chum Uilliam English an dán **Mo Chumannsa Thiar an Diagaire Domhnall** (Uimh. 3).

Bhí Patrick Ryan i láthair ag an gComhdháil a reachtaíodh i nDurlas, Co. Thiobraid Árann, ar an gceathrú lá de mhí Lúnasa, agus arís eile ag Cnocán idir Dhá Bhóthar, cóngarach do Phailís Ghréine, ar an aonú lá déag den mhí, sa bhliain 1752. Ba i ndiaidh 1754 a shroich an tAth. Patrick Ryan Seamlas an Éisc i gCorcaigh, más ea, mar d'fhreastail sé ar Chomhdháil eile ag Cnocán idir dhá Bhóthar ar an aonú lá déag de Mheitheamh na bliana sin (O'Dwyer, 1975, 58). Thuigfeadh sé na seintimintí Seacaibíteacha a bhí á seoladh ag Seon Lloyd chuig a Bhráthair, Uilliam English. Ba 'mar phearsa bheo láithreach ... ar féidir ionannú báúil a dhéanamh lena chás' a léiríodh an Stíobhartach sa dán seo, dar le Breandán Ó Buachalla (1996) lch. 417.

An Dochtúir Heidhin

An coinfeasóir a bhí ag an Rianach ag an gComhdháil ar an gCnocán idir Dhá Bhóthar, a luadh thuas, ba é an tAth. Tadhg Ó Heidhin é. Bhí sé ina shagart paróiste ar Laitean agus Chuilleann, agus ina V.G. ar dheoise Chaisil agus Imligh sna blianta 1749-50. (Skehan, 1993, 279). Sagart paróiste ar Mhungairit, Co. Luimnigh ba ea é ina dhiaidh sin, mar cailleadh ann é sa bhliain 1756, dar le Begley (1938) lch.

218. Is fíor go bhfaightear plaic i gcuimhne 'John Hevnes 1756' i reilig Mhungairit, ach tharlódh go bhfuil iomrall aithne anseo idir Tadhg agus Seán Ó Heidhin, mar maireann Barántais don bheirt sna lámhscríbhinní. Tosaítear ceann Sheáin mar leanas:

> Ag so gearán géarthuirseach an Athar Seán Ó hEidhin, .i. sagart suaimhneach sítheoilte suáilceach saoirbhéasach, chónaíos san mBearnain Choill san gcontae réamhráite Luimnigh do láthair Sheáin Uí Thuama an Ghrinn. (Ó Fiannachta, 1978, 82)

An gearán a bhí ag an Ath. Seán Ó Heidhin ná gur goideadh coileach uaidh, agus d'fhógair Seán Ó Tuama ar an ngadaí:

> an stróinse seo seolaíg go crom ar nasc
> Cois Mhór-Gheata Mhóngrait ag Lom na nEach.
> (Ó Fiannachta, 1978, 84)

Luaitear an tAth. 'Tadhg Ó Seidhin', ó Cho. Thiobraid Árann, i mBarántas eile de chuid fhilí na Máighe. Mar seo a chuir Aindrias Mac Craith síos air:

> sagart agus dochtúir dea-eolgach deachtaithe, bile buach binnghuthach, file fáidhghlic forasta, gliaire gleoite glantuigseanach, leon líofa lánfhoghlamtha, ministir mórga maiseach maith, posta na príomhéigse, ruduire rúndiamhrach róghlic, seabhac suaimhneach sítheoilte, tuar uafásach na dtuataí, agus ceartbhreitheamh na gcaoinéigse. (Ó Fiannachta, 1978, 136)

B'in é an Dr. Tadhg Ó Heidhin, dar linn. 'Begley calls him James, and Renehan calls him John in error' a scríobh Skehan (1993, lch. 279). Ní fios go cruinn cathain a cailleadh Tadhg Heidhin, ach is dealraithí go raibh dul amú ar Begley faoi áit a adhlactha, mar d'aimsíomar leac uaighe sa reilig i gCuilleann, Co. Thiobraid Árann, a bhfuil an t-ainm 'Rev. Doctor Hine' uirthi, agus 'T. Hine' chomh maith. Ba i mBarúntacht Chlann Liam, Co. Luimnigh, a bhí atharacht an Dochtúra Heidhin, ní foláir, mar idir 1654-55 bhí réimse mór talún ag 'Dannl. Heyne, Irish Papist' i gCathair Ailí thoir, agus bhí tailtí fairsinge ag 'Teige Heyne, Irish Papist' i gCathair Ailí Thiar, Co.

Luimnigh (Simington, 1938, *Vol. IV*, lch. 76). Ráineodh gur dá sliocht siúd an Dochtúir Heidhin 'ar binn Chnoic Ghréine', ar chuir Uilliam English a bheannachtaí chuige ina dhán **A Dhochtúir Heidhin an Ghrinn gan Éalaing** (Uimh. 31) áit ar mhol sé a fhéile go hard na spéire. Níl aon tuairisc ar mhuintir Heidhin, áfach, sa **Tithe Applotment Book** don bharúntacht réamhráite sa naoú haois déag. Maireann déantús filíochta dá chuid sna lámhscríbhinní: 'Sin agaibh mo scéal, ná déanaig labhaois bhaoth ná faillí im' ráitibh' (Ac.R.É. 23 B 38, 290; 23 N 13, 226; 23 G 23, 170; 23 M 14, 199; 23 C 8, 411; 23 E 1, 91; 23 F 22, 85 agus Mainistir Fhear Maí CF25, 59 agus M.N. ML2, 52). Chan sé ar an bPaidrín Páirteach ann:

Sin agaibh mo scéal is ná déanaig labhaois bhaoth ná faillí im' ráitibh;
ach preabam go léir le teacht na bhfear ngroí is réabam geataí namhad.
Is acfuinneach éachtach ag teacht ar aistí, ag féachaint fathaídhe Chlár Luirc,
ag gearradh gach n-aon le faobhar aingealchloídheamh nár ghéill don Phaidrín Pháirteach. (Ac.R.É. 23 B 38, 290)

Nuair a 'seoladh' Uilliam English ina threo ar binn Chnoic Ghréine chuir sé gach cóir air, agus mar a d'áitigh an file, níorbh é:

… dhein inead coinne dá chléireach,
ar maidin Luain ag cnuasach déirce,
mar gach geocach glórach gaelach,
a bhuí go buan lem' Ghuaire is féile. (Uimh. 31, línte 71-74)

Mar fhocal scoir

Thaithigh Uilliam English comhluadar na bhfilí agus na scríobhaithe agus na sagart thuasluaite; d'fhan sé dílis don tsagartóireacht agus don Chlochar i Seamlas an Éisc idir an dá linn, fad a chan sé go binn faoi chúrsaí na hEorpa. Bolscaireacht a bhí sa chuid lárnach dá chuid filíochta, a choinnigh oiread na fríde den dóchas beo ann féin agus ina chairde, is iad in umar na haimléise. Fad a bhí an lá leis an Ostair is

leis an bhFrainc chan sé óna chroí go caithréimeach. D'fhan sé ina
thost nuair a rug na Sasanaigh an chraobh leo. B'ábhar sóláis dó a
mhaíomh go mbeadh:

> ... pór na nGael 'na ndeigh-thíos
> 's a n-oidhrí 'na ndúchas ghnáth.
> An slógh 'tá tréan gan puinn brí,
> na cladhairí a mhúch an dámh,
> le foirneart géaga Raidhrí
> 'gus Mheidhbhín Ní Shúilleabháin. (Uimh. 27, línte 33-40)

Chothaigh domhan seo na samhlaíochta, a raibh bonn an léinn faoi, é
féin is a chomhluadar fileata. Ba mhaith an geall le capall an Liath
Mhacha, a bhronn sé ar an Ath. Domhnall Ó Briain (Uimh. 3) agus ar
a bhuanchara Éadbhard de Nógla (Uimh. 20 [a]). Spreag sin an
Nóglach chun tabhairt faoina naimhde le neart Chú Chulainn:

> le leathanghlaid riastach 'stiallfas namhaid,
> seo feasta 'na ndiaidh 's mo shrian im' lámha.
>
> (Uimh. 20 (c), línte 5-6)

Ach rug an tseanaois orthu, de réir dealraimh, mar d'áitigh an
Nóglach go gcaithfeadh sé scoir 'go míní an bháisteach', agus ba
bheag a chum Uilliam English, ach an oiread, ag deireadh a shaoil.
Níor theip ar a mhisneach, áfach, ná ar a chumas grinn, mar bíodh go
raibh an gúta á chéasadh, thug sé faoi mar leanas:

> Is é *Samson* na buíne
> an fear seo 's a chlaíomh air
> ag faire go fíochmhar i bhfíoréigean.
> Níl bá aige ná suim
> i leá ná i leigheas,
> 's ní táire le luibheanna ríocht Éireann. (Uimh. 29, línte 13-18)

'Leon an dea-chroí' a ghairm Éadbhard de Nógla den *Pretender* i
gceann dá dhánta. Gheobhadh sé é a áiteamh ar a chara Uilliam
English freisin, mar ba é '*Samson* na buíne' é gan aon agó.

Téacs na nDánta

1. Cé Easpaitheach d'Éirinn Éag Mhic Golaimh na dTreas

Uilliam English agus Liam Rua Mac Coitir

1

Cé easpaitheach d'Éirinn éag Mhic Golaimh na dtreas,   1
mar leagadh le Deirdre, féach clann Uisnigh na n-each,
flatha na Féinne is tréan-Chú Chulainn na gcleas,
níor taisceadh go léir a bpréamh go Donnchadh i nglas.

2

Glas-snaidhm dhoilbhir dhochair i gcríochaibh Fáil,   5
is cneadchlí is follas thar shruthaibh a shín ón Spáinn,
lachtaí cosnaimh na n-ollamh fá líog go táir,
a cheap síorgholfairt is osna mar chíos don dáimh.

3

Dáimh is cléir, gan séan gan sochar a nduan.
Ní sámh guith éan, 's is tréan tig tonna chun cuain.   10
D'ardaigh *Phoebus* daolbhrat orchra is gruaim,
ó támhadh féile Gael le Donnchadh, is trua.

4

Trua lomghreadadh is loscadh bas na laoch go lag,
uaill bhrostaitheach na solasbhan le taobh na bhflaith,
cuairt chorraitheach le golaibh goirte ag béithibh leas,   15
ar uaigh Dhonnchaidh Mhic Dhonnchaidh Mhic Caomhchlainn'
        Craith.

5

Caomhchlann Chraith i dtreas nárbh íseal treoir,
d'fhuil éachtaigh Chais de mhaicne Mhílidh Mhóir,
an féinneadh geal do cheap gach saoi le brón,
go faon san bhfeart ó thaisce 'n tsaoi go hóg.   20

6

Ógáin Mhumhan fá smúit in orchra liaich,
gan seol ná stiúir mar long ar stoirm gan riail,
is brónán tuirseach liom ná cloisfeam a thriall
i gcomhdháil trúip mar chúnamh cosnaimh dá thriath.

7

A thriath in easpa ní machnamh linn, daor an phúir,   25
is liacha cleachtadh caí ag maithibh Shíl Éibhir úir.
Níl iasc ar chaise is d'aistrigh réalt a ngnúis,
is ní cian a gheallaim díbh 'fhanfaidh aon bhraon sa tSiúir.

8

An tSiúir 's an tSionainn go tirim 's an Laoi 'n éineacht,
Srúill is Life is ní hiongnadh an Bhríd éigneach,   30
gach ciúintsruth milis ó Dhoire go Baoi Bhéarra,
's na dúile ag filleadh thar foirm, ag caí an éachta.

9

Éacht Aoibhle faoin sceimhle a shearg mé i nguais,
léan daoirse na Ríoghan ón gCarn a ghluais,
créacht chaointeach na síbhan le sleasaibh na gcuan,   35
an saorthaoiseach de chlainn Chraith ó taisceadh in uaigh.

10

San uaigh 'na dtaisceatar taise is clí 'n Phoenix,
is mór an gradam 's an ceannas don líog fé'r luigh,
ach 'Uain na bhFlaitheas beir a anam gan díol péine
go cuan na nAingeal cé easpaitheach an chríoch d'Éirinn.   40

Fuaimniú: 5. [í] in 'snaidhm' ; 11. [é] sa chéad siolla de 'Phoebus'; 13. trí
shiolla in 'lomghreadadh' [lom*a*ghreadadh]; 22. [ú] in 'long'; 23. [ú] sa
chéad siolla de 'tuirseach' agus in 'liom'; 29. dhá shiolla in 'tirim'; 37. [é]
sa chéad siolla de 'Phoenix'.

2. Turraing Támha Sheáin Mhic Gearailt

Uilliam English

1

Turraing támha Sheáin Mhic Gearailt,   1
curadh láidir lách lannach,
beangán lonn, is foghail a mharbh,
dul in úir i dtús a ratha.

2

Codhnach coimirceach Ridire an Ghleanna,   5
ollfhear oscartha 'chiorrabhadh danair,
dursan é dá phréimh mar gearradh,
ursain Ghael 's a bhféinneadh bagair.

3

Céad léan cráite cásmhar ceasach
ar an mbás, is bearna is bascadh.   10
Do chloígh céadfa an té nár laiste,
do chloígh gaois is gníomh do b'fhearra,

4

do chloígh scéimh is tréine talchair,
do chloígh maorgacht, méin, is maitheas,
do chloígh crógacht; leodh gan glagar   15
an leoghan nár ónadh i dtreasa.

5

Mál geal curata cumasach creachach,
Seán Mac Ridire, an ridire reannach,
géag chumhra den úrfhuil chathach,
nár dhruid aon troigh d'éinne i dtachar.   20

6

Triath álainn i gcliath mháilleach gharbh
nár ling ar cúl ar dhúnadh a scabaill.
'Na dhóid nuair bhídis claíomh is ceoltair,
do réitíodh slí gan sceimhle meata.

7

Treoraí do b'eolaí ar chleasaibh 25
lútha 's lámhaigh is áithis athlaimh.
Caomhthach caoin ba bhríomhar gaisce,
is macaomh suairc nár chrua um aisce.

8

Síogaí suaimhneach sluaiteach seacach,
coirmeach cuannach cuachach caifeach, 30
ficheallach fíontach físeach fleathach,
fíochmhar foghach boghach brasach.

9

Fear 's a ghnaoi go lí-gheal lasmhar,
fear i ngníomh mar Chaoilte i gcathaibh,
fear ar lann mar Chonn i dTeamhair, 35
tarbh tána is tairseach treasa.

10

Éigne fíor i mbruíon an Ghleanna,
gréagach groí ba dhídean bhanna,
fiannfhear fial a thriall chun baile,
ó Sheán Sursainge an sconnaire fleadhach. 40

11

Is méala do Ghaela a thaisce
i gcréchuilt fhuar gan luail 'na bhallaibh,
gríobh ghusmhar dar iomchuí arm,
is laoch líofa go fíorbhriocht ghalaigh.

12

Is saoth liom a chaomhchorp gan tapa, 45
an t-éadan mín le haois nár treabhadh,
a réroisc righin go mbraoithe ganna,
's an béal tearc binn na bhfuighle mblasta.

13

Lámh éachtach i dtréanghail nár feacadh,
cliathán glé mar sciathán eala, 50
sliasaid lán ba gharda ar eacha,
is glúin i ngliadh ná hiarradh taca. ⇨

14

Láirigeach lúfar is úire d'eascair,
troigh shlim gan teimheal ba thana,
croí córach nár dhóbair an meabhal, 55
is méin uasal nár smuain bheith meangach.

15

Go ríomhtar réalta is féar ar faiche,
tonna an tsáile 's ar trá an gaineamh,
uimhir a thréithe ní féidir a aithris,
branán bráidgheal bách gan baiseal. 60

16

Níl dúil le béad, a ngné gur athraigh
réalta ar tír 's an t-aer, 's ceathra,
éisc ar maigh is éanlaith in easaibh,
an tine ag sní 's an t-uisce ar lasadh.

17

Urú ar ghréin a chlaochlaigh a gartha, 65
do mhúch an ré i néallaibh scamall,
tá an bhóchna go glórach garbh
ag bréidfhilleadh le fraochbhuile chun talaimh,

18

ag réabadh long i dteannta faille,
's níl díon ag bád ná snámh ag barcaibh, 70
stoirm sa spéir is caora á gcaitheamh,
is fraoch ainmhín na gaoithe ag seasamh.

19

Tá Tonn Chlíona ag maíomh thar chleachtadh,
is Tonn Ruaraí go cubharlítheach ceathach.
Tonn Tóime ag fógradh feasta 75
géim uafar ó bhruach gach mara.

20

Tá Fódla go brónach 's a beanna,
's a gormchoillte 'na bhfolairí gan toradh,
a ghaorthaí ag géarchaí gan lagadh,
's a corrachnoic 'na n-otharloit ón scathamh. 80

21
Níl féar ag fás ar clár a haghaidhe,
ioth in úir, ná úlla ar crannaibh.
In éagruth trua atáid buaibh gan lachtas.
Is faí na n-éan go léanmhar balbh.

22
Tá an tSionainn tuaidh go ruaigtheach rachtmhar,   85
is Abhainn Mhór ag buaileadh um leachtaibh,
an Bhríd bhaolach 'na caorthuile dhearg,
is den Laoi uaithneach do scuabadh cairbh.

23
Tá an tSiúir shona go húrthana ata,
Feoir is Bearú ar mearú reatha.   90
Tá abhainn Life ag briseadh gach daingin,
is Bóinn gheal na n-órbhrat ar measca.

24
A cathmhílí 'na sraithí gan chealg,
gan fraisghníomh'rtha i mbraisíorghal ná malairt,
a huaisle go gruafhliuch faoi mhairg,   95
's a béithe ag géarghol ar leachtaibh.

25
Tá an chliar chráifeach á cáibleadh feasta,
ionnarbadh ar Ordaibh, seoladh is scaipeadh
i ndiaidh Sheáin ghil, fál a bhfairthe,
is díon a gcás ar ardghoin Bhreatain'.   100

26
Táid éigse go céimleisc gan aiteas,
gan laoithe ar chaoinchruit á spreagadh,
lachtaí bróin i mbeolaibh leanbh,
's is tuirseach ar bhóithre 'bhíd bacaigh.

27
Is uaigneach an fuadar seo 'bhraithim   105
ar gach ardchnoc fánbhog fairsing,
i gCurrach cnóbhuí Chill Dara,
's i machairí míne Chluain Meala.   ⇨

       28
Tá Cloichín ciúin, is san amaille,
is Sraoilleán Mhóir i gcróilí ceathach.   110
Níl oirfideach meoirfhrithir mar chleachtadh
in aolbhrogh aoibhinn i gcroí gach baile,
       29
mar a mbíodh rince greadhnach gasta,
is ógbhuíon go ceolchaoin á fhaire.
Ní bhfuair Fódla cló dá shamhail   115
ó d'éag curadh an bhrait lachtna,
       30
nó Cú na hEamhna a réitíodh bealach,
nó Feardia, an mál san áth a cailleadh,
nó Eoghan Mór an treon ar ar fealladh,
nó Conn na ruaig lé'r buadh Teamhair,   120
       31
nó Lughaidh Lágha 'thug ár a charad,
is a leighis a n-éag ar Bhéinne teasach,
Fionn Mac Cumhaill nár chúb ó threasa,
nó Oscar amhra, sa Ghabhra 'cailleadh.
       32
Uimhir chaomh a phréimhe ní bhacfad,   125
's ní luafad an uaisle Ghreagach
dá mbíodh sluaite is suaithne ar leathadh,
mar táimse óg is m'eolas gearra;
       33
ach nár ghluais aon chuain thar chaladh,
an méid atbáth ná 'táid 'na mbeathaidh,   130
Brianaigh mhiamhála is Carthaigh,
clanna Néill, síol gCéin 's síol Eachaidh,
       34
Búrcaigh, Brúnaigh is Barraigh,
Paoraigh, Buitléirigh is Breatnaigh,
Róistigh, Mac Fheorais san angaid,   135
gan a ngaol go déin a ghreanadh.

35
Ní mhaím leirg cheartmheirge Ghearailt,
ná gach áit a ráinig a shealbh.
I dtaobh a mháthar, tá sí feasach,
's ní féidir smál d'fháil ar a athair.   140

36
Ó's éigean bás d'fhuil Ádhaimh gan aiseag,
éim tráth an t-ár seo 'theagmhaigh,
ach guím go dílis an Rí-Mhac rafar,
a anam séimh a chaomhnadh i bhFlaitheas.

37
Seacht gcéad déag is tríocha taisteal,   145
is seacht mbang 'thug Samhradh lasmhar,
ó bhreith an Tiarna dhiaga dhaithghil
go teacht támha Sheáin Mhic Gearailt.

An Ceangal

Turraing ghoirt an Ridire do bhíodh sa Ghleann,
Sconnaire na Sursainge ba ghníomhach teann,   150
ochlán loit an siollaire fá dhíon na gceall,
ursain chnoic gan iomarca, is díth a bheith fann.

Dalta dil na Banba an *Phoenix* Seán,
Gearaltach gan ainimh chuil ba séaghainn sámh.
A ghairbhlic, sin fachain ghoil let' taobh go brách,   155
faraire den aradfhuil, an Gréagach cáidh.

Fuaimniú: 5,6. [au] in 'codhnach' agus 'ollfhear'; 16. dhá shiolla in
'leoghan'; 35. [au] in 'Conn', dhá shiolla in 'Teamhair', [a] sa chéad cheann;
36. [á] sa chéad siolla de 'tairseach'; 48. [í] in 'binn'; 54. [í] in 'shlim' agus
'teimheal'; 55. dhá shiolla in 'meabhal', [a] sa chéad cheann; 69. [au] in
'long'; 78. [a] sa chéad siolla de 'toradh'; 104. [ó] sa chéad siolla de
'tuirseach'; 110. [ó] in 'Mhóir'; 111. [ó] sa chéad siolla de 'oirfeadach';
116. [u] sa chéad siolla de 'bhrait';117. [ú] sa chéad siolla de
'hEamhna';119. [ó] in 'Mór'; 153. [é] sa chéad siolla de 'Phoenix'; 154. dhá
shiolla in 'séaghainn'.

3. Mo Chumannsa Thiar an Diagaire Domhnall

Uilliam English   *fonn: Iombó agus Umbó*

Mo chumannsa thiar an diagaire Domhnall,   1
    curadh na gcliar an fialfhear fónta,
ursain go grianda 'riarfadh Fódla,
    de bhorbfhuil Bhriain a stialladh rompu
cloiginn is cliabhraigh, sliasta is srónaibh,   5
    coilg is cliatha triatha is treonaibh,
a chuirfeadh fá riaghail an iath seo Eoghain,
    foireann lér' mhian mo sciath go leonfadh
cinnbhirt chlúmhail de chumhdaigh órga,
    is colg a ghearrfadh gan feacadh le fóirneart,   10
curadh dáimhe is ánraidh ar fórsa,
    curadh filí is cruitirí ceolmhar'.
Is iad seo sinsir chinn tí Dhomhnaill,
    curadh cathbhuach eachluath leonach;
ar lár an chatha do b'fhairsing a bhfeolmhach,   15
    is láthair fhada á ghlanadh chun gleo dóibh.
Cá raibh riamh in iath na hEorpa
    treibh ba shamhail lem' ghasra leonach,
ó d'imigh Brian is Fiacha is Eoghan,
    is Niall Naoi nGiall a thriall thar bóchna,   20
Lugh is Goll is Conn na mórchath,
    Oscar amhra is Fionn an rófhlaith,
Cúraoi áigh Mac Dáire an dóid ghil,
    is Cúchulainn torc-churadh na dtreonchleas,
Diarmaid Donn ba ghreann le hógaibh,   25
    Naoise Mac Uisnigh 's ar imigh thar gó leis,
Feardia 'fágadh san Áth leointe,
    is Maoilsheachlainn a mhairbh an cróntorc,
Ceallachán Chaisil na ndanar do sceonadh,
    is Murchadh 'cailleadh le seasamh an fhóid sin?   30
Céad buí le Dia mar thriall chugainn Domhnall,
    an *Major* fearamhail flaitheamhail Bóirmheach,

ó taoid 'na luí, na tréanfhir fheoite,
   is gur lagaigh an bás a dtáinig ón sóighfhear,
an méid 'tá thuaidh go buartha brónach,   35
   i gCúige glan Uladh 's i gConnacht' na slóite,
an méid a mhaireas de Charrathaigh chróga
   i gCraoibh an Easa, a gcaraid 's a gcóngas.
Ó taoir féin it' chléireach cróga,
   is arm á ghlacadh nár dhleathach dot' shórtsa,   40
éirigh suas in uachtar Fódla
   ar bord Chnoic Ghréine is glaoigh go fórsach.
Cuir Domhnall Ó Meára Ó Briain na srólbhrat,
   is an Liath Mhacha mar chapall faoin óigfhear.
Cuir Mac an Loin fá ghoimh 'na dhóid dheis,   45
   's an rinn crithir do choimirc' an mhóirimh.
Táthaigh thiar 'na dhiaidh an pór beag
   d'uaisle Dáil 'tá tráite rólag.
Socraigh le fonn an meann órga
   suas ar an siollaire, agus tiomair an óigbhean.   50
Cuirse fáinne ar bharr a dóid' gil',
   is ceangail an ainnir le reachtaibh an Mhóir-Mhic,
le héide Bhriain ghil i ndiaidh na comhairle,
   is ba phríomhfháidh tú ar na cúig cúigí.
Bainig an ceann le pleanc de Sheoirse,   55
   is cuirig sa diabhal 'na dhiaidh na cóbaigh.

Fuaimniú: 7. dhá shiolla in 'riaghail' agus 'Eoghain'; 21-22. [au] in 'Goll', 'Conn', 'Fionn'; 22. aiceann ar 'ró' in 'rófhlaith'; 32. trí shiolla in 'fear-amhail', 'flaitheamhail'; 42. [é] in 'glaoigh'; 52. [ó] in 'Mhóir', agus aiceann air; 55. [ó] sa chéad siolla de 'cúigí'; 56. [au] in 'diabhal', 'dhiaidh' chun comhfhuaim a dhéanamh le 'ceann', 'pleanc' i líne 55.

4. Faoin uair a Dhruideas chun Fírinne ar Fónamh

Uilliam English

Faoin uair a dhruideas chun fírinne ar fónamh,   1
bhínn buartha liosta idir baineanna óga.
Níl stuaire mhilis ná bruinneall tais mhómhar
ná buailinnse buille uirthi in inead nach neosfadh.
  In imeall na coille do mhillinn an dís;   5
  i gcumaraibh doimhne ba mhinic mé ag luí.
Triúr do mheallainn ar maidin le póga,
is cúigear do bhalcainn ar theacht don tráthnóna.
  Do thréiginn gach dia'ire 's do bhrisinn a ndlí;
  i mbréithre na cléire ní chuirinnse suim,   10
  ach scléip agus aeraíocht chun cuideachta ghrinn.
Lá chun mo leasa ní mheasaim gur seoladh,
ach ag cáibleadh gach ainnir 's ag mealladh ban pósta.
Mochlán! nuair thagainn chun aonaigh nó móna,
ní camán a ghlacainn ach tréanghloine beorach.   15
Is folláin do dhearcainn gach bébhruinneall mhómhar,
a cocáin, 's a mama, a héadan 's a beol tais.
  Do sméidinn go claon is do luífinn mo shúil,
  do réifinn a ngéibheann is do bhrisinn a gclú.
  do réabainn a n-éadach, go dtitinn 'na gclúid.   20
Is aoibhinn an sealad a bhí agam cois bóchna,
i ndúthaigh an Bharraigh níor theastaigh mo chóngar.
I Múscraí le sealad ó theagmhaigh faoi dheonacht,
diúltaimse feasta do chleasa den tsórt sin.

Fuaimniú: 9. [é] sa chéad siolla de 'dia'ire'; 10. [í] in 'suim'; 21. aiceann ar an gcéad siolla de 'agam'.

5. Mar Chéile 'Ghabhaimse leatsa

An tAthair Uilliam English

1

Mar chéile 'ghabhaimse leatsa, a bhuime Íosa,   1
a bhé gan chealg lér' shnaidhmeas mo spiorad dhílis.
Ón gcléir ó caitheadh mé 'chasadh, is feasach, guímse
id' thréad mé 'ghlacadh agus geallaim gan filleadh choíche.

2

A Dhé na nAingeal a dhealbhaigh tuile 's taoide,   5
ós léir duit m'aigne 's gurb agat 'tá fios mo smaointe,
dá réir sin maithse gach aon dem' chiontaibh daoirse.
'Na éiric glacaim gach peannaid dár fhuiling Íosa.

3

Ós léir gur peacach mé, 'Athair, i ngach uile phointe,
go claonmhar, cealgach, gangaideach, tuilte de dhíomas,   10
an saoghal 'om' mhealladh is ná ceadaigh mé 'mhilleadh
'Dhíograis.
Pé réad is fearra dom' anam go dtige im' intinn.

4

Má dhéanas peaca is gur cheadas let' oidese 'Íosa,
is méin liom aithreachas caithitheach 'ghlacadh trídsin.
Glaoim ar bhanaltra dhalta do chruinnechích' gil',   15
'om' shaoradh ón ngalar is mo tharraing ó nimh mo naimhde.

5

De dheasca mná Ádhaimh thug peaca an tsinsir,
de dheasca mná *Paris* do leagadh an Traoi thoir,
de dheasca mná breátha do cailleadh Naoise,
is de dheasca mná táimse thar lear 'om' dhíbirt.   20

6

De dheasca mná *Pharoh* nár admhaigh Íosa,
de dheasca mná breátha is deas do rinceadh,
fá ndeara bás fáidhe a bhaisteadh daoine.
De dheasca mná táimse thar lear 'om' dhíbirt.   ⇨

7

De dheasca mná, Gráinne, do cailleadh mílte, 25
is dá ndeasca an t-ár 'tháinig ar chlanna Mílidh,
de dheasca mná tá nimh ar arm Laoisigh,
is de dheasca mná táimse thar lear 'om' dhíbirt.

8

De dheasca mná tháinig a gcanaim díbhse,
de dheasca mná chráigh sinn na Gall-naimhde, 30
de dheasca mná tháinig gach galar caoitheach,
is de dheasca mná táimse thar lear 'om' dhíbirt.

9

Trí ráithe fhada 'chaitheas-sa im' ógbhráthair,
is go brách nár mheasas go scarfainn le hOrd Mháire.
Ó tá gur caitheadh mé astu, mo sceol cráite, 35
le grásta an Athar go gcasfar mé leo páirteach.

10

Is dóigh gur gangaid fá ndeara don Mhór-Bhráthair
ón Ord mé 'chaitheamh is taisteal gan ró-áiteamh.
'na chomhair go gcaithfinnse teastas gan seoid fáltais,
mo stór 'na thaisce 's gan aiseag go deo is áil leis. 40

11

Feoil is fleá an talaimh is gach só is áil leis,
is gach sórt is fearra dá anam im' bheolráite,
mar reo nó sneachta nuair scaipeas roimh mhórbháisteach,
seoch stór na bhFlaitheas a mhairfeas go deo lánmhar.

Fuaimniú: 2. [a] sa chéad siolla de 'shnaidhmeas'; 5. trí shiolla in 'dheal-bhaigh' [dhealabhaigh]; 6. aiceann ar an gcéad siolla de 'agat'; 11. dhá shiolla in 'saoghal'; 15. [é] in 'glaoim'; 22. [í] sa chéad siolla de 'rinceadh'; 30. trí shiolla in 'Gall-naimhde' [gallanaimhde]; 35 agus 36 agus 38. [e] in 'mé'; 37 agus 43. [ó] in 'Mhór'.

6. Is *Rake* Mé

Seán Ó Murchadha na Ráithíneach chun an Athar Uilliam English

1

Is *rake* mé 'bhí claon do gach cionta,   1
    's ba mhéin liom an imirt go buan,
gan spéis i ndlí Dé 'gam a bhriseadh,
    ach ag bréagadh na mbruinneall ar cuaird.
2
Craos agus taoscadh na gloine,   5
    's ag pléascadh gach mionna le huabhar,
's is baol liom, nuair fhéachfar im' bhille
    go ndéarfar im' choinne go cruaidh.

Freagra an tSagairt

1

Níl éinne den éigse a chonaic
    nárbh éigean dóibh filleadh ar an uaigh.   10
An aostacht, le léithe 's i dtroime,
    in éineacht go dtigeann in uair.
2
Cuir bréithre chun Dé dhil go minic,
    'éimhe ar Mhac Mhuire atá thuas,
's an cléireach a fhéachfaidh id' bhille,   15
    ní baol go mbéarfaidh go cruaidh.

7. Maíodh Gach nAon a Shlí sa tSaol

Uilliam English   *fonn: Let Wanton Rakes*

1
Maíodh gach n-aon a shlí sa tsaol,   1
  maíodh an chléir is maíodh an ceannaí,
maíodh na mílte a maoin 's a réim,
  maímse an déirc, 's í ceird is fearr í
            's í ceird is fearr í.   5
Maímse an déirc, 's í ceird is fearr í.

2
Ar mo thíocht 'na luí ar thréad,
  an bhuí san bhféith 's na héimh ag leanaí,
báisteach dhuibhseach, 's rinn ar ghaoth,
  ó táim le déirc ní baol dom' gharraí,   10
            ní baol dom' gharraí.
Ó táim le déirc ní baol dom' gharraí.

3
Is sámh a bhím im' luí le gréin,
  gan suim sa tsaol ach scléip is staraíocht,
gan cháin gan chíos, ach m'intinn saor,   15
  's nach breáth' í 'n déirc ná ceird is ealaín,
            ná ceird is ealaín.
'S nach breáth' í 'n déirc ná ceird is ealaín.

4
Lá má bhím le híota tréith,
  bím lá 'na dhéidh 's mé 'glaoch na gcannaí,   20
lá le fíon, is arís gan bhraon,
  's mo ghrá-sa 'n déirc 's an té a cheap í,
            's an té a cheap í.
'S mo ghrá-sa 'n déirc 's an té a cheap í.

Fuaimniú: 9, 14. [í] sa chéad siolla de 'dhuibhseach', agus in 'suim'.

7 (a). A Óigfhir Ghrinn cé Binn do Dhréacht

Muiris Ó Gríofa   *fonn: Let Wanton Rakes*

1

A óigfhir ghrinn, cé binn do dhréacht,   1
  's i bpáirt na naomh gur ghlaodhais an aibíd,
táid na mílte díbh den chléir
  nár ghráigh an déirc, ná 'n faon i gceasnaí,
                  ná 'n faon i gceasnaí,   5
  nár ghráigh an déirc, ná 'n faon i gceasnaí.

2

Pápa Chríost, dá airde réim,
  go hard thar chléir fuair céim is smachtdlí –
táim á insint díbh – is géill –
  nár ghráigh an déirc mar cheird ná ealaín,   10
                  mar cheird ná ealaín,
  nár ghráigh an déirc mar cheird ná ealaín.

3

Níl ardfhlaith glinn dá míne méin,
  ársach caomh, ná faobharfhear dea-chroíoch,
nárbh fhearr leis tíortha, maoin is tréad   15
  ná mála daor na déirce 'n easpaí,
                  na déirce 'n easpaí,
  ná mála daor na déirce 'n easpaí.

Cé sámh do shlí, 's go maír gur saor,
  gan chás ach scléip ag glaoch na gcannaí,   20
is cráite 'bhíos na mílte i bpéin
  i ngá na déirce, 's cléir go teasaí,
                  is cléir go teasaí,
  i ngá na déirce, 's cléir go teasaí.

8. Ag Tarraingt ar Aonach na gCoirríní

Uilliam English   *fonn: Moll Roe*

1

Ag tarraingt ar aonach na gCoirríní   1
  an deichiú lá mhí *August* d'Fhómhar
do casadh 'na haonar sa tslí orm
  cois leasa, 'sí an fhaoileann bheag óg.

2

A cuacha go dualach 'na timpeall   5
  ag sileadh tré lítis 'na snódh,
coisbhirt a coise 'na haoilchrobh,
  is Cúpid go líonmhar 'na cló.

3

Do bheannaíos do bhábán an aoilchnis,
  's mo haitín go híseal im' dhóid,   10
do rinneadh mar aisling aréir dom
  go rabhas is í ar thaoibh faille ag ól.

4

'Ghrianán is dianghrá fear Éireann
  i bpearsain i scéimh is i gcló,
dá gcreidfí mo theannmholadh bréige,   15
  ní mise an *rake* sin dar ndóigh.'

5

'Caonaí beag baineann 'tá im' aonar,
  ag taisteal an tsléibhe orm gan treoir;
as ucht Mhuire a dhuine bí réidh liom,
  nó 'n é mo mhilleadh is méin leat lem' ló?   20

6

Ní tuar magaidh duit mise ná d'éinne,
  mo dhaidí is baolach im' dheoidh.
Stad feasta dod' bheartaíocht a chléirigh,
  is bogsa chum aonaigh led' ghnó'.

7

Ar mo dhíbirt is díogair a léimeas   25
  ar chara mo chléibh is mo stór;
a cathair gur dheacair a réabadh,
  is dearbh nár mhaighdean í im' dheoidh.

8

Le compord a dlúthphóga béil dom
  do thugas mo chéadsearc chun só;   30
do stíríos thar mhaoileann an tsléibhe í,
  is do bhíogas chun aonaigh lem' ghnó.

9

Ar sise 's í ag golfairt go géar tiubh:
  'a chara ná tréig mé lem' ló;
gur raideas searc m'anama is m'ae dhuit,   35
  is gur leatsa chun aonaigh do gheobhainn.

10

Ó bhrisis mo chathair le tréantruip,
  a gairisiún réabtha 's a pórt,
le clisteacht do ghunna chun béithe,
  ní scarfad go héag leat dem' dheoin.'   40

Fuaimniú: 11. [í] sa dara siolla de 'aréir'; 28. [é] sa chéad siolla de
'mhaighdean'.

9. Níl Súgaíocht ná Dúil Ghrinn go Brách im' Ghaobhar

Uilliam English   *fonn: Rós Geal Dubh*

1

Níl súgaíocht ná dúil ghrinn go brách im' ghaobhar,   1
ach lúthshaighead 'om' bhrú síos le grá don bhé.
A shiúirín na bhfionndlaoithe ag fás go féar,
ó dhúisís mo chúis chaí, ná fág mé i bpéin.

2

Tá a cúirnín go cúlbhuí ag fás go féar,   5
's a cúm buí go dlúth mín mar shnáithe caol.
Nach cumha-chroíoch i gcúigíbh mar táimse i bpéin
ag lúibín na mbúclaí is nach áil léi mé.

3

'A chúil doinn den chrú chaoin a sháraigh mé,
's gur dubhach 'bhím 'om' chiúintsníomh de ghnáth id' dhéidh,   10
a mhúirnín is tú ghuím ar ghrá Mhic Dé,
ó stiuraís an phúir tríom, och, slánaigh mé!'

4

Tá úrghnaoi ag mo rúinín 'na bhfuil scáil na gcaor,
mar chúr chruinn ar chiúinlinn 'na snámhann an ghéis.
Is búch binn a tiúinfhoinn mar gháir na dtéad,   15
a d'fhúig sinn go dubhach tinn 's an bás lem' bhéal.

5

Im' thrú 'bhím i gcúinní go fánach faon,
ag brúchtaíl mo chúrchroí a sháraigh mé.
Ag siúl slí nuair smuainím ar ghrá mo chléibh,
'sea iontaím is dúblaím go hard mo ghéim.   20

6

'A rúnchroí, a chnú chaoin, 's a ghrá mo chléibh,
a lonraíodh ó chrúshíol den ardfhuil Ghréag,
a stiúraíos gach súgaíocht ar chlár go séimh,
's le humhlaíocht dod' ghnúis ghrinn a tháinig mé.

7

Do shiúlaíos is d'iontaíos gach lá lem' ré   25
idir chúigibh is dúichí is bánbhrogh ghlé,
ag cumhscraíocht le clú caoin i gcáil 's i méin,
's sa ngnúis díbh níor shamhlaíos mar táid id' scéimh'.

Fuaimniú: 3. [ú] in 'bhfionn'. 14. [í] in 'chruinn'; siolla amháin in 'snámhann'. 16. [í] in 'sinn' agus 'tinn'. 28. [ú] sa chéad siolla de 'shamh-laíos'.

10. Tá Ainnir Chaoin le Seal 'om' Chloí

Uilliam English / Pádraig Ó Conchobhair fonn: Caiseal Mumhan

1

Tá ainnir chaoin le seal 'om' chloí, níl plás gan bhréag.   1
Do bhradaigh gaetha trasna tríom le grá dá scéimh!
A samhail díbh níor theagmhaigh linn ó tharla mé
ag taisteal tíortha i bhfad óm' ghaolta, le fán an tsaoil.

2

Ní hiongnadh í gur shlad mo chroí le grá dá scéimh,   5
's gur gile a coim ná sneachta ar chraoibh, 's a bráid mar ghéis.
'S a friotal caoin ba bhinne laoi ná gáir na dtéad,
a ghoin mé tríom le fuinneamh grinn dá ráite séimh'.

3

A folt go fiar ag feacadh síos go fáinneach réidh,
go srathach slim, go crathach buí, go hálainn gné.   10
A dearca grinn a rad mé ar baois 's d'fhág mé faon,
le taitneamh croí don ainnir chaoin is grámhar méin.

4

A malaí caoil' ar a héadan mín 'fuair barr thar béib,
's a leaca chím mar shneachta glinn tré scáil na gcaor.
A mama chruinn, a samhailt lí ar bhláth na gcraobh,   15
's ar áilleacht ghnaoi gur sháraigh sí bean Pháris Phriam.

5

A leabhairchrobh mín is gasta gníomh 's is fáinneach réim
ag tarraingt gríbh ar a brataibh lí le barr a méar.
Cearca fraoigh, eala ar toinn, is clár gach éin
a dhealbhaíonn an ainnir chaoin 'd'fhág mé i bpéin.   20

6

Cé gur feas dom' chroí gur fear mé 'dhíbir mná i gcéin,
is a chleacht gan chuimseacht freastal buíne nár thláith a réim,
níor dheonaigh m'intinn dom gan stríocadh le grá don bhé,
's bheith seal dá coimhdeacht gan chead don tsaoghal, ná scáth
      roimh chléir.

7

'Ó threoraigh Críost saród tú im' líon 's gur ghrádhas do mhéin, 25
's go bhfuil cách á mhaíomh gur páirteach sinn, 's do cháil gur léan,
is gur dhearbhaís led' bhriathar binn gur grá leat mé,
ní ceart an dlí go scarfaimis go brách led' ré.

8

'Ainnir chaoin na ráite grinn a ghrádhas thar bhéith',
ó leath an ní seo go fairsing timpeall ó Chlár go Léim,   30
preab le hintinn anois 'om' choimhdeacht thar sáil i gcéin,
nó do bheannacht bíodh gan stad im' thimpeall, 's slán leat féin!'

Fuaimniú: [aío] sa chéad siolla de 'gaetha'; 4. [aío] in 'ghaolta', [é] in
'tsaoil'; 8, 11, 29. 10. [í] in 'slim'; 8. [e] in 'mé'; 9. [í] in 'fiar'; 15 agus 17.
dhá shiolla in 'samhailt' agus 'leabhair', [a] sa chéad cheann; 16. [é] in
'Phriam'; 21. [e] in 'mé'; 24. dhá shiolla in 'tsaoghal', [aío] sa chéad
cheann; 26. [í] in 'sinn'.

11. Do Tharla inné orm

Uilliam English

1
Do tharla inné orm 's mé im' aonar sa ród   1
an fánaí beag béithe mar *Vénus* i gcló.
Ba bhreá deas a béilín, ba chraorag mar rós.
Ba sámh glas a claonrosc is í 'géilleadh don spórt.

2
Do labhair sí go tapa; chuir maig ar a beol: 5
'Sir I am your servant, how far do you go?'
'Béarla níl agam, ní chanaim a shórt,
ach Gaeilge liom labhair, is freagra a gheobhair'.

3
'As I hope to be married, a word I can't speak
of that silly language which makes my heart ache.   10
Some token or other I beg you will show,
for I have the cholic; I cannot well go.'

4
''S ná trácht liom ar chailligh, ní taitneamh liom iad;
céad gráin orthu is deacair is easmailt is pian.
Do b'fhearr liomsa ainnir 'na mbeadh casadh 'na ciabh,   15
's a dhá mama gheala mar shneachta ar an sliabh.'

5
'Don't talk of my Mammy but pray thee draw near,
for I'm a poor maiden that's raving with fear.
Some token or other I beg you will make;
whereas of English a word I can't speak.'   20

6
'Is English mo shloinne 's ní shéanfad go brách,
a lúibín na cruinne 's a chéad searc mo ghrá'.
Do rugas go séimh 's go cneast' uirthi ar láimh,
's in éineacht do thit sí is mise ar lár.

7

'I pray thee be quiet, what token is that?' 25
'Ní baol duit a radhairc ghil, agus tógfad gan stad
do *hoop* is do ghúna 's do chóta go pras'.
'S is súgach a mhúineas dom' stórach a ceacht.

8

'If that be your Irish, 'ógánaigh a chroí,
I vow and declare I will learn of thee'. 30
Is é deir mo réalta bheag bhéaltanaí bhinn:
'Ceacht eile den Ghaeilge, más féidir é 'rís.'

9

'I like well your language young man', then said she.
'I vow and declare I will learn of thee'.
Do thaitnigh gach véarsa dár léas di go mór, 35
is do b'aite léi Gaeilge ná Béarla céad uair.

Fuaimniú: 9, 17, 18, 20. [é] in 'speak', 'near' agus 'fear'.

12. Tá Óigbhean sa Tír

Uilliam English

1
Tá óigbhean sa tír   1
's is eolach dom í.
Is trom a folt,
is ramhar a rosc,
is modhail 's is maiseach í.   5

2
Lena méaraibh 'sheinneann sí
ar théada poirt go binn.
Mo léan, mo chreach
ná féadaim teacht
i gcéin thar lear 'gus í.   10

3
Tá stáidbhean chóir sa tír,
grá gach óigfhir í
réaltan eolais,
gréin ar bóthar,
báibín órga an ghrinn.   15

4
Níl claon ná cleas 'na croí,
ach tréithe maithe grinn.
Mo léan! mo chreach
nach féadaim teacht
i gcéin thar lear 'gus í.   20

5
Tá a hórfholt búclach bán
ó c'hróin a cinn go sáil,
lér' seoladh sinn
mar leoithne ón ngaoith
i gcóngar tríd an tsráid.   25

6

Lena béilín binn tais tláith
sea 'léann sí an Bíobla ar clár,
's gach fód den tír
'na ngeobhaidh mo mhaoin,
go dtóga Críost léi lámh.   30

7

Tá scáil na gcaor i ngrua
an bháinchnis gan ghruaim.
Níor bheag den tsaol
d'aonfhear fén spéir
gheobhadh cead dul léi go buan.   35

8

Is fada réidh mo chuairt,
ag éaló léi cois cuain.
Dá mbeinn gan éinn'
ag gol thar m'éis,
ná bean a dhéanfadh buairt.   40

9

Raghadsa anois anonn
thar sáile glas na long.
Is fágfad
mo ghrágheal féin
san áit seo go dubhach.   45

10

A Mhuire fortaigh dúinn;
réidh anois dár gcúis.
'S nach bhfágfainnse
an bháinchnis dhil,
dá mb'áil léi-se teacht liom.   50

11

Má théimse anonn thar toinn,
is go dtiocfad chugat gan mhoill,
a dtiocfá liom
go caothamhail ciúin,
go dtógfá an smúit dem' chroí?   55

⇨

12

Cuirfead fút gan mhoill
gillín súgach groí.
Do bhéarfainn liom tú
i bhfad ód' dhúithe,
a ainnir chiúintais mhín!   60

Fuaimniú: 6. [i] sa chéad siolla de 'sheinneann'; 23. [í] in 'sinn'; 42. [ú] in 'long'; 50 agus 53. [ú] in 'liom'; 54. trí shiolla in 'caothamhail'.

13. Is é Seon an Siollaire

Uilliam English

1
Is é Seon an siollaire 'scoitheas na foinn seo Fáil,   1
óigbhean chumasach churanta chaointais cháidh,
lóiste soilibhir, ionmhas grinn na ndámh,
a seoladh chugam de thurraic – an scaoinse mná!
2
Bean is binne dar linne ná glór na n-éan,   5
bean atá fireann is baineann 'na dóchas féin,
bean is mire a ritheann an fód seo Chéin,
Eangach an bhruinneall is cuirtear le Seon chun scléip.
3
Is eol di Inis, Doire is Loch Éirne fós,
Bóinn is Life, Cill Chainnigh, is Béarra leo,   10
óinbhid bhuile a milleadh i gcéill 's i gcló,
ó dódh sa tine go huile a héadach nua.

Fuaimniú: 12. [ó] in 'nua'.

14. Ar Leaba Aréir is Mé im' Shuan

Uilliam English   *fonn: Ó Bhean a' Tí*

1

Ar leaba aréir is mé im' shuan,   1
d'amharc mé spéirbhean mhaorga uaim.
Do bhí lasadh na gcaor gan bhréag 'na grua,
's a carnfholt léi go féar anuas.
    Curfá an Fhir
A chúileann tais, dlúith lem' ais, a rún tabhair póg.   5
Le taitneamh dod' ghnúis táim dubhach i mbrón.

2

D'fhreagair an bhébhean mhaorga shuairc:
'Le fearaibh an tsaoil táim réidh dar Duach!
Do ceangladh mé le *rake* gan ghruaim,
's ní feas dom cén taobh 'nar éalaigh uaim'.   10
    Curfá na Mná
D'fhúig mé anois dubhach gan suilt i gcantlamh, mo bhrón!
ag sileadh na súl le cumha 'na dheoidh.'

3

'Is ábhar léin dot' thaobh 's is trua,
a shámhfhuil shéimh is saorga suairc,
fear dána is dréacht a dhéanamh is duain   15
ar fán chun sléibhe i gcéin gur ghluais'.   *Curfá an Fhir*

4

'Seo an fáth, mo léan, ón dtaobh seo 'ghluais
an sárfhear séimh den tréanchlainn uaim,
a pháirt le béithe 's a chlaonchlis chluain
chuir táinte tréan' mar é ar buairt.   20

5

Áineas séin, is léir gur buach,
Ájax laochta blaodhrach luath,
Sámson caomh den chraobhfholt suain,
ba mhná a thraoch na tréanfhir shluach'.   *Curfá na Mná*

6

'Ó sháraigh béithe an méid seo i nguais,　　25
Dáibhí an Réx is céadta ná luaim,
b'fhearr dhuit géilleadh nó téacht anuas,
is mná iad 'thréigeas aon máguaird.　*Curfá an Fhir*

7

A ghrá mo chléibh nár thaobhaigh cnuas,
ach fáilte is féile, béasa is bua,　　30
ó thráigh na béithe, a ghné gan ghruaim,
mo shlán go héag dot' chaomhnadh buan.　*Curfá na Mná*

8

Ós feas dom gur thréig do chéile tú,
'ainnir na gcraobh is féile clú,
tabhair taitneamh dom féin, ná léig mé 'monabhar,　　35
's ní scarfad leat féin go héag a shiúr'.　*Curfá an Fhir*

9

'Scoir feasta ded' phlás 's ded' ráite baois.
Fanfad mar 'tá, mo ráib go dtí.
Ní ghlacfad, dar láimh mo chairdeas Críost
ná faicfead mo ghrá 'na shláinte arís'.　*Curfá na Mná*　　40

10

'Aithris dom féin, a spéirbhean tsuairc,
ainm an *rake* nó cár éalaigh uait?
Cén tsamhail é a thréig tú a chuach,
nó a scarfadh go héag le bé gan ghruaim?'　*Curfá an Fhir*

11

'Is feasach don tsaol mo *rake* dar Duach,　　45
fear scaipitheach tréan, fear léite duan,
fear tapa nach baoth i gcéim dá chruacht,
's a chaithfeadh a réal le haon go suairc.'　*Curfá na Mná*

Fuaimniú: 8. [é] in 'tsaoil'; 9. trí shiolla in 'ceangladh'[ceang*a*ladh]; 16. siolla amháin in 'sléibhe'; 35. dhá shiolla in 'monabhar', [ú] sa dara ceann; 43. [u] in 'tú'.

15. 'Eolcha Gasta an Deigh-bhídh

Uilliam English

1
'Eolcha gasta an deigh-bhídh,   1
    cé binn linn bhur gcuntas ard,
do Mhóirín feasta éiríg,
    ó foilsíodh sin rún na ndámh.
Seoidín cneasta is meidhrí   5
    dá bhfaghainn díbh ó Shiúir go Máighe,
'óigh mhín bhlasta an deigh-chroí
    's í Meidhbhín Ní Shúilleabháin.
2
Atá brón le seal is leaghadh croí
    is greim duibhe go dubhach 'na ndáil,   10
deora dearca tinn nimhe
    a mhill gnaoi 'gus gnúis an bháb.
In óige an fhlaith d'fhuil Raidhrí,
    an mhaidhm ghroí den chrú nach táir
do sheol i bhfad i radharc Gael,   15
    's í Meidhbhín Ní Shúilleabháin.
3
Atá an ceo seo 'scaipeadh is deimhin díbh
    i bhfoidhrí 's i ndúnta Fáil,
d'fhúig mómhar maiseach meidhirchaoin
    Meidhbhín go súgach sámh.   20
Is ómrach casta trilsíoch
    a filltibh go drúcht ag fás,
seoidín searc is greadhain rí
    's í Meidhbhín Ní Shúilleabháin.

4

Thar bóchna ghlas i loing chaoil,   25
go haird chrainn na ndúshruthán,
tig slóite cliste i bhfeidhm chlaímh
le cruinnghaoith go lúfar lán.
Beidh Móirín chuil go tinnbhríoch,
an leidhbín nár dhiúltaigh an táin,   30
is pósadh suilt ag Raidhrí
le Meidhbhín Ní Shúilleabháin.

5

Beidh ceol na cléire i gcill Chríost
'gus creill bhinn á mhúscailt tráth.
Beidh pór na nGael 'na ndeigh-thíos   35
's a n-oidhrí 'na ndúchas ghnáth.
An slógh 'tá tréan gan puinn brí,
na cladhairí a mhúch an dáimh,
le foirneart géaga Raidhrí
'gus Mheidhbhín Ní Shúilleabháin.   40

Fuaimniú: 2. [ai] in 'binn'; 9. [ai] in 'leaghadh'; 10. [í] in 'duibhe'; 11. [í]
in 'nimhe'; 12. [ai] in 'mheil'; 15. [aío] in 'Gael'; 25. [ai] in 'loing'; 26. [ai]
in 'aird'; [í] in 'chrainn'; 28. [ai] in 'cruinn'.

16. A Bhé na bhFód nGlas Ródach Rannach

Uilliam English   **fonn: Póiní an Leasa**

1
'A bhé na bhfód nGlas ródach, rannach,   1
thréadach, sheodach, chróga, chathach,
ba thréine foirne faobhrach fórsach –
an t-éag id' bheol muna bpósfair feasta!'
2
'Is baoth do ghlórtha, 's dóigh nár mheathas,   5
cé gur phósas Eoghan is 'athair,
is gléigeal snó mo ghéag ar nóin,
's mé im' mheirdreach óg ag Seoirse i mBreatain.'
3
'Mo léan mo bhrón do ghlórtha meabhail,
a chéile chóir na leoghan lannach.   10
A ghné mar rós, is tréith an gnó
duit géill' ná góil le stróinse smeartha,
4
d'éis na móide, a stór, a gheallais
d'Éibhear mór 's don phór 'na dheaghaidh,
's d'Éireamhóin ba déine slógha,   15
na laochra leon ó Bhóinn na mbratach.'
5
'Níor réabas móid – a shórt ná habair,
ach craos is ól a bhreoigh mo bhalla,
claonta nua is Gaeilge ag feo,
is gurbh éigean góil le Seoirse Breatain'.   20
6
'Féach, a óigbhean mhómhrach, mhaiseach,
t'fhéinnidh feoite 's ceo ar do chealla,
an chléir go deorach, baolach, brónach –
tréigse Seoirse 's gheobhair a mhalairt.'

7

'Cé hé an t-óg san Eoraip fhairsing,   25
cé gur mór, a gheobhadh mo mhealladh,
's an laoch a leonadh i bplé na Fódla
i gcéin gur seoladh fós thar caladh?'

8

'Tá Saesar óg sa Róimh 'na bheatha,
aon den phór a phósais cheana,   30
ag gléas' a shlóite, ag teacht thar bóchna –
is é sin nóchar phóiní an leasa.

Fuaimniú: 6 agus 10. dhá shiolla in 'Eoghan' agus 'leoghan'; 9 agus 14. dhá shiolla in 'meabhail' agus 'dheaghaidh', [a] sa chéad cheann; 19 agus 26. [ó] in 'nua' agus 'mór'; 31. [é] in 'teacht'.

17. Cé Sin Amuigh?

Uilliam English   *fonn: Éamonn an Chnoic*

1

'Cé sin amuigh?'   1
'Tá Séamas fé shioc,
gan éadach ná cuid na hoíche.'
    'Mo léanghoirtse sin,
    a shéadsearc, gan sibh   5
i réim chirt ag scrios do naimhde.'
    'Ach daoradh na Scoit,
    's mar traochadh a dtruip,
's gur céasadh an fhoireann dílis,
    d'fhúig mé 'nois gan suilt,   10
    gan chléirigh, gan chloig,
ná caomhchruit ag seinm laoithe.

2

    A chéile gan bhinb,
    do b'éigean dom rith
go héasca ó iomad bíobha,   15
    mar chlaonadar cuid,
    's do shéanadar sinn,
's im' aonar gan fhoireann 'bhíos-sa'.
    'Cé *Phoenix* tú i bhfoirm,
    glégheal mar lil,   20
's do bhéalsa mar mhil na bhfíorbheach,
    níl éifeacht ansin
    's an tréad seo tá 'stigh,
níos tréine ná sinne i gcoimheascar.

3

A thréandair, 's a chumainn   25
ná tréigse do mhisneach,
cé shéanadar cuid ded' bhuíon tú.
   Beidh an Té rinn' an Chruinne
   taoibh leat 'od' choimirc'
ó bhaol is ó bhroid do naimhde.   30
   Beidh faobhar is fuil,
   beidh eirleach is tine
ar craosmhuir ag teacht id' choimhdeacht,
   ag Clement 's ag Pilib,
   is Naples gan time,   35
ad' chaomhnadh 's ad' choimirc' choíche.'
   4
   'Géillim gur tú
   mo chéile is mo chuid,
sa teagmhais go bhfuilim cloíte,
   's gach tréanchuradh i ngail,   40
   a traochadh ar muir,
's a céasadh le cumann dílis,
   chun tú agus sinn,
   ár gcléir is ár gcloig,
's gach laoch mear de chine Mhílidh   45
   bheith 'na n-aolbhrogh gan time,
   ag pléireacht 's ag seinm
caolchruit' le milislaoithe.'   ⇨

5

'Níl baol ort anois.
  Tá Aon Mhac na Cruinne,   50
's ár Naomhbhruinneall mhilis taoibh leat.
  Réifid gach broid
    is géibheann 'na bhfuil,
is gléasfaid ar muir na mílte.
  Beid saorchlanna Scoit,   55
    beid Gaeil bhocht' ar inneal,
go faobhrach, go fuilteach fíochmhar,
  go séidfid thar sruith
    na bréantuirc le broid,
gan éadach ná cuid na hoíche.'   60

Fuaimniú: 12 agus 47. [i] sa chéad siolla de 'seinm'; 19. [é] sa chéad siolla da 'Phoenix', 'tú' gan bhéim; 27 agus 37. 'tú' gan bhéim; 31. dhá shiolla in 'faobhar'; 34. [é] sa chéad siolla de 'Clement'; 37. [u] in 'tú'; 39. [é] sa chéad siolla de 'teagmhais'.

18. M'atuirse Traochta na Fearchoin Aosta

Uilliam English *fonn: Seán Buí*

1

M'atuirse traochta na fearchoin aosta, 1
  ar lanna ba léire 's ar lámhach saighead,
a ghlanfadh as Éirinn mar dhanair na meirligh,
  's ár mbailte a shaorfadh ó ardchíos.
Dá mairfeadh na féinnidh ár ngairm ba shéanmhar, 5
  ár n-arm ba thréanmhar ag trácht síos.
'S is mairg a bhéarfadh leasainm ar Shéamas,
  's go mbainfeadh a réim cheart de Sheán Buí.
2

Do cailleadh le tréimhse ár gcealla le chéile
  ó d'eascair na faolchoin i bhFáilchríoch. 10
Do leagadh ár laochra, chun catha ba thréine.
  Níl ach creachadh is céasadh, 'gus crá croí.
Is araid an Béarla, 's gan tapa sa Ghaeilge.
  Is balbh ár n-éigse ag gnáthchaí.
Go dtaga le héigean thar farraige Séamas 15
  a bhainfeadh a réim cheart de Sheán Buí.
3

Mar theagmhaigh is méala, thar chaladh go mb'éigean
  don fharaire tréitheach seo sá arís.
Le cealg 's le claonadh na haicme ná déarfad,
  'thug Banba déarach mar 'tá sí. 20
Aitim is éighim ar Athair an Aoin-Mhic,
  cé Athair gach éinne an tArd-Rí,
go gcasa ár Séamas, 's a bhanna go gléasa,
  a bhainfidh a réim cheart de Sheán Buí.

Fuaimniú: 1. trí shiolla in 'fearchoin' [fear*a*choin]; 2. siolla amháin [á] in 'lámhach'; 16 agus 24. [a] sa chéad siolla de 'bhainfeadh'; 20. trí shiolla in 'Banba' [ban*a*ba]; 21. dhá shiolla in 'éighim', [é] in 'Aoin'.

18 (a). Stadaig d'bhur nGéarghol, a Ghasra Chaomh seo

Eibhlín Uí Chaoilte (Ní Eichthigheirn)   *fonn: Seán Buí*

1

Stadaig d'bhur ngéarghol, a ghasra chaomh seo.   1
  Ná scaipig bhur ndéara – ní gá dhíbh.
Táid fearchoin laochta na Banban aosta
  go bagarthach baolach ag gardaíocht.
Is aicme seo an Bhéarla, 'tá i gceannas na hÉireann,   5
  a cheangail ár gcléir bhocht faoi ardchíos,
beid feasta fá dhaorbhroid ag freastal do Ghaelaibh
  's gan acmhainn a saortha ag Seán Buí.

2

Casfaid na Séamais le feartaibh an Aoin-Mhic,
  is stadaig go héasca d'bhur n-ardchaí,   10
cé fada go faon sibh ag tarraingt na cléithe,
  is ár mbailte ag meirligh gan fáil dlí.
Níl spreallaire craosach lé'r spalpadh an t-éitheach
  ná caithfid, i léim, dul i mbarr claí,
le heagla Shéarlais, an faraire tréitheach,   15
  a ghlanfadh as Éirinn do Sheán Buí.

3

Beidh gairm ag Gaelaibh go fairsing 'na dhéidh sin,
  is Gallaibh á dtraochadh mar táimíd.
Beidh preabaire Gaelach 'na scafaire Méara
  's an chathair fé fhéin, is ní cás linn.   20
Beidh Aifrinn naofa i gcealla na hÉireann,
  's beidh cantain ag éigse go hard binn.
'S ar m'fhallaing go mbéadsa, 's céad ainnir mar aon liom,
  ag magadh gan traochadh fé Sheán Buí.

Fuaimniú: 1. trí shiolla in 'ghasra' [ghas*a*ra]; 3. trí shiolla in 'fearchoin' [fear*a*choin]; 9. [é] in 'Aoin'; 15. trí shiolla in 'eagla' [eag*a*la]; 20. [í] in 'linn'; 21. trí shiolla in 'Aifrinn' [aif*i*rinn]*; 22.* [í] in 'binn'.

18 (b). A Bhalsam Dheas Mhaorga gan Ghangaid gan Aon Locht

Pádraig Mac Gearailt   *fonn: Seán Buí*

1

A bhalsam dheas mhaorga gan ghangaid gan aon locht,   1
   is gartha do bhéithibh i bhFáilchríoch',
is greanta do shaothar i bpraitinn gach téacsa,
   go blasta in éirim na bhfáigí.
Thaitnigh do dhréacht suilt, ar m'anam, gan bhréag liom,   5
   is radaim go héag duit mo ghrá croí,
's go dtaga ded' scléipse go ndearcfadsa Séarlas
   ag bearradh an ghéill ag Seán Buí.

2

A dhalta mo chléibhse táim marbh lag traochta,
   ag freastal na ndéara go báltaí,   10
gan talamh gan tréada gan charaid gan chéile,
   gan faice chun glaoite 'sna tábhairní,
ag machnamh ar Shéarlas is mé ag freastal go créachtach,
   in achrann léin ag páistí.
Dá ndearcfainn go slaodach an faraire in Éirinn,   15
   do shracfainn an éide de Sheán Buí.

3

Aitim is glaodhaim ar fheartaibh an Dé dhil,
   i bpeannaid le héigeart a básaíodh,
go dtaistealfeadh Séarlas go fearannaibh Éibhir,
   go draganta laochta ag ceáfraíl,   20
ag treascairt 's ag eirleach, ag gearradh 's ag traochadh
   na bhfeannairí 'chréim mé 's mo pháistí.
Mar sin, a bhé bhig, do bhascfainn le p'léiribh
   na Gallphoic chlaona as Clár Choinn.

Fuaimniú: 8. dhá shiolla in 'ag' [aige]; 12. [é] in 'glaoite'; 14. dhá shiolla in 'léighinn'; 17. [é] in 'glaoim'; 24. trí shiolla in 'gallphoic' [galaphoic].

18 (c). Mo Dhainid go nÉagaid na Fearchoin Aosta

Uilliam Dall Ó hIfearnáin   *fonn: Seán Buí*

1

Mo dhainid go n-éagaid na fearchoin aosta   1
   'bhíodh againn go séanmhar i bhFáilchríoch,
dragain na féile, nár mheata ar laochas,
   's ár n-arm ba léadmhach ag trácht síos.
Ba bhlasta gach véarsa dá dtagadh go léannta,   5
   's ba ghreannmhar saothar ár bhfáigí,
ar mhalairt an tsaoghail 's ar atharach tréithe
   's nach gcantar le héinne ach Seán Buí.

2

Startha na nGréagach, pé 'chanfadh le héifeacht,
   is reachta na Saesars do b'ardghníomh,   10
's an gasra léannta 'bhí ar mhachaire *Sénor*,
   an aicme 'thug saothar in ársaíocht,
gaisce na Féinne 'bhí sealad go réimeach,
   's an imeacht as Éirinn rinn' Dáithí,
is clanna Lir éachtach' fuair peannaid sa tsaoghal,   15
   ní haiteas leo an méid sin gan Seán Buí.

3

An chaismirt 'bhí ag Béinne ó Bhreatain le saorfhlaith,
   a baisteadh ó thréanacht a lámh i ngníomh,
'chuir Fearghus déad-dubh 's a chara chun éaga
   nuair gealladh dó éiric ón Ard-Rí;   20
caitheamh *Turgesius* as Teamhar na dtréanfhear
   nuair measadh leis éigean gach mná díobh –
is geallaim gan bhréag duit nach taitneamh leo an méid sin
   gan reacaireacht éigin ar Sheán Buí.

4

Ar leagadar laochra Chluain Tarbh na mbéimeann   25
   san aiste lér' saoradh ó cháin sinn,
's ar cailleadh dá éis sin de dheasca na béithe
   a thaistil ó Bhreifne le Mac Maoil,
Elizabetha 's a hathair mar shéanadar
   Aifreann Dé dhil, mo chrá chroí,   30
is aicme *Oiliféir* sin a threascair ár gcléirne –
   níl maitheas id' scéalta gan Seán Buí.

5

Más oirfideach déanta a chanas gach aon tsult,
   nó reacaire dréachta go sárchaoin,
a chasfar le Féidhilim cois leasa nó taobh cnoic,   35
   nó ar bhealach an téarnaimh mar táimid,
níl beannachtaí Dé 'ge ná freagra in éifeacht,
   ná aithris ar Shéarlas an Fánaí.
Ach spalpaid na déithe nach cuideachta an té sin,
   mura spreagann rud éigin ar Sheán Buí.   40

Fuaimniú: 1. trí shiolla in 'fearchoin'[fear*a*choin]; 2. aiceann ar an gcéad siolla de 'againn'; 6. trí shiolla in 'greannmhar'; 7. dhá shiolla in 'tsaoghal'; 11. trí shiolla in 'gasra'[gas*a*ra]; 14. aiceann ar an gcéad siolla de 'imeacht'; 15. dhá shiolla in 'tsaoghal'; 21. dhá shiolla in 'Teamhar', [a] sa chéad cheann; 26. [í] in 'sinn'; 28. [é] sa chéad siolla de 'Bhreifne'; 29. [é] sa cheathrú siolla de 'Elizabetha'; 31. aiceann ar an dara siolla de 'Oiliféir'.

18 (d). Chara 's a Chléirigh ba Thaitneamhach Tréitheach

An tAth. Tomás Ó Gríofa   *fonn: Seán Buí*

1

A chara 's a chléirigh ba thaitneamhach tréitheach   1
  's a dhalta na mbéithe 's na mbánchíoch,
nach dealbh an scéal dom an spairn seo d'éirigh
  idir cearrabhaigh 'chlaonadh na cártaí.
Le fealladh, le héitheach, le mealladh, le héigean,   5
  le catha na n-aonta fá chlár síos,
do bhradaigh ár ngréithe, do lagaigh a dtréada,
  is thug beart do Seacht Spéireat ón Sámhrí.

2

A Shamhairle éachtaigh 's a chara na laochra
  ná seasaigh go héag ar do dhrámhasaí,   10
ach freagair go faobhrach i ngaisce na Féinne,
  's tabhair go héasca do Mhámh síos.
Gach aicme ná géillfeas dod' achtaibh 's dod' éileamh
  bain astu, taosc, agus cásaíg.
Is m'anamsa in éagmais, má chaillfear go mbéarfar,   15
  is go stracfar a léine de Sheán Buí.

3

Stadaig is éistig is fanaig le réiteach.
  Casaig is séidig is áiríg.
Sin easpa ar an dtaobh seo – le fada gan aon rud,
  is trí bheart ag fir dhéanta na gcártaí.   20
M'fhallaing, dá saorfainn, is tapa a léighfinnse
  saltair cheart naofa sin Dháith' Rí,
's a Chathail mo chléibhse, sin *Heart* maith id' ghéigse
  a bhainfeas an méid úd de Sheán Buí.

4

Preabaigí, léanaigí, leagaigí, traochaigí,   25
   casaigí, saoraigí, sáraíg
an triallmhuireach craosach a cheangail go daor sinn
   fá reachtaibh i ngéibheann 's i sclábhaíocht.
Pé caladh nó sléibhte 'na dteagmhaigh sé libh
   ná scaraig fá phéin leis, ach básaíg.   30
Sín síos le heirleach an triallmhuireach craosach –
   sin marbhna an mheirligh sin – Seán Buí.

Fuaimniú: 3. [é] sa chéad siolla de 'd'éirigh'; 9. trí shiolla in 'Shamhairle', [a] sa chéad cheann; 10. dhá shiolla in 'drámhasaí'; 12. dhá shiolla in 'tabhair', [a] sa chéad cheann; 14. [a] in 'bain'; 15. [a] sa chéad siolla de 'chaillfear'; 24. [a] sa chéad siolla de 'bhainfeas'; 29. trí shiolla in 'dteagmhaigh' [dteagamhaigh], aiceann ar 'sé'.

18 (e). Fanaig go nÉisteam a Cheathair ar Chaoga

Seán Ó Cuinneagáin   *fonn: Seán Buí*

1

Fanaig go n-éisteam a cheathair ar chaoga,   1
  is geallaim go réifidh an tArd-Rí
an ceangal seo ar Ghaelaibh ag danaraibh claona
  i bhfearannaibh Éibhir na lán scríob.
Lasfaidh na spéartha le hanaithe an eirligh   5
  a dheargfar ó Bhéarra cois trá síos
go calafort Éirne ag gasra Shéarlais,
  ag treascairt an tréada sin Sheáin Bhuí.

2

Casfaidh na héanlaith, dá ngairmtear géanna,
  in arm go gléasta gan spás puinn   10
i gcabhair le Séarlas, an cathbhile is tréine
  dar sheasaimh ó d'éagadar cnámha Fhinn.
Creachfaid is céasfaid is scaipfid na bréantuirc,
  lasfaid is réabfaid a ngardaí,
'leagadh na péiste ba chealgach chraosach   15
  gan faice, gan éadach, gan Seán Buí.

3

Le feartaibh an Té sin d'fhuiling peannaid 'ár saoradh
  go dtagaid mo bhréithre le grá croí.
Ár nEaglais naofa go gcasa in éineacht
  ag agall na saorscolaibh sárbhinn.   20
Le haitil bheag éigin, go meanmnach éadrom
  do ghlanfainn de léim thar an mbán-Laoi,
mura mairfinn dá éis sin ach seachtain de laethaibh,
  's gan labhairt ar chlaondlithe Sheáin Bhuí.

Fuaimniú: 7. trí shiolla in 'gasra'[gas*a*ra]; 11. dhá shiolla in 'gcabhair', [a] sa chéad cheann; 15. trí shiolla in 'chealgach'[cheal*a*gach].

18 (f). Cá bhFuil bhur Saothar le Daichead is Caoga?

Tadhg Ó Cruadhlaoich   *fonn: Seán Buí*

1

Cá bhfuil bhur saothar le daichead is caoga,   1
cé fada bhur mbéalaibh á áiríomh
go mbeadh Saxana 's Éire is Alba ag Séarlas? –
Do mealladh bhur n-éirim, 's is náir díbh!
Glacaig mo dhréachtsa, a ghasra bhéasach,   5
geallaim gan bhréag ar mo láimh díbh,
go dtaga an dá ghréin le taitneamh ar aonchnoc,
go mbeidh Banba an Bhéarla ag Seán Buí.

2

Táid sagairt is cléirigh in eaglais naofa
ag screadadh 's ag éimhe ar an Ard-Rí   10
fáil athrach céile do Bhanba an Bhéarla,
is glacaigse éinne ach Seán Buí.
Measaim gur bhréaga a chanadar éigse,
ag labhairt le haonghuth in áthbhaois,
go gcasa na réalta ar athrach spéire,   15
go bhfuil scartha le hÉirinn an tArdmhaoir.

3

Dá dtagadh ár raonta nó calmacht laochais
le dragain ar thaobh cnoic, le hármhaidhm,
do ghearrfadh a ngéaga, do staithfeadh a bpréamha –
na *fanatics* éithigh a chráigh sinn.   20
Tagaig go léir liom, ná leagaid bhur saothar,
'fhaid mhairfeadsa déanfad an cás fíor,
muna ngaire guth éigin ó Fhlaithis an Aoin-Mhic
ní scarfaidh a chéile le Seán Buí.

Fuaimniú: 3. trí shiolla in 'Alba' [Alaba]; 5. trí shiolla in 'ghasra' [ghasara]; 8. dhá shiolla in 'ag' [aige]; 9. trí shiolla in 'eaglais' [eagalais]; 14. dhá shiolla in 'labhairt', [a] sa chéad cheann; 15. trí shiolla in 'athrach' [atharach]; 17. trí shiolla in 'calmacht' [calamacht]; 18. [í] in 'mhaidhm'; 20. [í] in 'sinn'; 23. [é] in 'Aoin'.

18 (g). Tá an Fharraige ag Taoscadh 's an Talamh ag Réabadh

Peadar Ó Ruaraí   *fonn: Seán Buí*

1

Tá an fharraige ag taoscadh, 's an talamh ag réabadh,	1
is tá dhá throigh Phoebus ag trácht slí.	
Tá fala le féachaint sa ngealaigh go gléineach,	
is Bacchus gan bhréaga 'na bpáirtíocht.	
Tá taitneamh ag Thetis ag tarraingt don tréanmhuir,	5
gaineamh á thaoscadh le sárshíon.	
Táid scamaill na spéire á scaipeadh le gaothaibh,	
's is dearbh gur baolach do Sheán Buí.	

2

Do dalladh le daorbhroid flatha na féile	
i bpeannaid gan traochadh fá ghnáth scríb.	10
Do chrapadar claonta is cleasa na meirleach	
clanna Mhiléisius, mo lán scíos!	
Tá an fháistine bhréagach i leabharaibh léire	
á canadh le naomhaibh an Aird-Rí,	
ná bainfeadh an taom seo le fada fá néalaibh	15
sealbh i réim chirt do Sheán Buí.	

3

A Mhuire gheal bhéasach, a bhuime gan aon locht,	
's a bhruinneall lé'r saoradh ó bhás sinn,	
tabhair cumas do Shéarlas an cuireadh seo ag Gaelaibh	
go muirbhfeadh as Éirinn a hál chlaímh.	20
Ós deimhin gur féidir le tuile do dhaonnacht'	
a ndlithe a réabadh 's a ngráinbhuíon,	
is milis liom bréithre na droinge le chéile,	
agus tugaig an t-éitheach do Sheán Buí.	

Fuaimniú: 2. [é] sa chéad siolla de 'Phoebus'; 5. [é] sa chéad siolla de 'Thetis'; 13. trí shiolla in 'leabharaibh', [a] sa chéad cheann; 15. [a] sa chéad siolla de 'bainfeadh'; 17. aiceann ar 'aon'; 18. [í] in 'sinn'; 21. dhá shiolla in 'deimhin', [i] sa chéad cheann.

18 (h). Is Fada do Ghaelaibh in Achrann Éigin

fonn: Seán Buí

1
Is fada do Ghaelaibh in achrann éigin   1
gan earra gan éadach gan aird puinn,
fá tharcaisne saolta, á gcartadh 's á dtraochadh,
cé searbh na bréithre á ghnáthmhaíomh.
Is measa ná an méid sin bheith feasta go n-éagaim   5
san anaithe chéanna gan sáimh-Rí,
's gurbh ainnise inné sinn ná roimhe an lae sin,
ó leagadh go léir ár namhdaibh.

2
Cá bhfuil na féinnidh ná maireann in aonchor.
Tá an tsealbh in éagmais, mar táimid.   10
Níl aire ag ár laochas, ní neartmhar a gcéadail,
ach daille ba séada 'na bpáirt chím.
Ainm ní léitear, ní thagaid a scéalta,
is anbhann éadracht atá ár mbuíon.
Do chailleas-sa m'éifeacht in aithis na scéalta.   15
Ní fearra dom Éire ná Seán Buí.

3
Admhaímse d'éigsibh gur tapa do réifeadh
an tAthair 's an tAon-Mhac go breá an tsnaidhm.
Ár bpeacaí do shaorfadh dá measadh gurbh é 'n ceart.
'Ár nglacadh 'na chaomhthacht ba ghá guí.   20
Ós aigesean 'déantar gach mana in Éirinn,
aitim go bhféacha ár gcás Críost.
Go scaipe le sméide 's go leaga le léirscrios
na bathlaigh seo 'n eirligh as Clár Choinn.

Fuaimniú: 1. trí shiolla in 'achrann' [ac*h*arann]; 8. trí shiolla in 'namh-daibh' [námh*a*daíbh]; 12.[a] sa chéad siolla de 'daille'; 14. trí shiolla in 'anbhann' [an*a*bhann]; 15. [a] sa chéad siolla de 'chailleas'; 17. aiceann ar an gcéad siolla de 'admhaímse'; 18. [í] in 'tsnaidhm'; 24. trí shiolla in 'bath-laigh' [bath*a*laigh].

18 (i). Tríom' Aisling do Smúineas

Muiris Ó Gríofa   *fonn: Seán Buí*

1

Tríom' aisling do smúineas 's mé i gcreathadh gan mhúscailt   1
   ar bharrchnoic úrghlas os lán Laoi,
gur dhearcas an Prionsa d'fhuil Chaisil Choirc ionraic;
   ba fearamhail fiúntach an Fánaí.
Ba cheannasach chúrsach, ba chalma chrú-nirt   5
   ar shleasa na srúill' thoir ag rámhaíocht,
ag taisteal go trúpach thar chaladh go cúntach,
   's a bharcaibh go lonrach, 's a ghardaí.

2

Ar thalamh nuair 'thuirling go hacmhainneach lúfar,
   do ghairm gach crú ceart de shár-Ghaíl.   10
Is d'fhreagair gach fionnfhlaith a creachadh gan chúinse
   de chalamshliocht Lugh mhir 's ard-Choinn.
Gach seabhac suilt súgach gan fearann do fúigeadh
   's a ndeachaigh gan diúltadh thar sáil' díobh,
geallaid go mbrúfaid na Gall-*Whigs* ciontach',   15
   is bainfid sin mún as na Seáin Bhuí.

3

Lastar go lonrach leo leasa 'gus dúnta.
   I mbailte poirt liútar le gáir ghrinn:
Teamhair ar dtúis thoir ba thaitneamhach thrúpach
   a ceapadh mar chumhdach don Ard-Rí.   20
Caiseal ceartdúchais ba mheanmnach mhuirneach,
   go seasamhach, súch sultmhar, sláintíoch,
ag gairm na cú cliste – Caralus crú-nirt
   le cantana ciúilstoic is cláirsí.

Fuaimniú: 2. trí shiolla in 'bharrchnoic' [bharr*a*chnoic]; 3. [ú] sa chéad siolla de 'Prionsa' agus 'ionraic'; 4. trí shiolla in 'fearamhail'; 5. trí shiolla in 'calma' [cal*a*ma]; 8 agus 17. [ú] sa chéad siolla de 'lonrach'; 11. [ú] in 'fionn'; 12 [í] in 'Choinn'; 13. dhá shiolla in 'seabhac', [a] sa chéad cheann; 15. trí shiolla in 'Gall-Whigs'[Gal*a*Whigs], [ú] sa chéad siolla de 'ciontach'; 16. [a] sa chéad siolla de 'bainfid'; 18. [í] in 'ghrinn'; 19. dhá shiolla in 'Teamhair', [a] sa chéad cheann.

18 (j). Dá dTagadh ár bPrionsa go Meanmnach Súgach

Seán Mac Canaidh   *fonn: Seán Buí*

1

Dá dtagadh ár bPrionsa go meanmnach, súgach   1
    thar caladh go clúmhail le táin bhuíon,
cé chealg an gúta, i gceangal mo lúith mé,
    ba thapa 's ba lúfar mo cheáfraíl,
ag treascairt 's ag turnadh, ag leagadh 's ag múchadh,   5
    ag gearradh na mbúraibh le hár claímh,
na danair 'n ár ndúchas bheadh ag sealbhadh ár ndúiche,
    an gasra tútach seo Sheáin Bhuí.

2

Ba salmach siúlach, ba saltarach trúmpach
    ag cantain a n-urnaí go hard binn   10
'bheidh an Eaglais chlúcheart 'n ár mbailte 's 'n ár ndúnta
    go caradach cúntach i gClár Choinn.
'S b'atuirseach tuirseach, trom tarcaisneach túrnaithe
    anacrach dubhach lag, gan fáil bídh
an aicme seo d'iompaigh go mallaithe a gcúrsa   15
    le Cailbhin is Liútar, 's le Seán Buí.

3

Ba thapa 's ba thréanmhar gan pheannaid im' ghéaga,
    gan mhairg gan éalaing ag rá laoi,
mo labhartha i nGaeilge go frasach le héigse
    gan atuirse im' bhréithribh dá gcásaím.   20
Le hanbhroid éigin dá gcasfadh lucht éithigh
    thar farraige in éineacht ba sámh sinn,
gan faice dá ndéis sin ach glafarnach Bhéarla
    ag gairm an smeirle sin Seán Buí.

Fuaimniú: 1. [ú] sa chéad siolla de 'Prionsa'; 2. dhá shiolla in 'clúmhail'; 8. trí shiolla in 'gasra' [gas*a*ra]; 10. [ú] sa chéad siolla de 'n-urnaí' agus aiceann air, [í] in 'binn'; 11. trí shiolla in 'Eaglais' [eag*a*lais]; 13. [ú] sa chéad siolla de 'tuirseach'; 14. aiceann ar an gcéad siolla de 'anacrach'; 19. trí shiolla in 'labhartha', [a] sa chéad cheann; 20. aiceann ar an gcéad siolla de 'atuirse'; 21. trí shiolla in 'hanbhroid' [han*a*bhroid]; 22. [í] in 'sinn'.

19. Is Déarach an Bheart do Chéile ghil Airt

Uilliam English   *fonn: Princess Royal*

1

Is déarach an bheart do chéile ghil Airt   1
   bheith i ndaorbhroid, i ngéibheann, 's ag éimhe gach ló.
Is géarghoirt a scread ag réabadh a bas.
   Is méala í in éagruth 's i néalla bróin.
A laochra go lag, a cléirigh gan cheart,   5
   a héigse gan dréachta ag maothú a ndeor.
'S na faolchoin gur scaip a tréada ar fad,
   ó b'éigean dó tréigean – an t-aoire óg.

2

Níl éigne ar eas, ná gaorthadh go glas,
   ach éanlaith go héadmhar ag séanadh a gceoil.   10
Ar aon dair níl meas, ach a ngéaga go cas,
   's na sléibhte in éineacht fé bhréidibh ceoigh.
Le géire na reacht do claonadh a rath,
   do céasadh ár laochra – níl éinne 'cu beo.
'S an spré bheag seo 'mhair, 'nois séidfear í as,   15
   ó b'éigean dó tréigean – an t-aoire óg.

3

Céad léan ar an bhfear nár léig chugainn thar lear
   an scaoth sin den Ghaelfhuil a dhéanfadh an gleo,
sular trochadh sa chath fir éachtach' na mbrat,
   tréada de phréimh Scoit, is taomadh a mbeith 'dreo.   20
A Dhé ghil ós feas a shaoras gach ceas,
   'chuir craosmhuir i mbréidfhilleadh 'g déanamh an róid,
ár n-aonchoinneal las, ár dtréinbhile cas,
   le faobhar ina réim cheart – an t-aoire óg.

Fuaimniú: 8, 16, 24. [é] in 'aoire'.

20. Is Fada mo Chiach gan Riar ar Dhántaibh

Éadbhard de Nógla   *fonn: An Craoibhín Aoibhinn Álainn Óg*

1

Is fada mo chiach gan riar ar dhántaibh,   1
ag síorchaí im' intinn – fáth mo bhróin –
in Albain ó rianadh fiarchath namhad,
's mo Shíogaí groí á charnadh i ngleo.
Do cheangail go dian an liach seo im' lársa,   5
gur aisig mo chiall im' chliabh le ráithe,
an báire curtha ar gharda 'n oilc, is fíorghníomh áithis
dom' Chraoibhín Aoibhinn Álainn Óg.

2

Barra gach gliaidh in iathaibh tá 'gainn,
le faobhar chlaíomh Laoisigh ámharaigh mhóir,   10
'thug *Braddock* 'na chriath le bliain 's a gharda,
's gur díblí an bhuíon a thrácht 'na gcomhair.
An machaire stiallta ag fiann den áitreabh,
a ghearraid a gciabha le scianaibh bearrtha,
bheir gártha goil ag mná go tiubh 's is caoinbhinn áthais   15
dom' Chraoibhín Aoibhinn Álainn Óg.

3

Tá *Gallasoniere* 'na chliath ar lánmhuir,
mo shíogaí taoisigh tábhachtach beo,
's Mac Mara na sciath de thriathaibh Dál gCais,
's ní díth linn *Byng* 's a chairde i mbrón.   20
An chathair gur rianadh 's a cliabh gur bearnadh,
gur smachtaigh go dian an gliaire Blácaigh,
is fearrde mé go brách 'nois 's is fíorchaoin fáilteach
mo Chraoibhín Aoibhinn Álainn Óg.   ⇨

4

Tá ceangailte ar shrian sa riail cheart Máire,   25
an chaoinmhín Ríon gan cháim 'na cló,
's do tharraing 'na diaidh aniar an Spáinneach
i bhfíorchuing dlí chirt gan trá go deo.
Don Caralus ciallmhar, triath Iodáile,
mar Aicil na rian ag triall 's ag gardadh.   30
Le fáisceadh claimhte is dásacht bhuile stríocfaidhear bearna
dom' Chraoibhín Aoibhinn Álainn Óg.

5

Tá bagairt le cian ar Iarla 'n Chláir dhil
a thíocht faoin tír le táintibh slóghadh,
ag treascairt gach piast 'fuair biathú 'n áitreabh,   35
's ba chuí trí dhíograis a shláinte d'ól.
Mo lagar ná fiadaim triall 'na dháilsin,
mo bhaithis cé liath is fiar im' chnámha.
Do ghearrfainn tuirc mar charnadh goirt le faobhar nimhe im'
    shnáthaid,
dom' Chraoibhín Aoibhinn Álainn Óg.   40

6

Aitimse Dia go dian 's A Mháthair,
go soilsíodh an bhuíon atá sa ród,
's go bhfeiceam gach bliain ag triall A Ghrása,
cé síoraí sinn i gcáim gach ló.
Paidir is Criadh le mian, is Ábhé –   45
ár mbearta, cé fiar, scrios iad le fána,
's ar ghráscar oilc, gach bearna scoir, dom' shíogaí grámhar,
mo Chraoibhín Aoibhinn Álainn Óg.

Fuaimniú: 10. [ó] in 'mhóir', [aío] in 'faobhar'; 14. [á] sa chéad siolla de 'bearrtha'; 19. aiceann ar 'Dál'; 20. [í] in 'linn'; 39. [á] sa chéad siolla de 'ghearrfainn'; [í] in 'nimhe'; 44. [í] in 'sinn'.

20 (a). 'S a Éadbhaird Aoibhinn Uasail Álainn

Uilliam English   *fonn: An Craoibhín Aoibhinn Álainn Óg*

1

'S a Éadbhaird aoibhinn uasail álainn,   1
  a chraoibhín ghníomhaigh ghrámhair chóir,
séad breá 'dhlím duit mar dhuais dána
  is fíormhín snoite 'tá le ceol;
raon má 'raoile is ruathar namhad,   5
tréan-ár tríothu is bua go brách leat,
  Mac an Loin go tailc id' chroibh, is rinn nimhe an áthais,
  's i bhfíoraibh dírigh an tsnáthaid leo.

2

'S ní óglach íseal mo Nóglach ard seo,
  gríobh chaoin d'fhíorfhuil 'd'fhás thar gó,   10
róghrá Ríoghan an t-ógmhac ármhach,
  'síorchlaíomh díorma 's ag carnadh slógh.
Leon lándídin na Fódla ársa,
brón báis bíobha i ngleo de ghnách é,
  an Liath Mhacha duit mar chapall d'éis na Con fágtha,   15
  's gur díomhaoin dícheall noch dtáinig romhat.

3

Do bhí osna 'gus liach im' chliabh le ráithe,
  ag caí tríd bhíthinse tráth gach ló.
Mo chall gur stiall an gliaire láidir
  íocaí fíochmhar a ráinig an Pórt.   20
Ba bhorb 'na dhiaidh ag triall le dásacht,
gach conair gur iadh go riacht an t-áras,
  d'fhostaigh 'stigh na bodaigh choil gur críochnaíodh an lá leis,
  's gur binn linn Byng 's a chairde i mbrón.   ⇨

4

An dochar seo riabhaigh sciamh an Fhálghoirt,　　25
　le fíornimh trídsan 'chráifear Seon,
　'thug locartha fiarlag triatha Fháilbhe,
's a mbrístí chífear lán de dhóib.
　Le confadh triallfaidh Iarla an Chláir dhil,
scoiltfidh a sciatha, 's a gcliabhra gearrfaidh.　　30
　Is follas sin gur obair shuilt don iath seo tráite,
　'S gur binn linn Byng 's a bhás 'na bheol.
　5
Tá cogar le cian ag riacht ón Spáinneach
　go síbhruíon Laoisigh láidir mhóir,
a bhrostaigh go dian an chiall chun Máire　　35
　chruinnchíoch, lígheal, álainn, óg.
An goradh seo ag tiacht, an diabhal ní stánfaidh,
go nochtfar go grian a rian don bhFánach,
　toradh a n-oilc is tolladh coirp go bhfaighid Gaill ghránna.
　'S gur binn linn Byng ó 'tá gan ghlór.　　40

Fuaimniú: 4. [í] sa chéad siolla de 'snoite'; 7. [í] in 'rinn' agus 'nimhe' (siolla amháin); 8. [í] sa dara siolla de 'bhfíoraibh'; 11. dhá shiolla in 'Ríoghan'; 24, 32, 40. [í] in 'binn' agus 'linn'; 26. [í] in 'nimh'; 29. trí shiolla in 'confadh' (con*a*ha); 30. [o] sa chéad siolla de 'scoiltfidh', [á] sa chéad siolla de 'gearrfaidh'; 34. [ó] in 'mhóir'; 36. [í] in 'chruinn'; 39. [í] in 'bhfaighid' agus 'Ghaill'.

20 (b). Bead Feasta le Mian gach Bliain ag trácht

Seán Ó Cuinneagáin   *fonn: An Craoibhín Aoibhinn Álainn Óg*

1

Bead feasta le mian gach bliain ag trácht ar   1
  ghníomhaíocht Laoisigh 'ardaíos gleo
go tapa mear dian i gcian le namhaid
  go gcloíonn díobh mílte ar lár faoi bhrón.
Ní stadfaidh ár ngliaire, sciath na mbánbhrat   5
de ghearradh na bpiast ngarbhfhiachais ngránna,
  aicme an oilc na leabhar ndubh 's a claondlí stánfaidh
  dom' Chraoibhín Aoibhinn Álainn Óg.

2

Tá Albanaigh 'stialladh a gcliabh le háthas,
  ag síormhaíomh díoltais faoi bhrí na móid.   10
'S gur gairid go mbiaidh againn fiach an bhánphoic
  go binn trí thíorthaibh Fhearghais Mhóir.
Ar chlanna na striapach iarrfar sásamh
i dtreascairt an fhia 'tá biata ar fhásach,
  le hanaithe beidh a gcac ar crith, 's a mbrístí lán de,   15
  's mo Chraoibhín Aoibhinn lán de spórt.

3

Beidh an tAthair Uilliam ag riar ar bhráithribh
  i gcríoch aird Choinn, cé tá lag fós,
go meanmnach rialta diaga cráifeach,
  ag síorshníomh grinn is é lán de scóip,   20
ó cailleadh i ngliadh na bhFiann an Hácach,
le *Gallasoniere* 'thug iad chun náire.
  'S ait an sult a leaba ag *Byng* i bhfíoraíbh arda
  's a chaí 's binne linn ná táinte den tsórt.   ⇨

4

I gcéim namhad guím ná buaitear báire ort.   25
  Bíodh faoi chíos duit, 'fháidh an spóirt,
a shaoi cháidh ghrinn d'fhuil uasail ársa,
  claíomhfhaobhar Fhinn ó ráinig id' dhóid.
Do bhéar féin díol maith uainn do láthair –
sciath bhláith Naoise shuairc na lánscread –   30
  éide choirp an tréanfhir Chonaill chroidheamhail ghroí
    Chearnaigh,
  's is cuí 'n gníomh díon ceart d'fháil chun gleo.

Fuaimniú: 7. dhá shiolla in 'leabhar', [a] sa chéad cheann, [aío] in 'claon';
18. [í] in 'aird'; 12. [í] in 'binn', [á] sa chéad siolla de 'Fhearghais', [ó] in
'Mhóir'; 20. [í] in 'grinn'; 24. [í] in 'binne' agus 'linn'; 28. [aío] in
'fhaobhar'.

20 (c). A Shalmaigh Chiallmhair Fhialmhair Fháiltigh

Éadbhard de Nógla   *fonn: An Craoibhín Aoibhinn Álainn Óg*

1

A shalmaigh chiallmhair fhialmhair fháiltigh,   1
  a mhíníos poinc le páirt im' chomhair,
lér' taisceadh le cianta bliain dom stáideach,
  is rinnghroí dhíreach bharrghlan bheo;
le leathanghlaid riastach 'stiallfas namhaid,   5
seo feasta 'na ndiaidh 's mo shrian im' lámha.
  Gabhaim sibh ag gearradh sliocht an chlaoindlí 'chráigh mé,
  is i bhfíoraibh bíodh mo shnáthaid leo!

2

Tá agam mar iarsma sciath óm' chairde
  a bhí i mbruíon chraoibhe an ármhaigh mhóir,   10
is ceangailte im' chliabhrach iath den phláta,
  ba dhíon taoibh' d'Aoin-Mhic Cearnaigh Óig.
Bhur dteagascsa – an ciall dom triall ar Bhláthnaid,
trínar bagaradh siar i ndiaidh Mhic Dáire,
  nó scaipeadh 'chur ar aicme an oilc go bhfillí 'n Fánach?   15
  Is go dtíodh, brí laoi ghlain d'fháil, is glóir!

3

Tá anaithe dian i mbliana ar ardfhlaith,
  gur Tír faoi Thoinn an t-áras nua,
gurb eaglach diachair fiabhras pláigh dó,
  is faobhar chlaímh dhíoltais 'tá 'na chomhair.   20
Measaim gur ciall dó triall 'na tháinrith
ón gcarcar ba iata ná sliasta ag mnáibh oilc,
  don chathair chirt ar bharrchnoic 'nar shín Críost lámh di.
  'S ná claonfaidhear síos le namhaid go deo!   ⇨

4

Is daichead gealniamh óm' chliabh de mhnáibh,   25
   de shíol fuíoll tointe ó bharr go bróig,
ach carnfholt sciamhach, dianchas, ámhrach
   'na mínbhuí dlaoithe ag fás go feor.
M'acmhainn cé fiarlag iad chun sásaimh,
gabhaid mar iarsma ag triall d'bhur láthair.   30
   A Eaglaisigh caithfead scoir go míní 'n bháisteach!
   Is guím díbh mílte lá geal fós!

Fuaimniú: 1. trí shiolla in 'shalmaigh' [shal*a*maigh]; 2. [í] in 'poinc'; 4. [í] sa chéad siolla de 'rinnghroí'; 8. [í] sa dara diolla de 'bhfíoraibh'; 9. aiceann ar an gcéad siolla de 'agam'; 10. [ó] in 'mhóir'; 15. [í] sa chéad siolla de 'bhfillí'; 17. [ó] in 'nua'; 19. trí shiolla in 'eaglach' [eag*a*lach]; 20. [aío] in 'faobhar'; 23. trí shiolla in 'bharrchnoic' [bharr*a*chnoic]; 24. [aío] sa chéad siolla de 'claonfaidhear'; 25. [í] sa chéad siolla de 'tointe'; 30. [a] sa chéad siolla de 'gabhaid'.

21. Is Ródhian a Screadann an Seanduine Seoirse

Uilliam English   *fonn: An Seanduine*

1

Is ródhian a screadann an seanduine Seoirse: 1
'ó 'Dhia cá rachfad, níl agam *Hanover,*
ná fós *Hesse-Cassel,* mo bhaile beag cóngair,
ná fód mo sheanathar, táid airgthe dóite.

2

Tá fuadar catha go tapaidh ar bóchna.   5
Tá dubhadh ar chrannaibh is stracadh ar sheolta.
Tá uaisle Saxan go heaglach ómhanda,
a gcuanta beid creachta 's a mbailte beid tógtha.

3

Ochón mo mhilleadh! 's mé an duine fann críonna.
Im' dhóid níl fuinneamh, 's níl cine teann taoibh liom.   10
Ní cóir anois d'oireas dom' chloigeann meann ríoga,
's an tóir seo ná scoirfeas go dtige 'n fionn-Stíobhard.

4

Níl suan im' ghaire 's ní tirim mo chaoineadh,
's is cruaidh an cuingeal 'na bhfuilim ag Laoiseach,
's i dtuath na Ruiseach, 's a loingeas go bríomhar   15
do buadh ar na Pruisigh is briseadh a gcroí 'stigh!

5

Do b'aerach álainn ábhar mo chr'óin seal.
Mo léan mar a tháinig an lá seo 'na dheoidh sin.
Táid *Swedes* le dásacht ag carnadh mo shlóite,
's an tréantrup sin Mháire 'thug náire go deo dom.   20

6

Ní díon dom Breatain ná fearann na Fódla.
Ní dílis dom Albain ó ghearras a scornach.
Ní díreach dom Danair, níl cara im' chóngar.
Sínig im' bheatha, is cuirig faoin bhfód mé.   ⇨

7

Mo chiach! mo mhairg! ní fheadar cá ngeobhaid sin   25
iarmhar Chailbhin a sheachain na comhachta?
I mbliana beid bascaithe leagaithe leointe,
is cliar chliste Pheadair 's a mbeatha go deo 'cu.'

8

Is diaga ar maidin i gceallaibh 's in Ordaibh
'bheidh siansa na salm is Aifreann glórmhar,   30
briathra na nAspal á gcanadh go ceolmhar,
's an gliaire gan ainm sa mbaile is c'róin air.

Fuaimniú: 2. aiceann ar an gcéad siolla de 'agam'; 12. [au] in 'fionn';
19. [é] in '*Swedes*'; 30. trí shiolla in 'Aifreann' [aifireann].

22. Cré agus Cill go bhFaighe gach Bráthair

Uilliam English   *fonn: Iombó agus Umbó*

1

Cré agus cill go bhfaighe gach bráthair,   1
'chuir spéis ná suim in im ná i mbláthaigh;
   Curfá: Iombó agus Umbó
drong a mhionnaigh go broinne 'n bhrátha
'n aghaidh gach cruinnithe, ciste 'gus cánach;   *Curfá*
drong a chleachtas bheith 'canadh a dtrátha,   5
an drong mhaol a ghéill don chráifeacht!   *Curfá*
Do chuala scéal – fuair Éire náire;
fuair sí easmailt a leanfas go brách di.   *Curfá*
Do thriall leastar don bhaile seo i dtáimse
go hArd an Gheata 's is tapa a meádh é.   *Curfá* 10
Ní raibh cine fán gcruinne nár tháinig
ag éileamh a ndatha i leastar an bhráthar.   *Curfá*
Na síoga uaithne do buadh le Clár Luirc,
i dtaobh a harmais, machaire 's cláirseach.   *Curfá*
Na síoga dearga Saxan a ráinig,   15
is Rí na Fraince na síoga bána.   *Curfá*
Na síoga buí fuair Rí na Spáinne,
rug Rí Lochlann an gorm go brách leis.   *Curfá*
An roinnt a bhí odhar fuair foghlaigh Afraic,
's an méid a bearradh chun madra 'tharla.   *Curfá* 20
Do ghlac Rí Prúise cumha an lá sin,
ná fuair roinnt den im seo 'n bhráthar;   *Curfá*
nochtann a cholg go hullamh 'na láimh dheis,
's cuireann cogadh go hobann ar Mháire,   *Curfá*
an Bhanimpire mhíonla náireach.   25
Chuir sí an Brúnach mar Fhionn san áth roimhe;   *Curfá*
thug gleo agus cogadh agus goradh is lámhach dó,
an leoghan lonnardha ó bhrollach an Fhálghoirt.   *Curfá*

⇨

Tá ag triall aduaidh slua go táinteach,
ó Ríoghan Ruise, ursain tábhachtach.   *Curfá*   30
Tá ag triall anoir d'iath Iodáile
curadh cathbhuach eachluathach láidir.   *Curfá*
Tá ag triall aneas go prap le dásacht
Francaigh chliste, mar thuile le fána.   *Curfá*
Tá an Eoraip uile 'na chuimil-a-mhála   35
i dtaobh an ime seo 'chruinnigh an bráthair.   *Curfá*
Is gránna an chuimhne í ag Stíobhard ársa
gan roinnt den im a chur dá láthair.   *Curfá*
Tuigim gur éag le héad an Pápa,
ná fuair méar Pheadair den leastar 'na ghnáthamh.   *Curfá*   40
Táid laistiar 'na dhiaidh go cráite,
gan leadhb den im chun leigheas a gcneá 'cu.   *Curfá*
Tá torann tonn ag bodhradh *Hawke* thoir,
is é gan im, gan mheidhg, gan bhláthaigh.   *Curfá*
Tá a chabhlach uile i Muir Bhioscáine,   45
d'uireasa an ime seo, ag titim i dtáimhe.   *Curfá*
Tá an donas ar tír 's an díth ar sáile,
's ní deireadh don challóid rin' tionól an bhráthar.   *Curfá*
A dhia, a dhuine, déan cuigeann id' lánrith;
bí ar buille do loinithe lámhaigh;   *Curfá*   50
ceangail do mheadar le gad maith cárthainn;
ná léig le duine ar bith an tine thar tairseach.   *Curfá*
Do bhuille cruinnithe, ar mbriseadh di ardaigh,
is cuir chun Pruise cuid i dtráth de.   *Curfá*
An dá Ríoghan choíche sásaigh,   55
Ríoghan Rúise is crú Almáine.   *Curfá*
Ó rinnis an cogadh, brostaigh síocháin chugainn;
mar shleá Aicil gearraigh is slánaigh   *Curfá*

Fuaimniú: 1. [ai] in 'cill' agus 'bhfaighe'; 2. [ai] in 'suim' agus 'im'; 19. [au] in 'odhar' agus sa chéad siolla de 'foghlaigh', [á] sa chéad siolla de 'Afraic'; 22. [ai] in 'roinnt' agus 'im'; 25. [í] sa chéad siolla de 'impire'; 30. dhá shiolla in 'Ríoghan', 38. [í] in 'roinnt' agus 'im'; 42. [ai] in 'leadhb', 'im' agus 'leigheas'; 44. [ai] in 'im'; 55. dhá shiolla in 'Ríoghan'; 58. [a] sa chéad siolla de 'Aicil' agus 'gearraigh'.

22 (a). Mo Chumha is mo Dhainid

Éadbhard de Nógla　　　　　　*fonn: Iombó agus Umbó*

1

Mo chumha is mo dhainid mar cailleadh le dásacht　　　1
uaisle Bhanba is flatha Chríoch Fháilbhe –
Curfá: Iombó agus Umbó.
slua ba dheacair a threascairt le namhaid,
gur ghluais go Fearann Luirc clannaibh oilc Shátain. – *Curfá*
Triatha Gearaltach, Barraigh is Cárthaigh,　　　　　　5
ba dhian sa spairn 's i Machaire an Ármhaigh, – *Curfá*
sliocht Sheáin Challainne, aicme nár cáineadh
do bhrú na ndanar, is feasach le háiteamh. – *Curfá*
Seo an fáth bheir mise 'om' chreim' ag an árracht,
is nach fios fán gcruinne cén cine ó dtáinig. – *Curfá* 10
De réir a fhriotail ba dhuine gan aird é,
'thug tús a bheatha 'na reachtaire ar fhásach. – *Curfá*
Ba mhinic sa tsrathair ar chapall 'na tháinrith,
idir dhá mheadar, ag reic bainne bearrtha. – *Curfá*
Nuair 'thigeadh abhaile bhíodh salann 'na mhála,　　15
is ceann mór tairbh nár dhealbh mar fháltas. – *Curfá*
Is tapa do ghlacadh an canna ag bleán stoic,
ag sniogadh 's sracadh an lachta le háthas. – *Curfá*
Ar mhaol do scagadh an bleachtas go tráthach,
do shuíodh 'na aice is do mheascadh a lámh ann. – *Curfá* 20
Nuair a bhíodh aibidh an bainne le bearradh,
do dhoirteadh an barra 'na mheasair gur sáthach. – *Curfá*
Do chuireadh duine fá imeall an árthaigh,
le pé caint a deireadh, 's ní bhfuilimse 'trácht air. – *Curfá*
Ar mbriseadh dá chuigeann ní scoireadh á ghardadh,　　25
d'eagla duine 'r bith, bruinneall ná páiste, – *Curfá*
'ghoidfeadh nó ghiobfadh ná sciobfadh an t-ádh leis
d'im na Droiminne, is Mhuirinn an mháis duibh. – *Curfá*

⇨

De bhrí ná tuigfeadh gur rinneadh i gClár Luirc
aon ghreim ime ba chirte ná a ghráinchuid. –   *Curfá*   30
Bhíodh buí is dearg is dathanna breátha ann,
is ní síogach, geallaim, ach meascaithe tarsna. –   *Curfá*
Nuair thigeadh don chathair leis, measaim gur ghnáthach
geoin is greadadh agus aiteas go hard air. –   *Curfá*
Gach straeire reatha nó cailleach le'r tharla,   35
a gcuingeal do leagadh ar thalamh gur shásta. –   *Curfá*
Ní bréag dom' aithris ná reacaireacht dáimhe,
ach rian a theangan air, leanaim á áiteamh. –   *Curfá*
De thoisc na beatha a chleachtadh an Bráthair,
is buan a mhagadh, 's tá a aithis 'na ráfla. –   *Curfá*   40
Is baoth dó an leastar a thagairt go plásmhar;
níorbh é do b'ábhar do spairn na nArd-fhlaith, –   *Curfá*
ach craos is cealg triúr eachtrannach bráthar
a léim le gangaid ó bhrataigh an chrábhaidh. –   *Curfá*
Seachainse an deifir, 's ná beirtear ar lár ort,   45
d'eagla easmailt is tarcaisne d'fháil duit. –   *Curfá*
Dá mhéid ded' charaid i Sasana 'tá 'nois,
beir tláith fá ghrathain ag fearaibh ná tráchtaim. –   *Curfá*
Maraon le grabaire, is aithnid duit bráthair
a mhéadaigh t'shamhail le gangaid im' dháilse; –   *Curfá*   50
ar chrúsca, is follas, do ghoinfeadh a chairde;
a thrú bhoicht otair, is tosach easláin duit. –   *Curfá*
A chomhairle, is feasach, má leanair trí ráithe,
beir dreoite i dtalamh 's ní dainid le cách tú. –   *Curfá*
An asarlaíocht tacair a radtar im' dháilse,   55
is dearbh mar thaca ag mná reachtais Fháilghoirt. –   *Curfá*
Dá bhrí sin stadaim, is geallaim gan spás duit
gleo a thabhairt 's ná bagair an Pápa. –   *Curfá*

Fuaimniú: 28. [í] in 'd'im'; 32. [á] sa chéad siolla de 'tarsna'; 42. [á] in 'spairn'; 47. aiceann ar 'tá'; 58. dhá shiolla in 'thabhairt', [a] sa chéad cheann.

23. Mo Ghearán Cruaidh le hUaislibh Fódla

Uilliam English

1

Mo ghearán cruaidh le huaislibh Fódla,   1
mar táim i nguais 'om' thuar le deoraibh
ar an Aird Mhóir is fuacht 'om' leonadh,
ón lá 'luaim 'ghoid fuaid mo bhróga.
Cá bhfuil an dámh ba sámh a seoladh   5
na saoithe bleacht' ba bhlasta comhad,
na héigse ar aoincheist rug eolas,
nó an léan libh mé in éigean 's in eolchair?
Ní futa fata a ghrean mo bhróga,
ach Pádraig, an sárfhear ar oirnéis,   10
de shíol Mhurchadha chruthamhail chróga,
a thug na Gaill go foinn thar bóchna.
Do thug sé ceap ar fad leis ornaithe,
leathar Spáinneach bláfar córach,
bonn is bálta is sáil 'bhí ródheas,   15
céir is cnáib go sásamh eolaigh.
Do bhádar álainn sásta gleoite,
ach mo dhiomá, cad ab' áil leo 'nois?
Cé ná tigeadh duine ar bith im' sheomra
ach amháin na bráithre, d'imigh mo bhróga.   20
Do b'é an lomadh ar an eaglais mar 'chantar gan ghó ar bith,
is mé gan airgead gan eachra gan bhróga,
gan fiú an phráis, cé táir, im' phóca,
gan an dara peidhre, an greim ba mhó liom.
Fuaireas faisnéis! fionnaig go fóill mé!   25
gurbh é Rí Pruise 'gus uireasa mhór air,
a chuir feasa is teachta thar bóchna
go prap le pandúir go dúthaigh Eoghain;
gurb é an duine seo 'ghoid mo bhróga,
is thug don Rí iad i ndiaidh an chomhraic.   30
Nuair 'bhain chun reatha gan chapall gan chlóca   ⇨

mar dhragan buí ó mhaidhm na Bóinne,
a deir cuid eile 'cu is creidimse dóibh sin
nach é Pruise a rinn' an gnó sin,
ach mac ár dtriaith, Uilliam Mac Sheoirse,   35
atá fá chiach i ndiaidh *Hanover.*
Atá sé i dteannta ag Francaigh chróga,
in angar, in antart, i bpóna;
ní tualaing é ar ghluaiseacht i gcóiste,
ná ar luatheach fá mhórphlaic a thóna.   40
Do rug *Hussar,* a tháinig ar neoin dubh
i ndáil an diúice, mo chúpla bróg leis.
Atá sé ar sodar leo i gcnocaibh 's i mbóithribh,
's is é mo dheimhin nach bhfeicfead go deo iad.
Och cé trácht, atáimse dóite!   45
ar chlocha Chorcaí is doirteadh deor liom!
Táid mo throithe ón bpluid go scólta,
is fuachtáin ar mo chruashála le comhaireamh.
Ós maith 'n aghaidh an oilc is oideas domhsa,
ní dhéanfad aoir ná laoi don chóbach,   50
sladaí a chreach sinn gan fhóbairt;
fágaimse ag Dia é, lia na mórbheart.
Ní chluinfidh duine ar bith mar ghlór uaim:
ag cac san gcroich go raibh an coirneach,
baic ar a cheann is cam 'na scornaigh,   55
is an crochaire go stolla de a bhróga,
rince an ghaid aige 'seasamh ar *nothing*
in anaithe a anama 's a theanga 'muigh le corda,
go bhfaice sé a shochraid is a thórramh,
agus tua na gceann in am á spóladh,   60
a cheann ar sparra is saithe cuileog air,
a chorp á stracadh ag madraí ar bhóthar,
gan gin tsleachta air 'na mbeathaidh le comhaireamh –
ní hé seo 'chanaimse, ach maithim go deo dho!

Fuaimniú: 6. dhá shiolla in 'comhad', [ó] sa chéad cheann; 7. [é] in 'aoin'; 10. [ó] sa chéad siolla de 'oirnéis', agus aiceann air; 12. [ai] in 'Gaill' agus 'foinn'; 13. [ó] sa chéad siolla de 'ornaithe'; 24. [ai] in 'peidhre' agus 'greim'; 26. [ó] in 'mhór'; 28. dhá shiolla in 'Eoghain'; 32. [í] in 'mhaidhm'; 38. [au] sa chéad siolla de 'antart'; 44. dhá shiolla in 'deimhin', [e] sa chéad cheann; 50. [í] in 'aoir'; 51. aiceann ar an gcéad siolla de 'sladaí'; 52. [ó] in 'mór'; 54. [ó] sa chéad siolla de 'coirneach'; 57. [ó] sa chéad siolla de '*nothing*'; 58. [ó] sa chéad siolla de 'corda'; 59. [a] sa chéad siolla de 'shochraid'.

23 (a). Ná Bí in Earraid Liom

Éadbhard de Nógla

Ná bí in earraid liom, a Athair ghlain eolaigh.	1
Guím do bheannacht; is maithigh dom' stró-sa.	
Ar baois má leanas an stracaire ón gcóngar,	
is fíor gur gealladh dom aiseag id' bhróga.	
A bhuinneáin uasail, dar Duach is brón liom	5
do ghearán cruaidh le huaislibh Fódla,	
's gurbh áthas mór is tuar chun spóirt liom	
gá ar an bhfuaid, is gruaim gach neoin air!	
Ar maidin Dé Luain do ghluaiseas romhamsa,	
do shiúlas curraithe, bogaithe is móinte,	10
clocháin, fíobhaí, trínsí 's tóchair,	
barr gach gleanna is cama gach teorann.	
Contae Chiarraí, ag fiafraí romhamsa	
an dá Chairbre is Barraigh na mórbharc,	
Múscraí Luachra is Tuath Bharóideach,	15
an dá Chineál 's an tOileán Mór thoir.	
Dúiche Ealla, mar 'ghabhann go Lóthairt	
clanna Amhlaoibh is seanbhuíon Róisteach,	
Condúnaigh is Giobúnaigh 'na dheoidh sin,	
is Triúcha an Bharraigh lena n-abartar Mór air.	20
Uí Mac Coille mar 'ritheann go hEochaill,	
dúiche Dhéiseach 'na ngléastar cóisir,	
go Cluain Meala 's go Caiseal 'na dheoidh sin,	
go Port Láirge, is níorbh fhearrde domhsa.	
Go Cill Chainnigh le fuinneamh is fórsa –	25
siúd an bealach 'na ndeachaigh, dar m'eolas,	
gur tharla linne an duine ba threorach,	
a mhúin an tslí don Mhí, gach cóngar.	
Ar Aonach Tailtean dom sealad á bhfógairt;	
a dtuairisc ní bhfuaireas san ród sin.	30
Go Baile Átha Cliath a thriall go breoite,	
is cé bhíos tuirseach níorbh iongnadh le stró orm.	

Cad ab' áil liom ag áireamh na longfort,
go Dún Dealgan ar seachrán mé a seoladh.
Níor fhágas fearann ná baile ná póirse   35
i gcalafoirt Choinn ná i gCríochaibh Eoghain.
Gabhaim mo long le stiúir go seolta,
is treasálaim go Cionn Aird na ngleobhrat.
Cuan ná caladh níor dhearcas ach mórmhuir,
gur tharla i bPáris na bhfaidscríobh órga.   40
Ansan a chonaicse an Breitheamh ba chróga,
a thug im' láimh barántas domhsa,
cumas chun cuardaigh tuaithe is teorann,
briseadh gerataí, ballaí is pórtaibh.
Gluaisim is buailim bóthar,   45
is níor stadas don stáir sin go ráinig *Poland,*
is ansan a fuaireas tuairisc rómhaith
ar gach foghlaí tíre a bhí ar an gcóngar.
Go nuige Rí Pruise rithim an neoin sin.
Níor fhágas bosca gan tolladh ná cófra,   50
ná poll a chluaise, gan cuardach dóibh-san,
is stumpa bata gur chasas 'na thóin-san.
I gCaisleán *Hesse* níor theip uaim seomra –
Cúirt Mhictíre na mbuidéal mbeorach.
Chuireas garda daingean ag faire ar na doirse. 55
Is tréith a chodlas go cortha um thráthnóna.
Go moch ar maidin gabhaim mo chlóca,
m'éide chatha, is mo leathanghlaid ghleoite,
an rinn chrithir a thugais gan ghó dom,
is sciath Naoise ó chraoibh na mórchreach.   60
Do shiúlas garraithe 'n bhaile sa chóngar,
níor fhágas díog ná claí ná cró-mhuc;
i lúib leasa gur dhearcas-sa torpach
de bhúistéir smeartha is meana 'na dhóidsean.
Do bhróga 'na aice go stracaithe dreoite,   65
's é 'cur preabán go neamhbhláith leosan.
'Cá' arsa mise go frithir ag labhairt leis,
íocfair m'aistear, nó spairn dod' thóin dubh!'   ⇨

Ar tharraing mo chlaímh a bhí go gleoite
d'fhuadaigh sí-ghaoithe tintrí is toirneach   70
uaim an bathlach gan aiseag thar bóchna,
gan tuairisc ar bith, monuar ba bhrón liom!
Do thugas iarracht triall gan stró ar bith
d'ionsaí Mháire, bláth na hóige,
Banimpire an mhínchnis mhómhair,   75
mo scéal cuirim i mbille os a comhair sin.
Lámh mar thaca dom 'naisceas a mórgacht –
nach raibh ríocht ná tír san Eoraip,
san domhan uile a mbeadh fothain don chóbach,
ach in Ifreann *Lucifer* tubaisteach dóite.   80
Más abhaile a thaistil an coirneach
d'ionsaí athar an mhadra chróinduibh,
lámh do chaithfeadh a thabhairt dom' ordaibh,
's i ndíol m'aistirse, sealbh trí ch'rónach.
'Slán leat a bháinchnis na n-órfholt'   85
arsa mise is fillim gach cóngar.
Is é sin brí is críoch dom' sceolta –
i gCorcaigh gur tharla le sála nóna.

Fuaimniú: 2. aiceann ar an gcéad siolla de 'bheannacht'; 12.[a] sa chéad
siolla de 'cama'; 16. [ó] in 'Mhór'; 17. [a] sa chéad siolla de 'ghabhann';
18. [au] sa chéad siolla de 'Amhlaoibh' agus i 'sean'; 20. [ó] in 'mór';
26. aiceann ar an gcéad siolla de 'bealach'; 32. aiceann ar an gcéad siolla de
'tuirseach'; 33. [ó] sa chéad siolla de 'longfort'; 34. aiceann ar an gcéad
siolla da 'seachrán'; 36. [í] in 'Choinn', dhá shiolla in 'Eoghain'; 37. [ú] in
'long'; 39. [ó] in 'mór'; 48. aiceann ar 'bhí'; 50. [o] sa chéad siolla de 'toll-
adh'; 60. [ó] sa chéad siolla de 'labhairt'; 75. [í] sa chéad siolla de 'impire';
80. *'Lucifer'* mar [Lisaver]; 83. dhá shiolla in 'thabhairt', [a] sa chéad
cheann.

23 (b). Cúis Aoibhnis le hInsint

Éadbhard de Nógla

Cúis aoibhnis le hinsint, mo sceolsa,   1
cúis ghairdeachais d'fáigibh na Fódla,
cúis meanman le haithris gach ló linn,
ón mbaile seo go caladh na Bóinne.
Scéal a chluinim, mo mhire gur thóig sin,   5
's do chuir m'intinn le baois óige,
gur casadh arís don tír na bróga
chun Uilliam English, file na gcúigí.
Bráthair diaga rialta rómhaith,
fáidh na gceall, 's a gceann treorach,   10
teagascóir diachta, stíobhard eolais,
a fágadh creachta le sealad gan bhróga.
Chun go bhfuair duine uasal rómhaith,
Seán geal Gagán buinneán córach,
péire ceartaithe dataithe nuaghlan,   15
fillte i mbreacán folláin is corda air
i dTigh Dé, 's gan éileamh 'na dheoidh sin,
ná aon neach ag teacht lena nótadh.
Trí lá bhí Seán á bhfógairt
tríd an mbaile 's ag taisteal na nOrdaibh.   20
Do chuir a dtuairisc go Dún na Bóinne,
go Dún Geanainn, is as sin go hEochaill,
go Barraigh Rua 's go Cruachain ceomhar,
's go Daingean Uí Chúis na dtonn dtoirneach.
Síos go Luimneach, bolg gach bóthair,   25
is don Ghaillimh 'na ngaibhtear na rónta.
Níor fhág cruach ná cuan san ródsan,
go Loch Dearg na nAifreann nglóireach.
Do sheinn dordfhiann go dian – ba chomhchlos
i sléibhte Alban, tSaxan is Fhlóndrais.   30
Ach cé trácht! do tharla don sceolsan
fear ceannard, Micheál mómhar   ⇨

Ó Gormáin ina chodladh um thráthnóna,
go bhfuair aisling is feasa na mbróg san,
go dtáinig tollaire corpartha cróndubh,   35
búistéir broinnaird pluicmheáin borrthach;
go dtug bille gan fhilleadh 'na dhóid dó,
fios an scéil is réiteach gach ró-cheist.
'Is é m'ainmse' 'raideas an torpach,
'Uilliam bathlach, 's an dara mac Seoirse.   40
Admhaím díbh mo ghníomh – is cóir sin,
go ndearna an ghadaíocht 's an bhradaíl bhrógach,
'd'fhúig mé sealad i gceasdaibh andóchais,
gur thit eascaine mhairbh is bheo orm.
Is i ndíolaíocht im' ghníomhaíocht nárbh fhónta   45
'chuir sinn fillte im' luí síos i mbreoiteacht,
's go bhfuair mo chara-sa mallacht mar shampla,
'thug a chac 'na bhas mar nuaidheacht dó,
an fáth, mar 'thuigim, gur cuireadh an tóir air,
's gur ghlac an briseadh gan fuinneamh ó *Olmutz*,   50
tháinig an aithrí dom' ainneoinse,
mar thig don chreichire ar fheicsin an chorda.
Do chuireas feasa agus teachta le fórsa,
le goid ón mBairbrí a leathar leoinduibh,
thug leis céir ón Éigipt mhór thoir,   55
is cnáib gheal ó *Athens* 'na dhóid leis.
Thug a cheap ar fad ón Róimh leis,
a chosain tríocha de phíosaí óir dó,
ó *Volcanus,* fáidh ar oirnéis,
scian is meana is taca chun treoraigh,   60
cnámh *elephant* chun deisithe go gleoite,
sála is boinn de dhroim a thóna,
gréasaí geal-lámh folláin cróga
a ghníodh obair do Bhullaí Mhic Bhreogain.
Gabhaim coimirc' libh, mionnaim is móidim   65
luach a shaothair a bhéarfad don Nóglach,
díolaíocht aistir, cé deacrach domhsa,
bannaí m'athar le seilbh trí gc'rónach.

Is i ndíoghail gach ní a rinn' mo phórsa,
a thuill guith is míghreann dóibhsan,   70
do bhéar ar dheasláimh an buinneán ós-san –
mac mo dhearthár cheannaird, Seoirse.
Tá Laoiseach ag díoghailt mo ghnó-sa.
San *India* thoir do thit an ceo orainn,
san *America* is deimhin gur dódh sinn,   75
is is *Menorca* a d'fhág fá bhrón sinn.
Aisling Mhichíl gan fuíoll díbh – tógaig
suas bhur n-intinn – bígí sóch seal.'
An fleascach d'imigh is finit dom' sceolta.

Fuaimniú: 8. [ó] sa chéad siolla de 'gcúigí'; 10. [au] in 'gceall' agus
'gceann'; 11. [í] sa chéad siolla de 'diachta'; 13. aiceann ar an gcéad siolla
de 'ró-mhaith'; 15. [ó] in 'nua'; 21. /ua/ in 'Dún'; 24. [ú] in 'dtonn'; 25. [o]
sa chéad siolla de 'Luimneach'; 46. [í] sa chéad siolla de 'fillte'; 47. [ó] sa
chéad siolla de 'shampla'; 48. [ó] sa chéad siolla de 'nuaidheacht'; 51. [á] sa
chéad siolla de 'aithrí'; 55. [ó] in 'mhór'; 59. [á] sa dara siolla de *'Volcanus'*;
62. [í] in 'boinn'; 67. trí shiolla in 'deacrach' [deacarach]; 68. dhá shiolla in
'seilbh', [a] sa chéad cheann; 69. [í] in 'rinn'; 75. dhá shiolla in 'deimhin',
[e] sa chéad cheann; 76. [á] sa siolla deiridh de 'Menorca'.

24. Táid seo sa Teannta

Uilliam English   *fonn: Maidin Bhog Aoibhinn*

1

Táid seo sa teannta 's na Francaigh á ngearradh,   1
is tuilleadh den angar 'na n-aice go brách,
gan bogadh ar a ndrandail ach a dtabharfar ó Shaxaibh;
a bhfoireann i bhfanntais 's a gcapaill san ár.

Curfá

  Maidin bhog aoibhinn choíche in Éirinn ó!   5
  Maidin bhog aoibhinn 's an aicme seo ar lár!
  Maidin bhog aoibhinn chun clanna dil Mhílidh,
    is Cormac Stíobhard ag seasamh an stáit!

2

An loingeas seo ar tonnmhuir go mbloghtar le carraig,
  is go huile a gcabhlach go gcaitear ar thráigh.   10
Go gcluine an rabharta le foghar gonta mara.
  A gcine go gcromtar gan tapa go tláith.   *Curfá*

3

Tá Pruise sa chlampar gan teannta gan taca,
  gan duine ar an domhan a ghlacfadh a pháirt.
Tá Ruise i longfort chun foghla, ar faire.   15
  Ní bhrisfidh ar Laudon 's ar Marascal Daun.   *Curfá*

4

Téifidh an Samhradh, beidh scanradh orthu 's scaipeadh,
  in éagruth gan amhras 's in anaithe 'n bháis.
Séidfidh an seanreacht go lonrach ar lasadh,
  a gcléirigh i bhfanntais, 's a dteampaill gan aird.   *Curfá* 20

5

Ar éigse beidh greann, ar fhoghlaim beid gasta.
  Gaeilge anois labharfar, cé fada le fán.
An Béarla beidh breall air, gan ansacht gan aiteas.
  Téada arís teannfar, is canfar an dán.   *Curfá*

Fuaimniú: [au] sa chéad siolla de 1. 'dteannta', 'Francaigh'; 2. 'angar';
3. 'ndrandail', 'dtabharfar'; 4. 'bhfantais'; 9. 'tonnmhuir', 'mbloghtar';
10. 'gcabhlach'; 11. 'rabharta'; 12. 'gcromtar'; 13. 'chlampar', 'teannta';
15. 'longfort', 'foghla'; 17. 'scanradh'; 19. 'seanreacht', 'lonrach';
20. 'bhfanntais'; 21. 'greann', 'fhoghlaim'; 23. 'breall', 'ansacht'; 24. 'teann-
far'; 8. trí shiolla i 'Cormac' [Coramac].

25. An Eol Díbhse 'Dhaoine i bhFonn Fáil

Uilliam English   *fonn: Seanbhean Chríon an Drantáin*

1

An eol díbhse 'dhaoine i bhFonn Fáil   1
Seoirse go cloíte, 's i lomghá?
    Aiteas mo chroí 'stigh
    mar theagmhaigh a bhríste,
'S ná glanfadh an taoide a thiompán.   5

2

Do tolladh na bodaigh le tromár;
do goineadh 's do goradh 's do gabhadh lán.
    Is aithiseach íseal
    a gcatha ón íorghal,
's an t-armsan Laoisigh go lonn sámh.   10

3

Geallaimse díbhse nár gabhadh Prág,
's go mairid a mílí, 's gur teann táid.
    Do fearadh go fíochmhar
    an deabhaidh le fíornimh,
's do greadadh an Rí 'nois le Count *Daun*.   15

4

Is tapa an t-amas 'thug *Browne* áigh,
's sa taca nár mheata an Prionsa ard.
    Do gearradh na mílte,
    do glanadh an trinse,
's do scaipeadh 's do scaoileadh ár bhfann-namhaid.   20

5

Tá an barra ar tír leo is togha áidh.
Ní taise ar mínmhuir le longbhá.
    Tá Sasana thíos leis,
    gan tapa 'na dtaoisigh,
's gan lagadh ar a mbuíon, ach ag canrán.   25

6

Tá toirneach ar bóchna is foghailghnáth.
Gheobhfar poll dóite sa chomhlán.
  Airgfidh Laoiseach
  a mbailte 's a dtíortha,
agus casfaidh an Stíobhard go ceannard.   30

7

Faraire den fhíorfhuil 'tá fionn breá,
ba mhaise don Ríocht é fá bheann cháidh.
  Beidh easpaig 'na thimpeall,
  is sagairt go líonmhar,
's a mbeatha acu dílis go seang sámh.   35

8

Beidh bráithre ar a dtrátha in am tráth'.
Beidh dánta ar chláirsigh is streancáin.
  Beidh flatha ceart-Mhílidh
  i dtalamh a sinsear.
Is glacam, dá bhrí sin, ár steancán!   40

Fuaimniú: 5. [au] sa chéad siolla de 'thiompán'; 14. dhá shiolla in 'deabh-aidh', [a] sa chéad siolla; 17. [au] sa chéad siolla de 'Prionsa'; 19. [í] sa chéad siolla de 'trinse'; 22. [au] in 'long'; 25. [au] sa chéad siolla de 'can-rán'; 27. [au] sa chéad siolla de 'chomhlán'; 31. [au] in 'fionn'; 37. [au] sa chéad siolla de 'streancáin'; 40. [au] sa chéad siolla de 'steancán'.

25 (a). Is Acmhainneach Aoibhinn do Rann Breá

Pádraig Ó hÉigeartaigh   *fonn: Seanbhean Chríon an Drantáin*

1

Is acmhainneach aoibhinn do rann breá,   1
's is dearfa dílis gan antlás,
    is tarraingthe líonmhar
    na cathanna coimheascair,
'nar leagadh ár naimhde go fann-tláith.   5

2

I gcarcar beidh acu 'na gcomhlán,
ag agall, ag tafann, 's ag drantán,
    á leagadh go cloíte
    le hacmhainn a gcraoiseach,
le calmacht íorghail i gceann cách.   10

3

Beidh fearann i gCríoch Luirc gan amhailt namhad,
's a ndragain go díreach gan ceannsmách,
    go greannmhar díonmhar,
    mar 'chleachtadh a sinsear
go fleascmhail fíonmhar ag rancás.   15

4

I gCaiseal beidh cantain na ndrong 'ráim,
easpaig is sagairt is seandámh,
    go ceannasach buíonmhar,
    ag labhairt 's ag insint
ar reachtaibh na líonrith sin thall 'tá.   20

5

Aitim ort 'Íosa a ghamhain ghrách,
go dtagair 'ár gcoimhdeacht in am gá,
    go leagair ár naimhde
    go talamh gan righneas
i dtreasaibh 's ag coimhscear gan beann dóibh.   25

6

Munar peaca dom labhairt ar anrá,
gan mhaitheamh dár n-eascara i gcamchás,
  go dtaga gach íseal
  i ngradam dá airde
le ceannas an Rí chirt 'na cheann 'tá.   30

7

Beidh giolla na scríbe i ndeabhaidh chách,
mar Iolann chun díoltais i gcabhair dóibh,
  go cumasach buíonmhar,
  go curata gníomhach,
mar Oscar, an laoch mear, nó Goll tráth,   35

8

i gcathaibh na n-arm 's na lannlámh,
chun treascairt is leagadh ar ár bhfann-namhaid,
  ursain 'na dtimpeall
  a cumadh chun laochais,
Cú Chulainn na gcríoch seo, noch crann Fáil.   40

Fuaimniú: 1. [au] in 'rann'; 2. [au] sa chéad siolla de 'antlás'; 5. [í] sa chéad siolla de 'naimhde'; 6. [au] sa chéad siolla de 'gconlán'; 7. [au] sa chéad siolla de 'drantán'; 10. trí shiolla in 'calmacht' [calamacht]; 11. [au] in 'amhailt', [á] sa chéad siolla de 'namhad'; 15. trí shiolla in 'fleascmhail' [fleascamhail], [au] sa chéad siolla de 'rancás'; 16. [au] in 'ndrong'; 17. [au] in 'sean'; 19. dhá shiolla in 'labhairt', [a] sa chéad cheann; 21. [au] in 'ghamhain'; 23. [í] sa chéad siolla de 'naimhde'; 25. [á] in 'dóibh'; 26. dhá shiolla in 'labhairt', [a] sa chéad cheann, [au] sa chéad siolla de 'anrá'; 31. [au] in 'ndeabhaidh'; 32. [á] in 'dóibh'; 35. [au] in 'Goll', [aío] in 'laoch'; 37. [á] in 'namhad'; 39. [aío] sa chéad siolla de 'laochas'.

25 (b). Is Bagarthach Díoltach i nGeall Báis

Éadbhard de Nógla   *fonn: Seanbhean Chríon an Drantáin*

1
Is bagarthach díoltach i ngeall báis,   1
's is feargach fíochmhar an drong smáil,
    ó bascadh an Ríceach
    's a bharca 'na thimpeall,
le lasair in íochtar 'na tholldáigh.   5
2
Is dorcha gorm a ngolfadhach,
gach dochar is donas a ghabhann dóibh.
    Má tharraing A chlaíomh orthu,
    fearg an Fhír-Mhic,
an t-arm sin Laoisigh ní tromghá.   10
3
Is atuirseach tríd sin na fealltáin,
cé lasfar a dtinte sa leabhairlámhach.
    'S is dainid don bhuíon sin
    mar bharra ar gach míghreann,
má thagann á ndíolaim an tsean-Spáinn.   15
4
Beidh ocras orthu gan chabhair d'fháil,
gan fortacht a gcoda ag a nGallmhnáibh,
    is bastaird gach straoill acu
    ag taisteal na draoibe.
Sin malairt nach aoibhinn le clann Tomáis.   20
5
Beidh scaipeadh orthu 's scaoileadh is lomchás,
deacair is díbirt is tromchneá
    a mbearta 's a ndlíthe
    gur mheasa le hinsint
ná gangaid is díoltas an tSamhdáin.   25

6

Do scothadh de bhrollach an deamhain aird,
a foilceadh i sruthaibh an tsleamhnáin.
'S go bhfuil tarcaisne is fíorchnuimh
do Bhanaltrain Íosa,
ar na ceachtaibh is airde 'na leabhráin. 30
7

Cluinfear ag maíomh le gach amhrán
macalla go binn insna gleanntáin.
Beidh treascairt is díbirt
ar Chairbre Chinn Chait,
's an seabhac Mac Finn-Scoth i dTeamhair ard. 35
8

Le socracht chothrom is greann gnáth
go molfamna tobar na leabhar grás.
Beidh Saxain mar bhíomar
ag grafadh na righinchnoc,
's ag tarraingt an aoiligh ar ghannphá. 40

Fuaimniú: 2. [au] in 'drong'; 5. [au] in 'tholl'; 6. trí shiolla in 'dorcha'
[dor*a*cha], [au] sa chéad siolla de 'ngolfadhach', agus [á] sa dara ceann;
7. [á] in 'dóibh'; 12. [au] in 'leabhair'; 14. [a] in 'ghreann'; 15. [au] in
'tsean'; 16. trí shiolla in 'ocras' [oc*a*ras]; 26. [au] in 'deamhain'; 32. [í] in
'binn'; 35. dhá shiolla in 'seabhac', [a] sa chéad cheann; 36. trí shiolla in
'socracht' [soc*a*racht]; 39. [í] in 'righin'.

26. Tá an Báire Buile seo Imeartha Réidh

Uilliam English   *fonn: Fágfaimid siúd mar atá sé*

1

Tá an báire buile seo imeartha réidh;   1
tá an lá 's an cluiche 'na gcoinne, is léir.
Tá *Daun*, an curadh go cumasach tréan,
   's ar lár, go dubhach 'tá a namhaid.
Ní tláith na Ruisigh i siosma na dtréan.   5
Ní táir an ursain é ag druidim le baol.
Is breá a chluichfidh an Pruiseach 's a scaoth,
   agus fágfaimid siúd mar atá sé.

2

Tá an t-ár seo tugtha 's tá an tubaist ar thaobh,
an ghnáth sin chucu is tuilleadh den léan.   10
Níor fágadh acu 'nois currach ná caoth,
   ná sás mar chúnamh i ngá ar bith,
pubaill 'na gcuisne ná priocadh den fhaobhar,
piostail ná claimhte ná ciste sa tsaol,
do crochadh, do cartadh, do gearradh an tréad,   15
   agus fágfaimid siúd mar atá sé.

3

Is saobh an tuiscint an Ruiseach gur thraoch,
's an bhéim ba throime gur cuireadh air féin.
Tá scaoth gan tine mar thuile ag teacht,
   is báfaid a dhúithe le cáinibh.   20
Na *Swedes* ag *Stettin*, ná creidig gur staon,
is léir a ndeifir le feirg mar aon,
is a gcéim ar leirg go *Berlin* le fraoch,
   agus fágfaimid siúd mar atá sé.

4

An rann ag Seoirse *Hanover* is *Hesse*	25

táid ag Soubise go scíosmhar fá cheist,
is fann lag a shlóite is brón air le breis.
Ní cás linn an phúir air de ghnáthach.
Contades a ghlacfaidh an t-amas go cóir,
is cosard a leanfaidh na Danair sa tóir.   30
Tá Brunswick i riocht poic ag teitheadh gan treoir,
    agus fágfaimid siúd mar atá sé.

5

Impím an fabhar is labhram go hard,
cé fíoras, ní bodhar atá Fionn-Mhac na nGrás.
A Ghaeil bhoicht seo 'n t-am ina dtabharfar an mámh,   35
    'dháilfeas gan chúig bheag ná cárta.
Féach ar na Francaigh ar teannmhuir ag lámhach.
Féach ar an angar 'na bhfuil cabhlach *Boscawen.*
Féach ar an dteannta 'na rabhadar ag *St. Cás,*
    agus fágfaimid siúd mar atá sé.   40

6

In *America* thiar tá 'n diabhal orthu ar fad;
do fágadh san ngliadh iad fá chiach is fá cheas;
níor tháinig leath a dtrian as ach iarmhar beag lag,
    an lá úd 'bhíodar ag *Ticonderoga.*
Ag Fort de Quesne ní léire a mbail;   45
do tórmach gach aon ar an gcléir *Senegal.*
Tá a dtóin leis an ngréin ag baothlaigh na mbrat,
    agus fágfaimid siúd mar atá sé.

Fuaimniú: 19. [é] in 'teacht'; 21. [é] in 'Swedes'; 33. [au] in 'fabhar' agus
sa chéad siolla de 'labhram'; 34. [au] in 'Fionn'; 35. [í] in 'Ghaeil'; 44. [í]
sa chéad siolla de 'Ticonderoga'; 45. [é] sa chéad siolla de 'Quesne'.

27. Cois na Bríde

Uilliam English   *fonn: Clár Bog Déil*

1

Cois na Bríde seal a bhíos-sa go súgach sámh,   1
ag amharc síos ar ainnir mhín an urla bháin.
Ba ghile a píb ná sneachta ar chraoibh is ná drúcht ar bán.
Is ní coigríoch mé ach buachaill groí a dhiúgfadh cárt.

2

Do ghlacfainn tú gan bha gan phúint, gan áireamh spré,   5
is do leagfainn tú ar maidin drúchta, nó i meán an lae.
'S é mo ghalar dubhach gan mé is tú, a ghrá mo chléibh,
i gCaiseal Mumhan 's gan de leaba fúinn ach clár bog déil.

3

'S a chara, a rún, do ghlacas niús na Máirte inné.
Dar an leabhar úd do thaitnigh liom a cáil 's a gné,   10
gur cailleadh long i bPort Mathún thar sáile i gcéin,
is caithfid bua air a dhearbhú gurbh é a máistir féin.

4

Tá úrphíb ag mo mhuirnín 's a bráid mar aol,
's a cúilín buí búclaíoch ag fás go féar.
Mo chumha thríom nach san úir thíos a fágadh mé,   15
sular shiúilíos tré chúigibh is mo ghrá thar m'éis.

5

'S a shearc 's a rún ná mealladh púint ná plás do mhéin.
Ná taltaíodh brúid isteach id' chlúid – ní gá duit é.
Tá teacht ar dtúis an Earraigh chugainn na táinte laoch,
'na bhfaghairse cúileann chneasta mhúinte is na táinte léi.   20

Fuaimniú: 2. [ú] sa chéad siolla de 'urla'; 4. trí shiolla in 'coigríoch'; 10. dhá shiolla in 'leabhar', [a] sa chéad cheann, [ú] in 'liom'; 11. [ú] in 'long'.

28. A Dháith Uí Ghlasáin

Uilliam English ar bhás Dháibhidh Uí Ghlasáin 1760

1
A Dháith Uí Ghlasáin mo ghreadán bróin tú!   1
Och! mo dhiomá, an coileán cróga!
I gCarraig Thuathail is trua go deo tú,
marbh gan luail go fuar ar feochadh.

2
Ba chas do chúl is ba bhúclach ómrach.   5
Ba ghlas do shúil mar dhrúcht an fheoir ghlais;
do ghrua chraorag, is í 'géilleadh do rósaibh,
do bhéal binn suairc gan bhuairt gan mhóide.

3
Ba tú buinneán an tslinneáin le foirneart,
fear fíorálainn forránta fórsach,   10
croí gan mheang 'na raibh greann na gcomharsan,
gan bhaois gan bhaiseal gan mhairg gan mhórtas.

4
Do lámh éachtach nár claonadh i gcomhlainn,
do chliathán gléigeal is é nár leonadh,
asain teann ba lonn i ngleobhroid,   15
is cos nár ghann go bonn na bróige.

5
Tá Carraig Thuathail go buartha brónach,
ag cruaghol ó chualadar an sceol sin,
Cuan na bhFaoileann taoibh le Cóbh theas,
is an Bhéillic ag géimrigh gach neoin bheag.   20

6
Tá fhios ag daoine ó Bhríd go bóchna
nó dá n-abrainn, timpeall crích' Fódla,
gurbh é Dáth Glas an fear nárbh fhólta,
an fear nár mhaígh a ghníomh go glórach;   ⇨

7

fear a bhí dathamhail, flaitheamhail, fónta,   25
fear a bhí súgach, lúfar, leonta,
fear a bhí 'na fhear an fhaid mhair sé beo 'gainn,
fear ar tír nó ar toinn a bhí chomh maith;

8

fear nár stríoc do ghaoith ar mhórmhuir,
fear de cheap na sean a bhíodh treorach,   30
fear do b'innealta cuisle insa chorda,
fear breá maisiúil, dea-chlumhail córach.

9

Is ceasnaí croidhe le saoithe cúige
an gleacaí groidhe nár claíodh i gcomhlainn,
faraire fíochmhar fíorghlan 'na óige   35
marbh i gcill ghlas, sínte i gcomhrainn.

10

Ba lúfar láidir garda a dhóide,
nuair a thigeadh ar stáitse, sráid, nó móinte.
Thuas i gCorcaigh ar an gcorp do ghníodh feolmhach,
san Áth Fhada do rinn' gearradh is stróiceadh.   40

11

Séimhfhear seasamhach, calma, cróga,
féinneadh feargach in achrann slóite,
a ghearradh go tapaidh a dtagadh 'na threo dhíobh
le faobhar glan bata, 's a mhalairt do b'eol dó.

12

Cad do b'áil liom á n-áireamh, ní heol dom,   45
fear dá láimh ón Ráth go hEochaill,
ná ó Dhoire go himeall Tí Móire,
a chuirfeadh an ball 's an pionsa cóir air.

13

Dá mbeadh triatha d'fhuil Bhriain na srólbhrat,
ina iarla nó a thiarna insan bhFódla,   50
do bheadh do cháilse, a Dháith, go cróga,
do bheadh do thásc ag barr na n-eolaí,

14

do bheadh do chléir let' taobh go ceolmhar,
do bheidís uaisle gruafhliuch deorach,
do bheadh mná gartha, is garlaigh óga,   55
is do bheidís bacaigh ag screadaigh ar bhóithre.

15

Do b'fhéidir marbhna do b'fhaide ba chló duit,
a thréanfhir gharbh ba thaca le mórmhuir,
ach fé mar a mheasaimse go mb'fhearra faoi dhó duit
guidhe lead t-anam go Cathair na Glóire.   60

Fuaimniú: 21. dhá shiolla in 'ag' [aige]; 25. trí shiolla in 'dathamhail' agus 'flaitheamhail'; 28. aiceann ar 'chomh'; 29. [ó] in 'mhór'; 32. béim ar an gcéad siolla de 'maisiúil'; 33. dhá shiolla in 'croidhe', [ó] sa chéad siolla de 'cúige'; 34. dhá shiolla in 'groidhe'; 41. trí shiolla in 'calma' [calama]; 42. trí shiolla in 'achrann' [acharann]; 48. [au] in 'ball' agus sa chéad siolla de 'pionsa'; 55. [á] sa chéad siolla de 'gartha' agus 'garlaigh'; 57. trí shiolla in 'marbhna' [marabhna]; 58. [ó] sa chéad siolla de 'mórmhuir'; 60. dhá shiolla in 'guidhe'.

29. Táimse sa tSúsa

Uilliam English   *fonn: The Freemasons*

1

Táimse sa tsúsa,   1
gan fáil ar mo dhúiseacht,
ó dearnadh den ghúta Freemason. (2)
Is é seo 's é siúd é,
's ní féidir a scrúdadh.   5
'S ní léir don dochtúir a fhíoréifeacht. (2)

2

Ar éiric na Mumhan
ní léigfeadh a rún leat,
i mBéarla ná i gcúrsaí caoin-Ghaeilge. (2)
Le síne ná sméide   10
ní scaoilfeadh a ghéibheann,
uch! díth air go daor is croí céasta. (2)

3

Is é *Samson* na buíne
an fear seo 's a chlaíomh air
ag faire go fíochmhar i bhfíoréigean. (2)   15
Níl bá aige ná suim
i leá ná i leigheas,
's ní táire le luibheanna ríocht Éireann. (2)

4

'S iad a bhacard 's a chompás
chuir m'altsa chun ranncáis,   20
gan tapa 'n am gá ná gnímh éachtaigh. (2)
A cheapord 's a lian
a chrap beo mo ghéag,
's ar ndóigh a riail 'om' shíorchéasadh. (2)

5
Dá bhfaighinnse 'mach foraois,   25
gheobhainn craoiseach 's manaois
a chloífeadh an leadaí míbhéasach. (2)
Do ghreadfainn na gadhair leis,
a stracfadh an cladhaire,
's a chaithfeadh le haill é i gcrích éigin. (2)   30

Fuaimniú: 7. dhá shiolla i 'Mumhan'.16. Fuaim [ai] in 'suim'. 19. fuaim [au] sa chéad siolla de 'chompás'. 23. Fuaim /ia/ in 'ghéag'. 25. Fuaim [í] sa chéad siolla de 'bhfaighinnse'.

30. Stiúraigh le Cúnamh an Dúilimh

Seon Lloyd   *fonn: Lord Adam Gordon / Buff's March*

1
Stiúraigh le cúnamh an Dúilimh a rúin ghil   1
go Londain theas is feas i mBreatain bháin.
Is tú cnú-mhullaigh is lonradh gach dúiche 's gach laochra.
Gan éalaing is léir tú de phréimh Chaisil cháidh.
A bhláth na finne, barr tú is luisne   5
is fearra fuinneamh éachta is gníomh,
slán go dtigir, tráth gan tuisle
    soir chugainn le slógh
ag éileamh le faobhar caithréime 'gus crógacht
ar dhaorchine meirleach, do chaomhnadh 's do ch'róin.   10
2
Tuar suilt is tréithe na scéalta 'léimid
i léirinis Éilge 'nois, cé fada sibh fá cháin,
bua-nirt is tréine go haerach le saorbhile
réifeas go héasca ár gcéimibh 's ár gcás.
Siúil a chumainn chugainn le cumas,   15
is tiúinfidh an chruit le fáilte romhat.
Le fonn beidh iomad adharca is stoic
    ag síorsheinim ceoil.
Beidh crúshleachtaibh Éireann le tréimhse 'tá cloíte
gan chéasadh gan chíosa, mar bhíodar fá bhrón.   20
3
Lúbaig bhur ngéarlanna léire mear-éachtach'
in éadan fear 's a gcneasa coirp bhur namhad.
Ar gcúlaibh ná staonaig ar aon chor, ní méala
an tréad san a thraochadh go tréith tuilte tláith.
Nach cuimhneach libh mar díbreadh uile   25
bhur sinsearaibh thar sáil' le Seon,
's gur cloíodh le milleadh dlí agus mionna
    táinte gan treoir.
Is aoibhinn an scéal seo le saorchanadh, sílim
go mbeidh caomhchlanna Mílidh go meidhreach ar só.   30

4

Fá thuairim an scéil seo le réiteach ár ndaorbheart
glaomaid uile ar scála *punch* go hard.
Go luath spreagtar téada le gléirbhinneas píbe
'ár saoradh ó scinn chugainn an rí ceart 'na mhá.
Líontar gloine i láimh gach nduine,   35
lán de mhire súbhchais bíom.
Sláinte an fhir le fán a d'imigh
    diúgam fá dhó.
Ár gcléir beid gan aonsmacht, ár n-éigse 's ár saoithe
léitear dúinn laoithe agus seinntear dúinn ceol.   40

An Críochnú
Gan angar taistil le hAthair glan séimh Ó Riain,
go modhail beachtaimse beannacht is céad i gcian,
go nuig rogha na sagart ar thaitneamh 's ar ghléireacht mian.
'S cé gallda a ainm, is aithnid gur Gaelach Uilliam.

Is fada treibh Ghael ghroí ghlais – an gasra gliaidh –   45
gan reachta gan rí dílis, gan Aifreann na gcliar.
Cá feas, gan mhoill sceimhle ná preabfadh i gcian
a ghlanfadh ó chuing dhaoirse iad go bhfreagradh Dia. Amen

Fuaimniú: 17. [ú] in 'fonn'; 30. [í] sa chéad siolla de 'meidhreach'; 40. [í]
sa chéad siolla de 'seinntear'; 41. [au] sa chéad siolla de 'angar'; 45. [aío] in
'Ghael', trí shiolla in 'gasra'[gas*a*ra].

31. A Dhochtúir Heidhin an Ghrinn gan Éalaing

Uilliam English

A Dhochtúir Heidhin an ghrinn gan éalaing,   1
fholúil fheighltigh shoilsigh shéadaigh,
aithristear linn, is éist lem' bhréithre –
eachtra shlim gan bladhmann bréige.
D'éis gach cruatan, fuacht is péine,   5
lochán gránna, is áth a thaoscadh,
is láib bhuí 'bhí trína chéile,
is gaoth aniar go dian 'om' shéideadh,
do seoladh linn, i gcoim na déine,
an t-eolas cruinn le maidhm a dhéanamh   10
go tigh Thaidhg, ar binn Chnoic Ghréine,
Mac Uí Chafua an dreach snua dréachtach,
mar a fuair fáilte is fáscadh in éineacht,
is cathaoir shocair go tobann chuir taobh liom
chois tine 'bhí innealta craorag.   15
Is ba mhaith an t-inad do dhuine 'bhí traochta.
Do dáileadh arán is cáise d'aon chugam,
is im cumhra crúbach craorag,
crúsca donn den leann do b'aosta,
is tomhas nár ghann den mbranda daor sin.   20
Do labhair Tadhg, 's ba bhinn a Ghaeilge.
Ba bhlasta a Laidin, ba cheart a Ghréigis,
Fraincis mhilis, is tuile den mBéarla,
is as sin amach gach teanga léannta.
Do thrácht sé ar Ádhamh 's ar Éabha,   25
is ar an Tuile a chiorraigh an saoghal,
mar do bhí Maois 's a bhuíon san Éigipt,
is ar Naoi a scinn ón léirscrios,
is ar a chlainn ó'r chinn gach aon olc.
Do thrácht sé ar fad ar stair na nGréagach,   30
ar ríocht, ar reacht, ar neart na Saesar.
Ba cheart a cheacht ar cheap Mhilésius,

is ba chruinn a *rule* ar Niúl Mac Fénius,
ar na fearaibh a bhí ar Mhachaire *Sénor*,
sinsir armach almsach Éibhir, 35
is Éireamhóin, an sóisear séanmhar,
Lugh is Colpa is Aimhirgin dréachtach,
ghníomhartha catha is gaisce na Féinne,
is Lughaidh Lágha 'bhásaigh Béinne,
cath Cnuca is cath Mhaighe Léana, 40
is cath na dtreon i dTáin Bó Fléidis,
is an cath 'thug Brian a stiall a ngéaga,
is teacht na nGall anall dá éis sin,
gach a rinn' Conn na bhFonnghort Éireann.
An tan 'bhíos gortha ó chosaibh go héadan 45
lasadh solas de chogar na cléire.
D'fhógair ficheall chun imeartha 'dhéanamh,
táiplis chúinneach phoncach phléascach.
Ó a Dhia, ba rúnmhar lúth a mhéir' gil'
ar bhogadh an *dice* in aimsir pléide, 50
's ba gheal a gháire ar fáil na saorbheart,
go dtáinig fógra an bord a réiteach.
Do caitheadh thar láimh an táiplis chaoldeas,
is leathadh scaróid ghleoite ghléigeal,
is an uile ní ba chuí a bheith déanta. 55
Bradán fearna ar lár na méise,
is mioniasc maiseach go fras ar gach taobh de,
rannaire gasta chun freastal a dhéanamh,
's is fial do fearadh dom ladar an éisc sin.
An tan a fuair mé chun suain a chlaonadh, 60
d'ardaigh leaba fá bhratachaibh daora.
Do luíos síos fá ghuí bheag naofa.
Bhíos im' chodladh go hoscailt na gréine.
Is ní hiad a dúirt go ciúin géar liom:
'go deimhin níl feis agam féin duit. 65
Is oth liom gan arán a bheith déanta.
I gcúrsaí bainne, níl againne braon de.
'S i dtaobh na leanna, is annamh í in aon chor'. ⇨

Is an chuid eile den cheisneamh bheag bhréan sin
is gnáthach ag mnáibh ganna aosta. 70
Ní hé dhein inead coinne dá chléireach,
ar maidin Luain ag cnuasach déirce,
mar gach geocach glórach gaelach,
a bhuí go buan lem' Ghuaire is féile.

Fuaimniú: 1. [ai] in 'Heidhin' agus 'ghrinn; 2. [ai] sa chéad siolla de 'fheighiltigh, agus 'shoilsigh'; 3-11. [ai] in 'linn', 'éist', 'shlim', 'sinn', 'coim', 'cruinn', 'maidhm', agus 'binn'; 19. [au] in 'leann'; 20. [au] sa chéad siolla de 'mbranda'; 21. [ai] in 'bhinn'; 26. dhá shiolla in 'saoghal'; 28. [í] in 'scinn'; 29. [í] in 'chlainn' agus 'chinn'; 44. [au] in 'Conn', agus sa chéad siolla de 'bhFonnghort'; 48. [ú] sa chéad siolla de 'phoncach'; 59. dhá shiolla in 'ladar', [a] sa chéad cheann; 65. dhá shiolla in 'deimhin', [e] sa chéad cheann.

Cúrsaí Eagarthóireachta

Na Foinn

Tá leathchéad dán in eagar sa leabhar seo, agus luaitear fonn le sé cinn is tríocha díobh sna foinsí lámhscríofa. Ar ndóigh, is freagraí ar dhéantúis Uilliam English roinnt mhaith de na hamhráin sin, a cumadh ar aon fhonn le dán English. Cantar sampla amháin ar a laghad de gach fonn ar an dlúthdhiosca a ghabhann leis an leabhar, taobh amuigh de **Stiúraigh le Cúnamh an Dúilimh** (Uimh. 30), ar theip orainn teacht ar 'Lord Adam Gordon' ná 'Buff's March' mar fhoinn dó go dtí seo. Sinne a chuir ceol le **Do Tharla inné orm** (Uimh. 11). An tAthair Pádraig Breathnach (1924-6) a chuir fonn le **Maíodh Gach nAon a Shlí sa tSaol** (Uimh. 7), agus chaitheamar géilleadh don rogha a bhí déanta aige, cheal fianaise ar an bhfonn bunaidh. Nuair a bhí an obair seo ar bun againn, scrúdaíomar leag-anacha uile na bhfonn i mbailiúchán mór Aloys Fleischmann (1998) a bhí luaite i lámhscríbhinní na ndánta. Nuair a bhí breis is fonn amháin tugtha do dhán roghnaíomar an ceann ba mhinicí a bhí luaite leis. Mar shampla, roghnaíodh 'Rós Geal Dubh' mar fhonn do **Níl Súgaíocht ná Dúil Ghrinn go Brách im' Ghaor** (Uimh. 9), bíodh gur luadh 'Gráinne Mhaol' leis sa lámhscríbhinn Ac.R.É. 23 C 21, 240, agus 'An Clár Bog Déil' in Ac.R.É. 24 L 12. Corruair níor oir foinn a raibh an t-ainm ceart orthu i saothar Fleischmann do na dánta a raibh na foinn sin luaite leo sna lámhscríbhinní; mar shampla, ní raibh leagan Thoirdhealbhaigh Uí Chearbhalláin de 'The Princess Royal' (féach Fleischmann, 1998, xxvii) oiriúnach don dán **Is Déarach an Bheart do Chéile ghil Airt** (Uimh. 19), ach bhí séis eile den ainm 'Princess Royal' oiriúnach dó (Fleischmann, 1998, Uimh. 3128). I gcás 'Rós Geal Dubh' (Uimh. 9) de, luaigh P. W. Joyce (1909) lch. 30-31 go raibh dhá cóiriú d'fhonn i gcló ag an mbailitheoir ceoil Edward Bunting a fhreagair don ainm sin, ach gurbh amhlaidh nár thug Bunting an t-ainm ceart ar an bhfonn a chóirigh sé!

Cheadaíomar bailiúcháin cheoil eile, ar déanaí iad ná réimse thag-artha shaothar Fleischmann; roghnaíodh leagan Joyce (1909) de 'Seanbhean Chríon an Drantáin' (Uimh. 25), mar shampla, fad a ceadaíodh Breathnach (1923) le haghaidh 'An Craoibhín Aoibhinn

Álainn Óg' (Uimh. 20[a]). Le cúnamh ón Taisce Cheol Dúchais Éireann a d'aimsíomar 'Póiní an Leasa' (Uimh. 16) san *Saol Gaelach* 19 (Earrach, 1959). Cheadaíomar lámhscríbhinní Edward Bunting, le cúnamh Colette Moloney (2000), d'fhonn teacht ar leagan sásúil den fhonn 'Maidin Bhog Aoibhinn' (Uimh. 24). Nuair a bhí rogha le déanamh idir leaganacha de fhoinn, is minic a roghnaíomar seanleagan thar leagan nua – mar shampla, thoghamar leagan de 'Éamonn an Chnoic' a foilsíodh timpeall 1745 i gcomhair Uimh. 17. Níor foilsíodh leagan an fhoinn atá anois i mbéal an phobail go dtí 1904 sa chnuasach *An Londubh,* agus d'áitigh duine d'údair an tsaothair, Máighréad Ní Annagáin, gurbh í féin a chum (féach Ní Annagáin agus de Chlanndiolúin, 1927, 18-19). Ar an gcuma chéanna, roghnaíomar ceann de na leaganacha a bhailigh George Petrie (1855) de 'Ó Bhean a' Tí (Uimh. 14) thar an leagan a chuir Ní Annagáin agus de Chlanndiolúin (1927) i mbéal an phobail. Mar le foinn eile de, roghnaíomar leaganacha neamhchoitianta i gcóimheas le ceol an lae inniu – mar shampla 'Moll Roe' (Uimh. 8), 'Rós Geal Dubh' (Uimh. 9), agus 'Fágfaimid siúd mar atá sé' (Uimh. 26). I gcásanna eile fós, is ar bhonn aeistéitiúil a roghnaíomar idir leaganacha fónta de fhoinn – mar shampla, thógamar leagan an Bhreathnaigh (1923) den 'Craoibhín Aoibhinn Álainn Óg' le haghaidh Uimh. 20[a], de rogha ar leagan Ní Annagáin agus de Chlanndiolúin (1927); roghnaíomar leagan Joyce (1909) de 'Seanbhean Chríon an Drantáin' le haghaidh Uimh. 25 in ionad leagan O'Daly (1849) agus thoghamar leagan O'Daly (1849) de 'An Seanduine' i gcomhair Uimh. 2, cé gur céad bliain roimhe sin a foilsíodh an leagan is sine den tséis atá athchlóite in Fleischmann (1998, Uimh. 1043), mar atá 'Hob or Nob' in J. Walsh (c. 1745).

• I dtaobh an amhráin **Maíodh Gach nAon a Shlí sa tSaol** (Uimh. 7), ba í tuairim scríobhaí na lámhscríbhinne Schoyen 686/2 sa naoú haois déag gur 'satirical but sweet poet, full of wit and good humour' ab ea an t-údar. I dtaobh an fhoinn a bhí leis, scríobh sé: 'It is adapted to an old English air entitled:

Let wanton rakes still range the town
And the sweets of love are mine and Jenny's.

'Why he should select an English air we cannot understand and so many Irish airs at his disposal'. (Black, 1992, 74)

Theip orainn teacht ar an seanfhonn Sasanach úd. Ghlacamar leis an bhfonn 'Tá 'na lá' a chuir Breathnach (1924-6), lgh. 40-41 leis an dán: 'I do not think this song has ever been published with music ... The music is my own selection' a scríobh sé (1924-6), lch. 194. Foilsíodh an leagan sin de 'Tá 'na lá' ar tús i mbailiúchán P. W. Joyce (1873), lch. 58, agus in eagrán C.V. Stanford (1905 III, Uimh. 1412) den *Complete Collection of Irish Music* le Petrie. Cumadh an freagra **A Óigfhir Ghrinn cé Binn do Dhréacht** (Uimh. 7 [a]) ar an bhfonn céanna.

- Leagan Fleischmann (1998) Uimh. 4222 de 'Moll Roe' a roghnaíodh do **Ag Tarraingt ar Aonach na gCoirríní** (Uimh. 8). In O'Farrell (1804-16) a bhí an chéad chló.

- Ceadaíodh 'Rós Geal Dubh' / 'Róisín Dubh' don fhonn a roghnaíomar do **Níl Súgaíocht ná Dúil Ghrinn go Brách im' Ghaor** (Uimh. 9) in Fleischmann (1998) Uimh. 6252. In *The Dublin Monthly Magazine, being a New Series of the Citizen and including the Native Music of Ireland First and Second Series* (1842) a bhí an chéad chló, agus is ó Paddy Coneelly, píobaire as Gaillimh, a fuarthas é.

- Níl fonn luaite sna lámhscríbhinní do **Do Tharla inné orm** (Uimh.11). Chuireamar fonn traidisiúnta a bhí ag Labhrás Ó Cadhla leis, 'An Peidléir', ón dlúthcheirnín *Labhrás Ó Cadhla: Amhráin ó Shliabh gCua* (R.T.É. 2000) – taighde agus nótaí le P. Ó Cearbhaill.

- Is é an leagan den fhonn 'Ó 'Bhean a' Tí' a roghnaíodh do **Ar Leaba Aréir is Mé im' Shuan** (Uimh. 14) ná Fleischnamm (1998) Uimh. 6728. I mbailiúchán George Petrie (1855) lch. 55 a bhí an chéad chló agus scríobh Petrie faoi:

The first of these settings may be regarded as the Munster version of the air, as it is noted from the singing of the Clare peasant, Teige Mac Mahon, and corroborated by that of Mr. [Eugene] Curry.

- Níl aon fhonn luaite do **'Eolcha Gasta an Deigh-bhídh** (Uimh. 15), ach is léir ón meadaracht agus ón tagairt do Mhóirín i líne 3 gur ar an bhfonn 'Móirín Ní Chuileannáin' a cumadh é. D'ainmnigh Proinsias Ó Ceallaigh naoi ndán eile a cumadh ar an bhfonn céanna in *Ceol I,* Uimh. 4, lch. 19. Tá breis eolais faoi leaganacha an fhoinn, ar a dtugtar 'Bhíos-sa lá i bPort Láirge' i dteannta ainmneacha eile, in Fleischmann (1998) faoi Uimh. 1293. Ghlacamar le gnáthleagan an lae inniu, mar atá in Breathnach (1923), lch. 97, cuir i gcás. Níl ach miondifríochtaí idir an leagan clóite is sine den fhonn ag Fleischmann (Uimh. 1293) a chéadchuir J. Oswald (1745-1760) in eagar, agus leagan réamhráite an Bhreathnaigh.

- Scríobhadh faoin bhfonn 'Póiní an Leasa' a luaitear le **A Bhé na bhFód nGlas Ródach Rannach** (Uimh. 16):

This air is probably better known among the peasantry by the name of 'Phelim Laddie' than by the above title, although being the oldest one. (O'Daly and Walsh, 1844, 115)

Cuireadh an fonn 'Póiní an Leasa' i gcló in *An Saol Gaelach, Uimh. 19* (Earrach, 1959). In Uíbh Ráthach a bailíodh idir cheol agus fhocail an amhráin. Is iad focail an chéad véarsa ná:

Ar phósais fós, a Phónaí 'n Leasa?
Níor phósas fós; ní tháinig a sagart.
Tá sé mall 's an bóthar fada.
Níor phósas fós, ach pósfad feasda.

- An leagan den fhonn 'Éamonn an Chnoic' atá roghnaithe do **Cé Sin Amuigh'** (Uimh. 17), tá fáil air in Fleischmann (1998), Uimh.

1023. In Burk Thumoth (c. 1745) a bhí an chéad chló agus tugadh 'Yemon O Nock' air.

• Faightear leagan an fhoinn 'Seán Buí' a roghnaíodh do dhánta Uimh. 18 agus 18[a] in Fleischmann (1998) Uimh. 1668. As 'Reels, Minuets, Hornpipes, Marches for Violin, Flute, etc.' (Nat.Lib.Scotland, MS. 3346) a tógadh é, agus 'Shambuy' an t-ainm a bhí air. Tá cúpla dán eile a cumadh ar an bhfonn céanna thar mar atá in eagar anseo ainmnithe ag Proinsias Ó Ceallaigh in *Ceol I,* Uimh. 4, lgh. 18-19.

• Tá fáil ar an bhfonn 'Princess Royal' a roghnaíodh do **Is Déarach an Bheart do Chéile Ghil Airt** (Uimh. 19) in Fleischmann (1998) Uimh. 3128. In Thomas Cahusac (1795) a bhí an chéad chló.

• Tógadh leagan 'An Craoibhín Aoibhinn Álainn Óg' – an fonn atá le **'S a Éadbhaird Aoibhinn Uasail Álainn** (Uimh. 20 [a]) as Breathnach (1923) lgh. 5-6. Bhailigh seisean é ó Áine Ní Raghallaigh a bhí ina cónaí in aice Mhaigh Chromtha, Co. Chorcaí.

• Fuarthas leagan 'An Seanduine', an fonn atá le **Is Ródhian a Screadann an Seanduine Seoirse** (Uimh. 21), in Fleischmann (1998) Uimh. 6663. In John O'Daly (1849) a bhí an chéad chló.

• Fuarthas 'Iombó agus Umbó', an fonn atá le **Cré agus Cill go bhFaighe gach Bráthair** (Uimh. 22), in Fleischmann (1998) Uimh. 3372, maille le tagairtí breise. In Bunting (1796) a bhí an chéad chló agus an teideal a bhí air ná: 'Is iombu eru &cc – An Irish lullaby'. Chuir Donal J. O'Suillivan (1960, 81-2) an tséis úd in oiriúint do mharbhna le Séafradh Ó Donnchadha an Ghleanna dá mhadra, a bhfuil an loinneog chéanna aige; fad a thug Breandán Breathnach (1987, 7) le fios gur oir fonn a bhí bailithe ag Petrie dó 'gan strócántacht ar bith' – fonn dar teideal 'Iombó agus Umbó – A Dirge' (eagrán Stanford, 1905 III, Uimh. 1202).

- Mar le 'Maidin Bhog Aoibhinn', an fonn atá le Uimh. 24, fuarthas ceol an churfá in Fleischmann (1998) Uimh. 5984. In Bunting (1840) a bhí an chéad chló. Chuir O'Sullivan & Ó Súilleabháin (1983) lgh. 121-2 atheagar ar fhonn Bunting agus sholáthair siad na focail:

    Mo bhrón is mo mhilleadh gan píopa tabac agam,
    Ar a' gleann chaoirthainn d'éirigh an lá,
    Agus cailín a' tighe-se bheith sínte ar leabaidh liom,
    Is ar a' gleann chaoirthainn d'éirigh an lá.

    Maidin bheag aoibhinn, aoibhinn, aoibhinn,
    Maidin bheag aoibhinn uair roimhe lá,
    Is maighdean bheag aoibhinn a' codladh go caoimh liom,
    Is ar a' gleann chaoirthainn d'éirigh an lá.

Tabhair faoi deara an t-eolas seo a bhain na húdair chéanna as lámh-scríbhinn 33 de chuid Bunting (Ollscoil na Ríona, Béal Feirste): 'This seems to be the end rather than the beginning of a tune ...' (O'Sullivan & Ó Súilleabháin, 1983, 122). Fuarthas ceol na véarsaí in LS Bunting 29, lch. 65r. Tá cur síos ag Colette Moloney (2000, 27ff.) ar an lámhscríbhinn úd agus ar an amhrán áirithe seo, ar a dtugtar 'Maudhin Boge Eveen' sa bhun LS (Moloney, 2000, 352).

- Tá fáil ar leagan an fhoinn 'Seanbhean Chríon an Drantáin' a roghnaíomar do **An Eol díbhse 'Dhaoine i bhFonn Fáil** (Uimh. 25) in P. W. Joyce (1909), lch. 356. Scríobh an t-údar faoi:

    I give the full and correct version here as I found it in one of the Pigott MSS. I may add that I have known the tune all my life (Joyce, 1909, 356).

Tá leagan O'Daly (1849) den fhonn curtha i gcló ag Fleischmann (Uimh. 6657) agus tá sé curtha in oiriúint ag Breandán Ó Madagáin (1986), lgh. 80-81 do amhrán le Seán Ó Tuama.

- In Fleischmann (1998) Uimh. 1226, a fuarthas an fonn 'Fágfaimid siúd mar atá sé', an fonn atá le **Tá an Báire Buile seo Imeartha**

Réidh (Uimh. 26). In J. Oswald (1745-1760) a bhí an chéad chló, agus is é an t-ainm a bhí air, 'Gig to *Apple Mc Nabb.*

- Cantar **Cois na Bríde** (Uimh. 27) ar an bhfonn 'Clár bog Déil'. Leagan P.W. Joyce (1909) lgh. 64-65, a roghnaíodh, bíodh go raibh cuid de na línte ceoil s'aigesean ró-ghearr do línte na filíochta.

- Moltar an fonn 'The Free Masons' don dán **Táimse sa tSúsa** (Uimh. 29). Ní raibh ach an t-aon séis cheoil amháin den ainm in Fleischmann (1998), Uimh. 506, agus shíleamarna go raibh sé oiriúnach don fhilíocht. 'Dance tune (double jig) or song' an t-aicmiú atá déanta ag Fleischmann air. In John and William Neal (1726) a bhí an chéad chló.

Cóiriú na dTéacsaí

Mar a scríobhadh thuas, luaitear fonn sna lámhscríbhinní le sé cinn is tríocha de na dánta sa leabhar seo, agus tar éis dúinn na foinsí lámhscríofa a scrúdú roghnaíodh an leagan ba sho-chanta mar phríomhfhoinse gach amhráin díobh sin. I dtaobh na ndánta nach ngabhann fonn leo sna lámhscríbhinní, deineadh iarracht teacht ar leaganacha díobh don phríomhfhoinse a breacadh fad a mhair an file, chomh fada agus a b'fhéidir. Chun teacht thar deacrachtaí céille nó doiléire na príomhfhoinse ceadaíodh foinsí eile den dán, agus luadh na malairtí sna **Nótaí Téacsa**. Faoi na **Malairtí** bíonn leagan na príomhfhoinse i gcló Rómhánach; cuirtear an dara léamh i gcló Iodáileach, agus an tríú ceann, nuair is ann dó, idir lúibíní.

- Athraíodh An Forainm Coibhneasta 'do' na lámhscríbhinní go 'a'
- Scríobhadh an Réamhfhocal 'a' na lámhscríbhinní mar 'i'
- Scríobhadh 'cé' do 'cia/ciodh' na lámhscríbhinní
- Linn féin an phoncaíocht agus uimhriú na línte filíochta agus cheathrúna/véarsaí na n-amhrán
- Fágadh foirm an Tuis. Tabh. Uatha, nuair a bhí gá leis, ie. scríobh-

adh 'de **chlainn**', nuair a d'éiligh an mheadaracht an fhuaim [í] (Uimh. 1, líne 36), agus 'den chathair chirt' (Uimh. 20[c], líne 23).

- Scríobhadh an foirceann 'ig/íg/igí' don Mhódh Ord. den Bhriathar, de réir mar a d'oir don mheadaracht, agus mar a d'éiligh na foinsí:

Stadaig is éistig is fanaig le réiteach.
Casaig is séidig is áiríg.
Sin easpa ar an dtaobh seo – le fada gan aon rud,
is trí bheart ag fir dhéanta na gcártaí. (Uimh. 18 [d], línte 17-20)

agus:

Preabaigí, léanaigí, leagaigí, traochaigí,
casaigí, saoraigí, sáraíg (Uimh. 18 [d], líne 25-26)

Fuaimniú

I **dTéacs na nDánta** bíonn i gcónaí an fhuaim:

[í]   in 'saighead', 'chlainn', 'toinn', 'moill', agus sa chéad siolla de 'sceimhle', 'insint' 'intinn'
[a]   sa chéad siolla de 'samhail', 'cailleadh', 'amharc', agus 'gabhaim'
[i]   sa chéad siolla de 'iongnadh'
[á]   sa chéad siolla de 'namhaid', agus 'carnadh'
[au] in 'modhail'
[é]   i gcónaí i 'ceird'

Dá bhrí sin, níor tugadh iad sin faoi deara sna nótaí fuaime. I gcásanna eile, áfach, nuair a measadh gur ghá, tugadh leide ag bun gach dáin ar an gcaoi le focail a fhuaimniú. Mar shampla, tríd an **Téacs** malairtítear ó [ua] go [ó] sa bhfocal 'mór', agus ó [ú] go [au] sa bhfocal 'long', agus ó [í] go [ai] sa bhfocal 'binn'. Faightear tagairtí dá leithéid, sna nótaí fuaime ag bun na ndánta. Dírítear aire an léitheora ar an nguta cúnta, leis, sna nótaí sin.

[i]   an fhuaim a ghabhann le 'Rúis' agus 'Prúis' tríd na dánta go
       léir, taobh amuigh de dhá eisceacht, a bhfuil an fhuaim [ú] leo.
       Scríobhadh 'Ruiseach' agus 'Pruiseach', más ea, ach amháin
       san dá chás sin. mar shampla:
       's i dtuath na Ruiseach, 's a loingeas go bríomhar
       do buadh ar na Pruisigh is briseadh a gcroí 'stigh!

                                          (Uimh. 21, línte 15-16).
ach:
       Do ghlac Rí Prúise cumha an lá sin,   (Uimh. 22, líne 21)

agus:
       Ríoghan Rúise is crú Almáine.   (Uimh. 22, líne 56)

1. Cé Easpaitheach d'Éirinn Éag Mhic Golaimh na dTreas

Ar ndóigh, ba ghnách an cúlra sóisialta céanna ag an dá aicme, filí agus cléir. Ba chuid den traidisiún, agus iarsma den 'ancien régime' go dtabharfadh an chéad dream acu a ndílseacht do na seanteaghlaigh uaisle. (Heussaff, 1992, 163)

Ag foghlaim a cheirde a bhí Uilliam English, ní foláir, nuair a chum sé an dán **Cé Easpaitheach d'Éirinn Éag Mhic Golaimh na dTreas** in onóir Dhonnchaidh Mhic Craith ar den seanteaghlach uasal é.

Cailleadh Donnchadh Óg Mac Craith, ó Choill Bheithne sa bhliain 1733, dar le Micheál Óg Ó Longáin, in Ac.R.É. 23 G 20, 237, agus chum Liam Rua Mac Coitir agus Uilliam English an tuireamh seo ina onóir. Níor thángamar ar a uaigh, bíodh go bhfuil leac uaighe i reilig Ghleann na gCreabhar in onóir 'Derby Ma Craith of Carragane' a fuair bás sa bhliain 1730, in aois a naoi mbliana is seasca dó. Bhí ainm in airde ar Dhonnchadh, dar leis an bhFoghludhach, mar cheap an tAth. Conchubhar Ó Briain marbhna dó, **Lá Déarach d'Éigsibh is d'Ollamhain Tuaidh** (Ó Foghludha, 1938, 27); dhein Aodh Buí Mac Cruitín amhlaidh, **Is Doilbh an Scéal d'Éigsibh is d'Ollamhain Theas** (Ac.R.É. 23 B 14, 203). Mhaígh an tAth. Conchubhar Ó Briain ina dhán air:

Bás Dhonnchadh do bhochtaibh seo na déarca is pudhair;
bás Dhonnchadh tug scolaibh oilte an léighinn gan chlú;
bás Dhonnchadh do oibrigh an chléir fé chumha,
is dar Gobnait is follamh liom dá éis an Mhumhain.

(Ó Foghludha, 1938, 28)

Tharla gur cailleadh an tAth. Conchubhar Ó Briain sa bhliain 1720 (Ó Conchúir, 1982, 322), is dealraithí gur do ghaol Dhonnchaidh Óig (dá athair, b'fhéidir) a cumadh an caoineadh thuas, áfach, mar maireann tuireamh eile do Dhonnchadh Mac Craith '.i. Cornéal do marbhadh a Luimneach an 4ú lá do Iúil san mbliadhain 1706', de réir na lámhscríbhinne Ac.R.É. 23 G 25, 223. **Tásc an Tréin do Thréig gan Bhrí Mé** is ainm don dán áirithe seo, ina n-áitítear:

Crua-ghol Gearaltach fearga fíochmhar,
crua-ghol Barrach 'na dreamaibh ba ghaol duit,
Crua-ghol Róisteach óg is aosta
is crua-ghol clann Ghiobúin id' thimpeall. (23 G 25, 223)

Mhaígh an file go raibh gaol ag Mac Craith le Ridire an Ghleanna, leis na Búrcaigh, na Brúnaigh, is na Buitléirigh (23 G 25, 224), agus gurbh é 'an seabhac a nGaillte ar maoilinn' (23 G 25, 225). Cuireadh cló ar an dán sin in *Poets and Poetry of Munster* (1860). Leagadh ar Uilliam Ó Móráin ann é, agus maíodh gur mharbhna é ar Dhonnchadh Mac Craith ó Shliabh gCua, a cailleadh sa bhliain 1760. Ba as Tuar an Fhíona dó, dar leis an Dálach, i bparóiste Shliabh gCua, i gCo. Phort Láirge. Bhí réimse talún ag Donnchadh Mac Craith i Sliabh gCua, a d'fhág sé ag a mhac, ach is léir go raibh ceangal acu le Coill Bheithne freisin, mar scríobhadh:

Cill-Bheithne go h-aobharach dá innsinn,
do'n Ghaillte gur chaill sin a príomh-fhlaith.

(Ó Dálaigh, 1860, 213)

Ba de mhuintir Mhic Craith, leis, an captaen a bhí ar fhoireann Thiobraid Árann i gcoinne togha Chontae Chorcaí i gcluiche iománaíochta na bliana 1741 (Ó Foghludha, 1937, 17-18). Tá fáil ar an dán a chum Seán Ó Murchadha na Ráithíneach faoin gcluiche sin i Torna, 1954, 187-189:

Ar bháire mhór Ghleann na nGall .i. iomáin chomórtais do tugadh san bhliadhain 1741, idir chonntae Chorcaighe agus Thiobrad Árann. Donnchadh Mac Craith ó Choill Beithne agus Mac Ádaim .i. Colonel Barry, Ghleann na gCárr, ba chinn ar an mbáire sin. Do bhíodar filidhe Thiobrad Árann dá mhaoidheamh gur aca féin do bhí an lá, is ag déanamh rabhcán air sin. (Torna, 1954, 187)

Bhí an tAth. Conchubhar Ó Briain (1650-1720) ina shagart paróiste ar Chaisleán Ó Liatháin, agus ba ón bparóiste sin, leis, do Liam Rua Mac Coitir (ob. 1738), a chum gach re rann den dán seo idir lámha againn. Bhíodh caidreamh aige leis na sagairt, le Uilliam English ach go háirithe, agus ba dhóigh leis an bhFoghludhach gurbh fhíorchomharsana iad ar feadh tamaill. Chuir an Foghludhach filíocht Liam Rua in eagar in *Cois na Cora* sa bhliain 1937 (Ó Foghludha, 1937 [a]). Bhí Laidin ag an gCoitireach, dar leis an bhFoghludhach. Cá bhfios nárbh uaidh a d'fhoghlaim Uilliam English a chuid Laidine, i dtreo is go raibh ar a chumas Scoil Chlasaiceach a oscailt sa Ráth, Co. Chorcaí, ina dhiaidh sin? (Quane, 1958, 45).

Is fiú a thabhairt faoi deara gurbh iad na héarlaimh ba mhó a bhí ag Clochar na nAibhistíneach i nDún Garbhán ón mbliain 1295 amach ná muintir Mhic Craith (Battersby, 1856, 227-232). Ba léir gur den ardfhuil Donnchadh Óg Choill Beithne, má bhí gaol aige leis na Gearaltaigh, na Róistigh, na Buitléirigh, na Búrcaigh, na Brúnaigh agus leis na Giobúnaigh ó Gharrán an Ridire, ar chum Tadhg Gaelach Ó Súilleabháin dán ina n-onóir – **Tá Treongheal im' Chóngar le Sealad** (Nic Éinrí, 2001 [a], 187-188). De threibh Mhic Craith, leis, ba ea máthair Shéamais Uí Dhomhnaill a maraíodh i bhfeall sa bhliain 1725, agus ar chum Seán Clárach tuireamh dó: **Uaill is Éacht in Éirinn Fhódghlais.** Dhearbhaigh Seán Clárach ina dhán:

Ní áirmhim ar ársacht na mórfhlaith
Ó dtáinig do mháthair gan mórtas
De chloinn Chraith ba mhaith i gcomhdaibh
Do bhí calma i gcathaibh 's i gcomhlann.

(Ó Foghludha, 1934, 82)

Ba 'bhráthair' Séamas Ó Domhnaill le Seán Clárach (Ó Foghludha, 1934, 17) agus in Ard Pádraig a bhí a n-ionad adhlactha siúd (Ó Foghludha, 1934, 80).

Príomhfhoinse: Ac.R.É. 23 G 20, 237-238, a scríobh Micheál Ó Longáin, idir na blianta 1786 agus 1814.

176 CANFAR AN DÁN

Foinsí eile: L.N. G92, 220; G875, 27. M.N. M4, 83. Corcaigh. T. 9, 55.

I gCló: Ó Foghludha, 1925, 71; 1937[a], 2; 1937 [b], 48.

Tá mar cheannscríbhinn ar an dán seo in 23 G 20: 'Uilliam English agus Uilliam Ruadh Mac Coitir do chan gachre rann don mhaireamhna so air bhás na flatha fíoruaisle .i. Donnchadh Óg Mac Craith noch d'éag Anno Dominii 1733 .i. Donnchadh Chíll Bheithine'.

Malairtí ó 23 G 20 / *M4:* 1. Ciodh heasbathach/*cé heasbathach*; 5. glastsnuídhim; 7.fá líg; 8. síorgholthairt; 8 agus 9. dáimh; 15. cuaird; 18. Mhílig mhóir; 21. múmhan; 27. réillte/*raeillte;* 31. ciúnthsroith mhilis; 32. tar fuirm; 33. fón sgímhle; 37 fhéinnicc.

Meadaracht: Amhrán a n-athraíonn an aiste mheadarachta ann ó cheathrú go chéile. Seo iad na pátrúin:
V.1: 4[-/a--/e:-/e:-/o--/a]   V.2: 4[/a-/o--/o--/i:-/a:]
V.3: 4[/a:-/e:-/e:-/o--/u∂]   V.4: 4[/u∂/oa--/oa--/e:-/a]
V.5: 4[/e:-/a-/a-/i:-/o:]   V.6: 4[/o:-/u:-/u:-/o-/i∂]
V.7: 4[-/ i∂-/a--/a--/e:-/u:]   V.8: 4[-/u:-/i--/i--/i:/e:-]
V.9: 4[/e:/i:--/i:--/a--/ u∂]   V.10: 4[-/ u∂-/a--/a--/i:-/e:-].

Tugtar faoi deara an Chonchlann a cheanglaíonn deireadh ceathrún amháin le tús an chéad cheann eile. Tá comhfhuaim i lár gach líne.

Nótaí Mínithe:

1   éag Mhic Golaimh .i. bás Mhílidh Easpáinne, ónar shíol-raigh na Míléisigh.
4   Níor cuireadh (adhlacadh) iad go léir nó gur cuireadh Donnchadh.
5   Glas-snaidhm: príosún docht gruama .i. an uaigh ina bhfuil Donnchadh.
6   cneadchlí: ochlán, gárthaíl tinnis.

7	lachtaí: deora, olagón
8	a laoch (bhféinneadh) bagartha (bagair).
11	daolbhrat orchra: brat críon, feoite.
12	Féach an chomhbhá bhréige sna línte 9-12.
	ó támhadh: ó cuireadh a chodladh, ó lagaíodh.
15	béithe na leas .i. na mná sí.
18	Shíolraigh Mac Craith ó Chlann Chais .i. ó na Brianaigh.
24	an Triath – an *Pretender* (Ó Foghludha, 1937, 52).
26	maithibh Shíl Éibhir .i. uaisle na hÉireann.
27-32	Níl aon ní faoi bhláth de bharr bhás Dhonnchaidh – an chomhbhá bhréige arís.
30	Abhainn i gCo. Chorcaí is ea an Bhríd.
31	Is in iarthar Cho. Chorcaí atá Baoi Bhéarra.
32	ag filleadh thar foirm: in ainriocht.
33	Aoibheall na Carraige Léithe i dTuamhain atá i gceist anseo, bandia Dál gCais (Ó hÓgáin, 1990, 38). Dhéanadh sí tairngireacht ar bhás na mBrianach.
34	Carn Tighearnaigh, lámh le Mainistir Fhear Maí, is ea an Carn (Ó Foghludha, 1937, 52).
38	don líog fé'r luigh .i. don leac uaighe faoinar cuireadh Donnchadh.
40	Cé easpaitheach an chríoch d'Éirinn .i. cé nach maith a d'oir sé d'Éirinn.

2. Turraing Támha Sheáin Mhic Gearailt

Gearaltaigh de shliocht Iarlaí Deasmhumhan, a bhí ina gcónaí sa Ghleann, Co. Luimnigh, atá á móradh ag an bhfile sa dán seo, agus maireann Deasún, Ridire an Ghleanna sa Ghleann fós. Is spéisiúil gurbh é Micheál (Mac Peadair) Ó Longáin a chéad bhreac an tuireamh, de réir na fianaise a mhaireann anois, ach go háirithe. Ba stíobhard ar na Gearaltaigh é Micheál sa Ghleann sa chéad leath den ochtú haois déag. Is dóigh le Breandán Ó Conchúir gur éirigh idir an Longánach agus an Ridire, agus gur fhág sé an áit, uair éigin idir 1741 agus 1765. D'iompaigh Éamann ina Phrotastúnach sa bhliain 1741 (teastas ó dheoise Chaisil dar dáta 18/10/1741; féach freisin Lenihan, *History of Limerick,* lch. 374). Ag obair do Éamann, an 'Apostate Knight' a bhí an Longánach, agus de réir an traidisiúin chaith an Ridire mórán dá leabhair is dá lámhscríbhinní isteach sa tine. Ba mhór an mí-ádh é sin do dhuine a fuair eiseamláir den 'Chronicum Scotorum' ó Thomás Mac Ridire an Ghleanna sa bhliain 1711 (Ó Conchúir, 1982, 90). Ní foláir, más ea, nó bhí caidreamh aige le filí an cheantair, le Uilliam English ach go háirithe.

Mac Thomáis Mhic Gearailt agus Mháire Nic Gearailt ba ea Seán, an té atá á chaoineadh anseo. Tugtar ginealach Ridire an Ghleanna, anuas go dtí an cúigiú haois déag, sa *Leabhar Muimhneach*: 'Tomás, mac Éamuinn, mic Tomáis, mic Seáin, mic Tomáis, mic Pilib, mic Seáin, mic Hannrí mic Gearailt, mic Seáin Mhóir na Sursainge.' Cailleadh Máire, máthair Sheáin, sa bhliain 1753, i gcathair Luimnigh (féach Faulkner's *Dublin Journal,* Samhain, 24ú-27ú, 1753). 'She was known by the Irish title of the Knight's wife as baintighearna, literally female chieftain' (Culhane, in Byrne, 1998, 30). Chuireadh an tseanlanúin fáilte is fiche roimh na filí, agus chuir Séamas Mac Gearailt síos go híogaireach mar ar caitheadh leo sa Ghleann ina dhán **Atá úrghas bog fiúntach cois tsléibhe amuigh** (Ac.R.É. 23 M 14, 107). Le linn Bhliain an Áir (1739-1740) thiomáineadh Máire táinte bó ó na tiarnaí talún sa chomharsanacht, chun teacht ar bhia dóibh siúd a bhí ag fáil bháis den ghorta (Culhane, in Byrne, 1998, 31). Chaoin Aogán Ó Rathaille bás Ghearóid, seanathair Sheáin (ob. 1737) – **Créad é an tlacht so ar cheannaibh Éireann;** níor thaise do Aindrias Mac Cruitín nuair a cailleadh Tomás féin sa bhliain 1732, mar chum sé **Diombuan dligheadh céile don Ghleann** dó (M.N. M2, 315).

D'iompaigh an mac Seán ar an bProtastúnachas sa bhliain 1730, chun greim a choimeád ar a thailte, agus deineadh Ridire an Ghleanna de sa bhliain 1732, nuair a cailleadh a athair (Byrne, 2001, 31-32). Saobh-Phrotastúnach ba ea é, dar le Thomas F. Culhane ón nGleann: "Patsy, however, said 'D'iompaigh sé a chasóg ach iompó bréige ab ea é, mar d'fhan sé dílis don tseanchreideamh go bhfuair sé bás' (Gaughan, 1978, 68). Chruthódh foinsí dlí áirithe go raibh fírinne sa ráiteas sin (Byrne, 2001, 32). Ní léiríonn Uilliam English, ná na filí eile aon eolas faoin 'iompú' sin ina dtuirimh air, bíodh gur áitigh Thomas Culhane gur luadh é sna Convert Rolls (Byrne, 1998, 157). Tuairimíonn Thomas Byrne gur iompaigh sé ar son a thuismitheoirí, mar go dteastódh uathu an t-eastát a thabhairt don mhac ba shine, in áit é a roinnt, mar a d'éileodh dlithe na tíre ag an am (Byrne, 2001, 32). Ná níor tháinig Seán i dtír ar na Péindlithe trí thionónta a dhéanamh dá athair tar éis dó féin teacht i gcumhacht ar an eastát. Bhí sé i bhfiacha go mór sular phós sé Isabel Butler, áfach. Cailleadh é i gcathair Chorcaí, ar an deichiú lá de mhí Lúnasa, sa bhliain 1737, an lá i ndiaidh a phósta, tar éis dó freastal ar chóisir in onóir na beirte in Eochaill (Byrne, 2001, 33).

Bhí seanchas ag an Seabhac faoi Chailleach an Daingin agus Iarla Chiarraí, agus faoi Sheán Mac Séamais agus Chlíona sa *Seanchaidhe Muimhneach* (1932) lgh. 92-111, a bhfuil cosúlacht idir é agus na tuairiscí a d'fhás faoi bhás an Iarla, mar gur dhein Seán Mac Séamais, leis, an iomad damhsa, agus mheall Clíona chun siúil é (féach freisin Ó Cuív, 1953, 102).

Cuireadh Seán i gCorcaigh. Ní raibh sé ach sé bliana is fiche ag an am (Gaughan, 1978, 68-69). Is dóigh le Thomas Byrne, áfach, go raibh sé sna tríochaidí nuair a cailleadh é, toisc gur thóg sé páirt i ruathar i dteannta a athar sa bhliain 1718, agus nárbh fholáir go raibh sé sna déaga ag an am sin (Byrne, 2001, 31). Ba chuid suntais a bhás, pé scéal é, agus é i mbarr a réime. I gCorcaigh, más ea, a bhí an tórramh, agus is dócha gurbh ann a dhein Uilliam English freastal air. Níor cuireadh sa Ghleann é i dteannta a mhuintire féin, ach ba trí thaisme, áfach, a baineadh de ghinealaigh na muintire ann é ar feadh stáir, mar d'fhan sé cairdiúil lena thuismitheoirí go dtí lá a bháis (Gaughan, 1978, 68).

File ba ea Seán Mac Gearailt féin, a chum amhrán grá 'd'inghín Uí Chonchubhair, Charraig an Phoill .i. Seághan an Fhíona – **Cionnas atá áirighthe an ghuibín róis** (M.N. M7, 213). Tugtar leide sa dán seo go mb'fhéidir gur bhac ar an bpósadh ab ea an gaol a bhí idir Seán agus Cáit (féach Nóta 75 thíos). Níorbh é Uilliam English amháin a chaoin bás Sheáin, mar bhreac Séamas Mac Gearailt **A Éire phláis is náir an gníomh dhuit** (M.N. M54, 205; R69, 359; M4, 43) agus chum Seosamh Ó Caoimh, an tuireamh **Mo dhíoth mo dheacair tug mairg air chéadaibh** ina onóir. Tá ceann Éamainn de Bhál **Mo thubaist, mo dhanaid, mo dheacair** i gcló ag an bhFoghludhach in *Cois Caoin-Reathaighe* (B.Á.C., 1946).

Príomhfhoinse: Ac.R.É. 23 N 12, 31-36, a scríobh Micheál (Mac Peadair) Ó Longáin timpeall na bliana 1763 (Ó Conchúir, 1982, 89).

Foinsí eile: M.N. M57 (b), 188; M7, 402. Ac.R.É. 23 M 46 (b), 37; 23 C 21, 162; 12 F 17, 40; 12 F 6, 25. L.N. G360, 371; G220, 1. Gaillimh. L. Bhreise 1, 260. California. H.M. 4543, 289. LSí. na nÍosánach. IL. 8, 40.

'Marbhna ar bhás chSeaghain Mhic Gearailt Ridire an Ghleanna noch d'éag 10 lá don chéad mhí d'Fómhar .i. August. Et san mbliadhain d'aois an Tíghearna míle seacht ccéad et seacht mbliana déag ar thríochad' atá mar cheannscríbhinn in M57, 188, agus in 23 M 46, 37.

Malairtí ó 23 N 12 / *12 F 17:* 2. aradh/*curach;* 11. céadfadh; 17. curranta/*curata;* 20. a ttaca/*a ttacar;* 32. brasach/*breasach;* 53. lairg/*cofa;* 94. a mbraisíorguil; 97. faoi chaibghean; 104. tóirseach;

106. fánluig (23 C 21); fán bhroit (12 F 6); fán muigh (M7); 109. ionsa amala/*ionsa malla* ('ionnsa amala' in G220 agus G360); 117. na hEamhna; 122. bhéinne theasga/*bhéine theasgach;* 142. aoghaim; 151. uch bugh/*uchlán;* 156. cáigh.

I gCló: Ó Foghludha, 1925, 147; 1937, 5

Meadaracht: Caoineadh, a bhfuil ceithre chéim i ngach líne, agus /a-/ ag deireadh gach líne. Tá comhfhuaim i lár gach líne, mar leanas:

V.1: /aː, aː, au, uː/	V.2: /i, o, eː, eː/	V.3: /aː, aː, eː, iː/
V.4: /eː, eː, oː, oː/	V.5: /u, u, uː, i/	V.6: /iə aː, uː, iː, iː/
V.7: / oːiː, aː, iː, uə/	V.8: /uə, uə, iː, au/	V.9: /iː, iː, au, aː/
V.10: /iː, iː, iə, u/	V.11: /eː, uə, u, iː/	V.12: /eː, iː, iː, iː/
V.13: /eː, iə aː,iə/	V.14: /uː, iː, oː, uə/	V.15: /eː, aː, eː, aː/
V.16: /eː, eː, eː, i/	V.17: /eː, eː, oː, eːi/	V.18: /au, aː, eː, iː/
V.19: /iː, uːiː, oː, uə/	V 20: /oː, oi, eːiː, oi/	V.21: /aː, uː, uə, eː/
V.22: / uə, uə, eː, uə/	V.23: /uːo, auː, i, oːa/	V.24: /aiː, aiː, uə, eː/
V.25: /aː, oː, aː, aː/	V.26: /eː, iː, oː, oː/	V.27: / uə, aːo, iː, iː/
V.28: /uː, oːiː, oː, iː/	V.29: /iː, oːiː, oː, u/	V.30: /uː, aː, oː, uə/
V.31: /aː, eː, uː, au/	V.32: /eː, uə, uə, oː/	V.33: / uə, aː, iə, eː/
V.34: /uː, eː, oː, eː/	V.35: /e, aː, aː, aː/	V.36: /aː, aː, iː, eː/
V.37: /iə, au, iə, aː/.		

An Ceangal: V.1: 4[/u---/u---/iː-/au] V.2: 4[/a---/a---/eː-/aː]

Is cuid suntais gur i leith an Athar Uilliam English a chuirtear an tuireamh seo sna lámhscríbhinní. Ba ar 'Uilliam English' a leagtaí a chuid filíochta de ghnáth.

Nótaí Mínithe:

3   Beangán: oidhre

5   codhnach coimirceach .i. tiarna nó máistir a thugadh coimirce nó cosaint do dhaoine.

7   dursan .i. tubaiste, nó anachain dá shliocht mar a cailleadh Seán.

8	ursain: taca.
16	ónadh: ó 'uamhan' .i. níor cuireadh sceon ar Sheán (an leoghan) sa chomhrac (i dtreasa).
20	tachar: cath.
21	i gcliath mháilleach .i. i gcliath catha armtha.
22	scaball: an chuid den chathéide a chaitear ar an ngualainn.
23	cealtair: an chuid d'arm an laoich a chosnaíodh an aghaidh.
29	seacach .i. gur bhain sé le Jacques (na Stíobhartaigh)? Ciall 'casóg, jacket' a cheangail an Foghludhach leis (Ó Foghludha, 1937, 53).
30	cuannach: grástúil, uasal.
35	Conn Céadchathach.
36	tairseach treasa .i. bhíodh sé i dtús an chatha.
37	éigne: bradán – sa chás seo is téarma molta ar an Ridire é.
38	Tá sé sna Ginealaigh gur shíolraigh na Gearaltaigh ó na Gréagaigh.
40	'Sconnaire na Sursainge' a ghlaoitear air in áit eile sa dán. 'The Black Knight', 'Seán Mór na Sursainge' a glaodh ar Sir John fitzJohn, a bhí ina ridire ar an nGleann sa dara leath den tríú haois déag.
42	cré-chuilt .i. cur síos meafarach ar an uaigh.
43	gríobh ghusmhar .i. laoch fíochmhar (*griffin*)
47	go mbraoithe ganna .i. le malaí nach raibh róthiubh.
48	béal na bhfuighle mblasta .i. thagadh ráitis bhinne óna bhéal. File ba ea Seán féin.
53	Láirigeach: fathach duine, le cnámha leise láidre.
55	meabhal: náire.
56	meangach: bréagach
60	branán: fiach dubh, ainm molta ar an Ridire; gan baiseal: gan éirí in airde
73	Síbhean na Mumhan ba ea Clíona, a raibh cónaí uirthi ar an taobh ó dheas de Mhala, Co. Chorcaí (Ó hÓgáin, 1990, 91). In aice Dhún dTéide a láthraíonn T.F. O'Rahilly (1933) í (*Hermathena Vol. 25, No. 48*, lgh. 200-201).
74	Shíolraigh Ruaraí ó Ír, mac Mhíl, de réir an tseanchais (Ó hÓgáin, 1990, 413). Tá 'Tonn Ruaraí' lámh le Dún Droma

i gCo. an Dúin (Ó Foghludha, 1937, 54, agus Hogan, E., 1910, *Onomasticon Goedelicum,* lch. 642).

75   'Tonn Ógla' atá sna foinsí, ach is dócha gur Tonn Tóime a bhí i gceist ag an bhfile. An fhuaim [ó] atá riachtanach i siolla tosaigh an fhocail i ndiaidh 'Tonn'. Tá sí idir Ros Beithe agus An Inse, i mBá an Daingin, i gCo. Chiarraí (Hogan, 1910, 642). Bhí gaol pósta idir Conchúraigh Chiarraí agus Gearaltaigh an Ghleanna. Féach Cros Mhórshiúil d'Airgead Óraithe Bhaile Uí Mhacasa, áit a ndearbhaítear pósadh Eibhlín, iníon an Ridire, le Conchúr Mac Sheáin Uí Chonchúir, taoiseach a chine, sa bhliain 1479. Deineadh cleamhnas ó am go chéile anuas go dtí an t-ochtú haois déag idir an dá chlann; dá bhrí sin, ba dhual do Thonn Tóime an Gearaltach a chaoineadh.

78   a gormchoillte ina bhfolairí .i. féachann na coillte beag, gan mhaith.

80   Tá na cnoic chruinne imithe ó mhaith de bharr an scriosta (ón scathamh).

88   do scuabadh longa (cairbh) den Laoi ceolmhar (uaith-neach).

89   Tá an tSiúir le (go) bruacha ata.

92   ar measca (ar meisce) .i. ar mire le brón.

93   Níl maitheas ná éifeacht fágtha i laochra na tíre (ina cathmhílí).

97   'caibghean' sna foinsí go léir. Cinneadh ar 'cáibleadh' a dhéanamh as .i. tá an chliar á leagan ar lár.

99   fál a bhfairthe .i. a gcosantóir.

109   Cloichín i gCo. Thiobraid Árann atá i gceist anseo, is dócha. Bhíodh rásaí na gcapall ann, a dtaithíodh na Gearaltaigh (Gaughan, 1978, 176).

110   Tá áiteanna éagsúla den ainm Sraoilleán in Éirinn, agus tá baile fearainn den ainm sin i gCo. Luimnigh. Mór na Mumhan is ea 'Mór'.
      i gcróilí ceathach: tinn, agus faoi bhrón.

116   Bodach an Chóta Lachtna.

117   Cú na hEamhna .i. Cú Chulainn.

119   Shíolraigh Eoghanacht ó Eoghan Mór, agus ba fúthu a bhí Leath Mhogha.

120   Ba ó Chonn Céadchathach a ainmníodh Leath Choinn.

121   D'fhág Eoghan Mór beirt mhac ina dhiaidh, Oilill Óloim agus Lughaidh Lágha.

122   Béinne. Mac Rí na Breataine, a d'fhógair cath ar Art Aoinfhear, Rí Éireann, gur troideadh cath Maighe Mucruimhe eatarthu. Mharaigh Lughaidh Lágha Art sa chath.

123   nár chúb ó threasa: nár staon ón gcath.

124   Maraíodh Oscar iontach Mac Oisín, Mac Fhinn ag Cath Gabhra.

126   Shíolraigh na Gearaltaigh ó na Gréagaigh. Déanann Éamann de Bhál tagairt do na Gréagaigh faoi thrí ina dhán do Ridire an Ghleanna (Ó Foghludha, 1946, 84-86).

130   atbháth: d'éag.

131   Shíolraigh na Brianaigh ó Bhrian Bóraimhe, agus phós Gearóid Fitz John Joan, iníon Dhonnchadh Uí Bhriain ó Charraig Ó gCoinneall. Deineadh Iarla Thuamhan de sa bhliain 1661 (Gaughan, 1978, 75-76).

    Príomchlann na hEoghanachta ba ea na Cárthaigh. Bhí bean de Ghearaltaigh an Ghleanna pósta i gCarraig na bhFear le Dónall Spáinneach Mac Cárthaigh (Ó Conchúir, 1982, 280).

132   Lasmuigh de Niallaigh Uladh, bhí clann Uí Néill in Eoghanacht freisin. Leath Éirí Amach Uí Néill, 1641, ar fud na hÉireann, agus mar thoradh air thóg na Sasanaigh caisleán an Ghleanna, agus chroch siad Éamann Óg Mac Gearailt i long sa tSionainn.

    Shíolraigh síol gCéin ó Chian Mac Maolmhuaidhe (960-1015) is dócha. Mac Rí na Mumhan ba ea é, agus phós sé Sadhbh, iníon Bhriain Bhóraimhe (Ó hÓgáin, 1990, 86-87). Deartháir do Fhiacha ba ea Eochaidh Doimhléin, athair na dTrí gColla, dar leis an *Leabhar Muimhneach*. Is ón mac ba shine díobh a shíolraigh clann Domhnaill na hÉireann is na hAlban, clann Dubhghaill, agus clann tSíthigh.

Iarsma den Ainm Neodrach sa tSean-Ghaeilge, is ea 'síol'.
133   Ba de Bhúrcaigh Chathair Maothail, Co. Luimnigh máthair
Sheáin an Ghleanna. Mary Fitzgerald ó Bhaile na Martra ba
ea í, agus ba Bhúrcach a máthair. Ba iad na Búrcaigh sin a
bhí ina n-éarlaimh ag an bhfile Dáibhí Ó Bruadair sa
seachtú haois déag. Tógadh Mary i gCathair Maothail i ndi-
aidh bhás a máthar (Gaughan, 1978, 63).

Tá sé sa seanchas gur dhein duine de Bhrúnaigh Ráth Caola
iarracht iníon an ridire, Tomás, a fhuadach ach gur éalaigh
sí uaidh. Catherine, Cáit álainn, b'ainm di (Gaughan, 1978,
80).

Shíolraigh muintir de Barra ó William de Barry i Pembroke,
sa Bhreatain Bheag, agus bhí Tadhg Gaelach Ó
Súilleabháin fostaithe acu mar 'chantaire' i gcathair
Chorcaí ar feadh tamaill san ochtú haois déag (Nic Éinrí,
2001[a], 19-20, 171, 277).
134   Ar Isabel Butler a bhí Seán pósta sular cailleadh é.
135   Phós Risteard na gComhrac Mac Gearailt iníon Dominic de
Róiste, Barún Tairbirt (Gaughan, 1978, 71). Tá siad go léir
san angaid (buartha, i dtrioblóid).
136   a ghreanadh .i. níl an file chun cur síos beacht a dhéanamh
ar a ngaol leis an Ridire.
141   gan aiseag .i. gan filleadh.
145-148 Bliain a bháis ná 1737, a áitítear sa cheathrú seo.
150   Féach nóta 40 thuas.
151-152 traigéide (ochlán loit) is ea an fear láidir (an siollaire) a
bheith san uaigh (fá dhíon na gceall).
155   fachain ghoil: cúis bhróin.
156   Ba den ard (arad) fhuil é .i. bhí sé uasal.

3. Mo Chumannsa Thiar an Diagaire Domhnall

Ba dhóigh leis an bhFoghludhach gur sa bhliain 1760 a ceapadh an dán seo, mar go raibh sé tiomnaithe don Ath. Domhnall [Ailbhe] Ó Briain, d'Ord San Doiminic, ar deineadh sagart paróiste de taca an ama sin, agus V.G. ar an deoise chomh maith (Ó Foghludha, 1937, xx). Tuairiscíodh san *Hibernian Journal* gur cailleadh 'Rev. Dr. Daniel O'Brien' i gCorcaigh ar an naoú lá is fiche d'Eanáir na bliana 1781 (Brady, 1965, 212). Doiminiceánach ba ea an Daniel [Albert] O'Brien sin a chuaigh sa Chlochar i gCorcaigh sa bhliain 1721. Dhein sé a chuid staidéir i Lobháin ina dhiaidh sin, agus mhúin sé ann ar feadh tamaill. Bhí sé ina Phrióir ar na Doiminiceánaigh i Luimneach, 1733-37. D'aistrigh sé go Corcaigh ar ball, áit a raibh sé ina Phrióir sna blianta 1737, 1745, agus 1756. Ba shagart paróiste é ar an bParóiste Theas i gCorcaigh ón mbliain 1760 ar aghaidh (Fenning, 1990, 216, 377; Bolster, 1989, 80). D'éirigh sé as sa bhliain 1774, agus cailleadh i gCorcaigh é, mar a luadh san *Hibernian Journal* sa bhliain 1781. Tá cuntas ar a uacht sa lámhscríbhinn Carrigan 41 i gColáiste Chiaráin i gCill Chainnigh.

Níorbh é an Doiminiceánach sin, áfach, b'ábhar dáin do Uilliam English anseo, ach leanbh a saolaíodh ag Cnoc Gréine, Pailís Ghréine, sa bhliain 1742, dárbh ainm Dan Meara O'Brien. Nia ba ea é don Ath. Domhnall Ó Briain, sagart paróiste Phailís Ghréine, a cailleadh sa bhliain 1760; agus ba mhac an dlíodóra, Thomas O'Brien an sean-*Major*, é a cailleadh sa bhliain 1750. Fad a bhí an t-uncail, Domhnall Ó Briain, ina shagart paróiste ar Phailís Ghréine tionóladh Comhdháil Creidimh ag Cnocán idir Dhá Bhóthar ar an naoú lá de Mheitheamh na bliana 1752. D'fhreastail an Brianach uirthi. Bhí sé i láthair freisin ar an gceann a reachtaíodh ann ar an gceathrú lá déag de mhí Iúil. Tionóladh ceann eile ann ar an naoú lá déag de Mheán Fómhair inar loirg an tAth. Domhnall Ó Briain maithiúnas do bhean óna pharóiste a d'áitigh go raibh lámh is focal idir í agus fear ó pharóiste eile, agus a bhí 'big wth. child' faoin am sin (O'Dwyer, 1975, 21).

Ellen O'Meara, iníon Domhnaill Uí Mheára (*fl.* 1694-1715) as Tuaim Uí Mheára, a raibh gaol aici le Miler Magrath, ba ea máthair an *Major* óg. Tá dán Uilliam English tiomnaithe do Dhomhnall óg agus dá uncail, Domhnall a bhí ina shagart paróiste ar Phailís Gréine (Brockliss and Ferte 646 – 'Daniel Brienne', as Imleach, ag staidéar an dlí in Ollscoil Paris mí Dheireadh Fómhair na bliana 1691[Archives Nationales, MM 1066, lch. 244]). Glaodh '*Major*' ar Dhomhnall óg agus ar a athair. Chuaigh an *Major* óg le sagartóireacht, dála a uncail. Oirníodh san Fhrainc é agus d'fhill sé ar Éirinn sa bhliain 1774. Ba shagart paróiste ar an Mhaigh Rua é ar ball, agus d'éirigh sé as ina sheanaois agus chuaigh chun cónaithe ar a fheirm gar do Chathair Chinn Lis. Cailleadh é ar an seachtú lá ar fhichid de mhí Iúil na bliana 1820. (Tierney, 1965, 42). Tá an t-uncail, an tAth. Domhnall Ó Briain, agus an t-athair, Tomás Ó Briain, agus an mac, an tAth. Domhnall óg Ó Briain curtha sa tSeanphailís. Is é atá scríofa ar an leac uaighe ná:

Sacred to the memory of the Rev. Daniel O'Brien P.P. Pallasgrean died Jan. 12th. 1760 aged 68 years. And his nephew the Rev. Daniel O'Brien P.P. Abington and Dean of Emly died July 7th 1820 aged 78 years. Also the said last Daniel's father Thomas O'Brien Esq. Barrister at Law and his wife Ellen Daughter of Daniel O'Meara Esq. Lisiniskea Co. Tipperary died July 30 1776 aged 70 years. And their daughter Ellen Costello O'Brien died Nov. 10 1825 aged 80 years

Tá dán eile i gcló ag an bhFoghludhach ar lgh. 183-185 de *Mil na hÉigse* (1945): **Don Athair Domhnall Ó Briain, O.P., .i. an Major,** le Pádraig Ó Braoin. Luann Máirín Ní Dhonnchadha an Doiminiceánach freisin ina plé ar chaoineadh a cumadh ar Bhrianach eile as Imleach (Ní Dhonnchadha, 2002, 209). Ar éigean gurbh ionann an Doiminiceánach agus an *Major* atá faoi chaibidil anseo, áfach, bíodh go raibh baint ag an mbeirt acu le Luimneach, mar gur chaith duine acu a shaol in oirthear Luimnigh, agus bhí an duine eile ina Phrióir ar na Doiminiceánaigh i gcathair Luimnigh, 1733-37 (Fenning, 1990, 155-157).

Seacaibíteach ba ea Domhnall Ó Meára, seanathair an *Major* Óg, a
fuair a thailte ar ais nuair a ghéill sé don Rí William III. Bhí 2,356
acra in Oirmhumhain Thuaidh aige, agus naoi n-acra is seachtó in
Oirmhumhain Theas. I dtaobh na mBrianach de, léitear i nGinealach
Aoidh Bhuí Mhic Cruitín, 1608, go raibh mac ag duine díobh le
iníon an Ridire Ainglisigh, darbh ainm Riocard, 'Erenach Imligh'.
Ní raibh aon sliocht air, agus fuair a nia, Conchhubhar Mór, a chuid
talún. Ba é an Conchúrach sin a bhronn Grian, Pailís, agus Baile
Trasna ar shliocht Mhuiridhigh Óig, ónar shíolraigh an tAth.
Domhnall Ó Briain. Ón bhfianaise thuas, gheobhfá a áiteamh gur
cumadh dán seo Uilliam English sa bhliain 1742, nuair a saolaíodh
an *Major* Óg, mar bheadh cur amach ag an bhfile ar a ghinealach
ársa, agus ráineodh go raibh gaol fola eatarthu, tríd an Ridire
Aingliseach. Labhraíonn an file go díreach leis an Ath. Domhnall Ó
Briain sa dán, agus spreagann sé chun gnímh é ar Chnoc Gréine, i
gCo. Luimnigh. Tharla go nglaonn an file "óigfhear" ar Dhomhnall
Ó Meára Ó Briain (línte 43-4), áfach, is é is dóichí gur ar ócáid bháis
a athar sa bhliain 1750 a cumadh an dán. Más sa Róimh a bhí
Uilliam English ag an am sin, is siar a chuirfeadh sé a bheannachtaí
chuig "an Diagaire Domhnall" (líne 1).

Príomhfhoinse: Ac.R.É. 23 B 36, 33-37, a scríobh Tadhg Mac
Cárthaigh i dTeampall Uachtarach, Co. Thiobraid Árann sa bhliain
1820.

Foinsí eile:, B.L. Eg. 162A, f. 17, a scríobh Mícheál Brún i
Luimneach sa bhliain 1770 (Ó Madagáin, 1974, 63). 'Address to An
tAthair Domhnall Ó Briain of Emly' a bhreac Ó Comhraí faoi
(Flower: *Catalogue of Irish Manuscripts in the British Library II*, lch.
212). 'Uilliam English .i. Bráthair cct. do Dhomhnall Ó Briain .i. an
Major an oíche do rugadh é ag teach an tseana-Mhajor', an
ceannscríbhinn atá leis an dán sa leagan seo agus sa phríomhfhoinse.
Is sine leagan Eg. 162, ach tá línte ar iarraidh ann a fhaightear sa
phríomhfhoinse. Tá fáil ar an dán chomh maith sa L.N. G230, 53, a
scríobh Tomás Ó hÍceadha i mBaile an Ghraeigh, Co. Thiobraid
Árann, sa bhliain 1821. 'Uilliam Inglis don Athair Domhnald Ó

Briain. Foghar Iombó 7 Umbó' an ceannscríbhinn a chuir seisean leis. Faightear freisin é i Manchain, Ryl. 134 a scríobhadh sa naoú haois déag (lgh. gan uimhriú). 'An tAthair U. Inglis cct. do Dhomhnald Major' a theideal ann.

Malairtí ó 23 B 36/*G230*: 1. shiar/*shiar* ... Domhnall/*Domhnald*; 2. curradh/*cara*; 3. ursa/*ursa*; 4. Bhriain/*Bhrianach*; 12. (do chong-mhach fileadha – Ryl. 134); 17. a bhfiaigh / *a bhfian*; 18. leoghanach /*leomhanta*; 23. Connraoi áig/ Conrí áigh; 26. Uisneach ... tar/*tar*; 27 Áith/*áth*; 29. do sgeona / *do sgeonadh*; 30 cailliog; 37. an mhéid, Chárrthaigh; 38. gcómhfhogus; 43. Dómhnall Mára/ *Domhnald Ó Meára*; 46. (lé'r goineadh an mór-dhamh – Ryl. 134); 47. shiar; 49. meann/*mionn;* 50. tiomhair/ *tiubhair dó an óigbhean* (tiubhair –Ryl. 134); 56. diabhal, dhiaig, cóbuicc. (Línte 51-56 ar iarraidh ó Ryl. 134).

I gCló: Ó Foghludha, 1937,44

Meadaracht : Cúplaíocht, a gcríochnaíonn gach líne ann in /o:-/. Tá ceithre chéim i ngach líne agus comhfhuaim i lár gach líne mar leanas:

L.1-8: /iə/   L.9 : /u:/   L.10 : /a/
L.11: /a:/   L.12-13: /i:/   L.14: /a uə/
L.15-16: /a/   L.17: / iə/   L.18: /a/
L.19-20: / iə/   L.21-22: /au/   L.23: /a:/
L.24: /o/   L.25: /au/   L.26: /i/
L.27: /a:/   L.28-30: /a/   L.31: / iə/
L.32: /a/   L.33: /i:/   L.34: /a:/
L.35: / uə/   L.36: /o/   L.37-38: /a/
L.39: /e:/   L.40: /a/   L.41: / uə/
L.42: /e:/   L.43: / o:/   L.44: /a/
L.45-46: /i/   L.47: / iə/   L.48: /a:/
L.49: /au/   L.50: /u/   L.51: /a:/
L.52: /a/   L.53: / iə/   L.54: /u:/
L.55-56: /au/.

Nótaí Mínithe:

11   curadh dáimhe:laoch i measc na bhfilí;
          ánradh .i. an chéim a b'airde i gcliarlathas na mBard, sular
          deineadh ollamh den duine.
19   Fiachaidh Mac Eoghain, a bhí comhaimseartha le Cormac
          Mac Airt, agus le Eoghan, athair na hEoghanachta.
23   Rí miotaseolaíoch na Mumhan ba ea Cú Raoi, de réir
          scéalta na Rúraíochta.
          Dia Ceilteach na flaithiúlachta ba ea a athair, Dáire, a raibh
          coire na féile ina sheilbh (Ó hÓgáin, 1990, 139-142).
28   Bhuaigh Maoilsheachlainn, Ard-Rí na hÉireann, ar
          Turgesius, ceannaire na Lochlannach, sa bhliain 845 (Ó
          hÓgáin, 1990, 410-411).
29   Ceallachán: Féach *Caithréim Cellacháin Caisil* (1905), a
          bhfuil dréacht ann ag gríosadh laochra na Mumhan chun
          tabhairt faoi chathair Luimnigh a bhí i seilbh na
          Lochlannach ag tús an aonú haois déag.
30   Ba é Murchadh (c 970-1014) an mac ba shine a bhí ag Brian
          Bóraimhe. Maraíodh é féin is a athair ag Cath Chluain
          Tairbh.
37-38   Bhí Tuamhain faoi na Brianaigh, fad a rialaigh na Cárthaigh
          i nDeasumhain. Mar sin, tá an file buíoch go maireann
          roinnt de na Cárthaigh fós i gCraoibh an Easa .i. Carraig an
          Easa, caisleán leis an gCárthach Mór (Ó Foghludha, 1937,
          70) Ba leis na Cárthaigh Riabhaigh Carraig an Easa, ar
          bhéal na Bandan, ó 1430 ar aghaidh (Ó Murchadha, 1985,
          54).
42   'Cnoc na gCuradh' a ghlaotaí ar Chnoc Gréine. 'A near
          neighbour of Áine's was Grean, the Goddess who dwelt in
          the síd at Cnoc Gréine' (T. F.O'Rahilly, 1946, 289). Ghlac
          Tadhg Ó Briain seilbh ar 'Estgrene' sa bhliain 1287.
          Deisíodh an eaglais ann sa bhliain 1615 agus ba ina suíomh
          siúd a sheas an eaglais Phrotastúnach, dar le Westropp
          (1905), 444-445). Is fothrach anois í, ina seasamh sa reilig
          i bPailís.

44-46   Féach an dán **'S a Éadbhaird Aoibhinn Uasail Álainn** (L. 7-15), agus **Ná Bí in Earraid Liom** (l. 59), a bhfuil seintimintí iontu ag freagairt dá bhfuil anseo. 'An liath mhaca: an capall do bhí ag Cúchullainn a mbrisleach Maighe Mhuirtheimne'; 'Mac an loin: an cloidheamh do rin Lon Mhic Líomhtha dfhionn mhic cumhaill'; 'An rinn chrithir: an ga do bhí ag Oisín ag marbhadh an daimh do leagadh Carraig Chaisil'(colafan in L.N. G230, 54).

48   Dáil gCais atá i gceist anseo, ní foláir. 'Treibh Dháilccais dár budh ceannurradh an Brianach' an ghluais atá air in G230, 54.

49   an meann (mionn): an choróin.

50   tiomair: tíolaic, déan a choisreacadh .i. pósadh sé Éire (an óigbhean).

56   na cóbaigh (na caobaigh): na búir .i. na Sasanaigh.

'Dhá Ghné Déag na hAithrighe'

Ba iad na gnéithe den aithrí, a scríobhadh in LS. 20978-9, f. 62r (Leabharlann Ríoga, Brussels), ná:

> saothar iar n-uaigneas, grádh iar bhfuath, umhla iar ndíomas, geanmnaidheacht iar ndrúis, cobhsaidheacht iar n-udmhaille, aoine iar gcraos, deighinntinn iar bhformad, míne iar mburba, urnaighthe iar mainneachtnaighe, bochta iar saidhbhre, trócaire iar n-éadrócaire. (Ó Cuív, 1960, 222; féach freisin *Zeitschrift fur Celtische Philologie, VI,* 258)

Blas na haithrí traidisiúnta sin atá ar na dánta seo leanas.

4. Faoin Uair a Dhruideas chun Fírinne ar Fónamh

Ba dhóigh leat ón dán seo gur chaith Uilliam English tús a bheatha ina réice i ndúthaigh an Bharraigh Mhóir, ach gur chuir sé suas do bhaois an tsaoil nuair a shroich sé Múscraí. Tharraing sé uime 'an gheanmnaíocht iar ndrúis'.

Príomhfhoinse: California. H.M. 4543, 319-320, a scríobh Tadhg Ó Conaill sa bhliain 1827, i dTobar Rí an Domhnaigh, i gCorcaigh (Ó Conchúir, 1982, 49).

Foinsí eile: Ac.R.É. 23 N 12, 204 a scríobh Micheál (Mac Peadair) Ó Longáin *ca* 1763 (Ó Conchúir, 1982, 88). Leagan H.M. 4543 a ceadaíodh, toisc go raibh an ceann eile doiléir. Is beag eatarthu, áfach. Leagtar ar Uilliam English é sa dá lámhscríbhinn.

Malairtí ó H.M 4543/*23 N 12:* 1. Fó n'uair/*só nuair;* 2. idir bhuinn-fhionna/*idir buinnfhionna;* 3. mhómharach/*mhómhair;* 4. inneosfadh/*neosfadh;* 9. diadhaire/*diaire;* 10. suím/*suím;* 13. ban phósda; 16. mhómharach/*mhómhair;* 20. go ttuitinn na cclúid; 21. is aoibhinn/*is aoibhin.*

Meadaracht: Cúplaíocht, a gcríochnaíonn na línte ann ar /ó-/, /í/, nó /ú/. Seo í aiste mheadarachta línte 1-4: [-/uə-/i--/i--/o:-].

L.5-6: [-/u--/i--/i--/i:].　　　　L.7-8: [/u:-/a--/a--/o:-].

L.9-11: [-/e:--/e:--/i--/i:].　　　L.12-13:[/a:--/a--/a--/o:-].

L.14-17:[-/a:--/a--/e:--/o:-].　　L.18-20:[-/e:--/e:--/i:--/ú:].

L.21-24: [-/ú:--/a--/a--/o:-].

Nótaí Mínithe:

22　　　Barraigh Mhóra, in oirthear Chorcaí, áit a bhfuil Carraig Thuathail, agus Caisleán Ó Liatháin. Tá sé sa seanchas go raibh Uilliam English chun cónaithe ansin ina óige. Deirtí, leis, gur mhúin sé Edmund Burke ina óige, agus an Búrcach ag cur faoi le muintir a mháthar sa Bhaile Dubh, Co. Phort Láirge. Roimh an mbliain 1740 a tharla sin (féach Conor Cruise O'Brien, 1992, 22).

5. Mar Chéile 'Ghabhaimse leatsa

Ghlac an Foghludhach leis an dán **Mar Chéile 'Ghabhaimse leatsa,** mar fhianaise go ndeachaigh Uilliam English in Ord na nDoiminiceánach ag Old Friary Lane, i gcathair Chorcaí sa bhliain 1741, ach nár fhan sé ann mar gur éirigh idir é féin agus an Prióir, an tAth. John O'Brien, faoi riail na bochtaineachta (Ó Foghludha, 1937, xv). Luann Hugh Fenning an eachtra chomh maith, ach ba ag braith ar fhianaise an Fhoghludhaigh a bhí sé (Fenning, 1990, 144). Gheobhfá amhras a chaitheamh ar údar an dáin, áfach, tharla nach bhfeictear in ainm Uilliam English é i gcaitheamh a shaoil, agus gur mhair dhá leagan taobh le taobh i ndiaidh a bháis. Ina theannta sin, lean na hAibhistínigh, a ndeachaigh sé chucu caol díreach, dar leis an bhFoghludhach, an riail bhochtaineachta chéanna is a lean na Doiminiceánaigh (Fenning, 1972, 89). Níl aon tuairisc ag Fenning ar Uilliam English a bheith in Ord na nDoiminiceánach, ach ar ndóigh, munar fhan sé fada go leor chun an aibíd a thógaint ní luafaí a ainm sna cáipéisí, agus níor ghlac éinne an aibíd sna Doiminiceánaigh sna

194 CANFAR AN DÁN

blianta 1736-1762 (Fenning, 1990, 96, agus 1972, 116). Chuirfeadh
cuid de cheathrúna an dáin seo scéal an Chaisidigh Bháin i gcuimhne
duit, toisc gur chaith seisean tamall ina Aibhistíneach chomh maith:
'Ach portus, ritual, agus stoil/culaith Aifrinn, agus mo ghustal/ba mé
ba luime den drong fheardha' (Nic Philibín, 1938, 24); agus: 'díoladh
mé le oifigeach Franncach, go ndearnadh trúipéar armálta díom (Nic
Pilibín, 1938, 28). Ní fheictear aon fhianaise stairiúil le caitheamh
Uilliam English as Ord na nDoiminiceánach, agus pé scéal é, is mó
de bhlas na hAithrí traidisiúnta atá ar an dán ina iomláine, seachas
ráiteas pearsanta ón bhfile féin. Gheobhfá macalla ann ó na húrscéalta
rógaireachta (picaresque) Béarla, nárbh fholáir a léigh Uilliam
English agus é ina mháistir scoile. Tá blas sin an laoich ina 'bhullaí
fir' le braith ar chuid dá dhánta grá chomh maith, mar a fheicfear ar
ball. Ní foláir freisin go raibh léamh na Laidine aige agus go mbeadh
fáil aige ar *Amores II. v,* a chum Ovid. Mar a léiríonn Mícheál Mac
Craith, aistríodh cuid den *Amores* go Béarla faoi dhó, agus ráineodh
go mbeadh fáil ag an bhfile ar leagan Sir John Harrington dá
Epigrams (1625 agus 1633). Áitíodh sa dán:

To lyve in lust I make not my professyon
    nor in my verse my vyces to defend
but rather by a trew and playn confessyon
    to make yt known my meaning is to mend.
(Mac Craith, 1989, 109)

An fhrithbhandacht a léirítear i gceathrúna 5-8 den dán seo, ba de
chuid an chine dhaonna í ón mBíobla i leith. Is deacair a rá, más ea,
an bhfuilimid ag plé anseo le ráiteas pearsanta Uilliam English, nó le
saothar liteartha ann féin. Sin í breith Mhíchíl Mhic Craith, leis, ar an
dán **Fir na Fódla ar ndul d'éag,** le Riocard de Búrca (Mac Craith,
1989, 100-115).

Príomhfhoinse: Ac.R.É. 23 B 36, 158-159, a scríobh Tadhg Mac
Cárthaigh, i dTeampall Uachtarach, Co. Thiobraid Árann, sa bhliain
1820.

Foinsí eile: M.N. M51, 369; M92, [viii]; C15, 34. Ac.R.É. 24 C 16, [2a]. Wisconsin 183, 138. B.Á.C. Feir. 1, 652. G 207, 39. Manchain, Ryl. 75, 183.

An t-aon chóip a mhaireann ó ré an údair, ba é Diarmaid Ó Maolchaoine a bhreac í ag Cnoc Uí Ursainte, Co. Luimnigh idir 1767 agus 1768. Níor leag sé ar Uilliam English é. Cóip chiorraithe é, nach bhfuil ach V.1-4, agus V. 11 ann. Cóip dhílis de is ea leagan M92, a bhreac Seán Ó Muláin, sa bhliain 1795. Níor leag sé ar Uilliam English ach chomh beag é. Cuirtear na leaganacha fada, mar atá in eagar anseo, i leith an Ath. Uilliam English sna lámhscríbhinní C15 agus 23 B 36, G207, Wisconsin 183, agus Feir. 1. Ba i gCorcaigh, i dTiobraid Árann, agus i Chelsea, Massachussetts a breacadh leaganacha den dán i ndiaidh bhás an fhile.

Malairtí ó 23 B 36/*M51:* 3. ón ccléir o caitheadh/*ón ccléir le meabhail;* 4. dod thréad mo ghlacadh/*ad treid me ghlaca;* 13. dheingios/ *dhéanus;* (is do tharraingios nimh mo naímhde – Ryl. 75); 22. breághtha/*áille;* 225. (gráin ortha – Ryl. 75); 6. is da ndeasgadh an tár tainigh ar /*do deasgaibh an áir tarla idir;* 34. is go deo níor mheasus go / *is go brách gur mheasas;* 36. le comhachta an Athar/*le grása an athar;* 42. dá annam am bheol ráidhte/*dá gcanamsa am beol ráitibh.*

I gCló: Ó Foghludha, 1937, 19. Ceathrúna 1-4, agus 9-11 a chuir sé i gcló.

Meadaracht:

V.1-4: 4[-/e:-/a--/a--/ii:-]. V.5-8: 4[-/a-/a:a:--/a-/i:-].
V.9: 4[-/a:-/a-/a--/o:a:-]. V.10-11: 4[-/o:--/a--/a--/o:a:-].

Nótaí Mínithe:

14 caithitheach: doilíosach, brónach.
18 Paris .i. Mac Priam, Rí na Traoi.
20 Téann an seintimint sa líne seo le scéal an Chaisidigh Bháin. Caitheadh as an Ord Aibhistíneach é de bharr

'phósadh dona gan bhrígh', agus chaith sé tamall thar sáile ina dhiaidh sin ar fán; bhí sé in arm na hEorpa, leis, ar feadh scathaimh (féach Nic Philibín, Mairghréad, 1938, *Na Caisidigh agus a gCuid Filidheachta).*

22-23 Tagairt do dhícheannadh Eoin Bhaiste atá sna línte seo.

28 Ní heol go mb'éigean do Uilliam English dul thar sáile de bharr mná, ná go raibh sé riamh in arm Louis na Fraince, mar a mhaítear anseo.

34 Ghlac an Foghludhach leis gur do na Doiminiceánaigh an tagairt do 'Ord Mháire'.

6. Is *Rake* Mé

Seán Ó Murchadha na Ráithíneach féin atá ag dul chun faoistine chuig an sagart Uilliam English sa dán **Is *Rake* Mé.**

Príomhfhoinse: M.N. M43, 27-28, a bhreac Eoin Ó Dreada i gCorcaigh idir 1817-1818, don Easpag Ó Murchú.

Foinsí eile: Ac.R.É. 24 A 22, [250]. Corcaigh. T.vii, 33; L.N. G97, 157. 'Seán Ó Murchúghadh cct. 1729 chum an athair Uilliam Einglis' an ceannscríbhinn i G97. Ní raibh English san Ord ag an am sin; bhí breall ar an scríobhaí, más ea, murab amhlaidh go raibh sé ina 'clandestine priest' ag an am (féach an cuntas ar a oirniú i dtús an leabhair).

Malairtí ó M43/24 A 22: 5. na ngloineadh/*na gloine;* 8. go ndéarfar um choinne/*go ndéarfar um chuinge;* 10. uaimh/*uaig;* 11. 'sa ttroime/*sa ttroime;* 14. éighmhe/*éighmhe.*

I gCló: Ó Foghludha, 1937, 44.

Meadaracht: An aiste 2[A+B] tríd an dán.
A=[-/e:--/e:--/i-]. B=[-/e:--/i--/u∂].

7. Maíodh Gach nAon a Shlí sa tSaol

Dhein David Comyn comparáid idir an dán seo ina maítear 'that beg-gary is the only happiness' agus **Cré agus Cill** (Uimh. 22), ina dtug-tar faoi chnuaisciúin an Bhráthar 'who took an opposite view of life and carefully hoarded butter'. Ba dhóigh le Comyn go raibh a mhac-samhail le fáil sa scigmhagadh Francach faoi Gascon de Paris, a chonaic bradán ollmhór ar díol sa Palais Royal, agus a chinn ar a chuid airgid a shábháil in aghaidh na seachtaine nó go mbeadh dóthain aige chun é a cheannach! (*Irisleabhar na Gaedhilge X*, lch. 486). Cuirtear an chumadóireacht seo i leith Phádraig Uí Bhroin uaireanta sna lámhscríbhinní. Proinsiasach as Luimneach ba ea Pádraig. I lámhscríbhinn Mhainistir Fhear Maí (PB 9, 33), áfach, a scríobh Seon Lloyd sa bhliain 1775, ní hé amháin go leagtar an dán ar Uilliam English, ach tugtar freagra Mhuiris Uí Ghríofa air chomh maith – **A Óigfhir Ghrinn cé Binn do Dhréacht** (Ó Fiannachta, 1978-1980, I, 159). 'Ag freagradh don Ahir Uilliam Innlis a ccás na deurca' an ceannscríbhinn a chuir Seon Lloyd leis.

Príomhfhoinse: Mainistir Fhear Maí PB 9, 32, a scríobh Seán Lloyd sa bhliain 1775, do Sheághan Ua Callanáin, i gCorcaigh (Ó Fiannachta, 1978-1980, I, 159).

Foinsí eile: Corcaigh C. 63, 604. L.N. G186, 74 agus 150; G207, 5. M.N. C15, 6. Ac.R.É. 24 C 41, 70. Schoyen 686/2, 73.

Scríobh Diarmuid Ó Ríoghbhardáin faoin leagan deiridh seo : 'The Revd. William English, author of the following poem and many others of higher merit, belonged to the Franciscan order and was stationed at Cork where he died about 1776'. (Uaireanta chuirtí an dán i leith an Ath. Pádraig Ó Broin, a bhí ina Phroinsiasach, agus is dócha gur cuireadh an Ríordánach ar strae amhlaidh. Ba sa bhliain 1778 a cailleadh Uilliam English.)

Ceithre cheathrú a fheictear sna dánta a leagtar ar Uilliam English. Faightear ceathrú breise sna leaganacha nach gcuirtear ina leith, mar leanas:

Ólaim *Punch* is ólaim *Tea,*
's an lá 'na dhéidh sin ólaim *Toddy.*
Ní bhím ar meisc' ach uair sa ré.
Mo ghrá-sa 'n déirc, 's an té a cheap í.

Faightear na leaganacha 'fada' den dán in Ac.R.É. 24 P 18, 226; 24
A 16, 511; 23 B 36, 37 agus 276. Cuirtear iad sin i leith an Athar
'Pádraig Ó Buirinn' (Ó Broin), agus tharla gurbh é an leagan
ceathairvéarsach a d'fhreagair Muiris Ó Gríofa – Uimh. 7(a) thíos –
agus gur breacadh an leagan sin fad a mhair an file, glactar leis gurbh
shin é an ceann a chum Uilliam English. Ní raibh Cuthbert Mhág
Craith cinnte cé acu Uilliam English nó Pádraig Ó Broin a chum an
dán (Mhág Craith II, 1967 agus 1980, 317).

Malairtí ó C15/*PB9*: 1. maoidheach gach naon … ansa tsáoghal;
7. thígheacht; 8. an bhuídhe san fféith ... héighmhe/*an bhaoidhe ansa
bhféith ... héighmhe*; 10. ní baoghal; 15. *gan cás gan cíos;* 16. eal-
adha/*ealuíghe*; 20. biad/*bead.*

I gCló: Ó Dálaigh, 1876, 71; Torna, *Guth na mBárd* (1914, 20);
Ó Foghludha, 1937, 47 (leagan cúig véarsa, i leith Uilliam English);
Ó Foghludha, 1945, 189 (leagan cúig véarsa, arna leagan ar Phádraig
Ó Broin); Mhág Craith I, 1967 agus 1980, 365.

Meadaracht: Ceathrúna ceathairlíneacha, móide curfá de dhá líne.
Seo í aiste mheadrachta na gceathrúna:
V.1: A=[/i:-/e:-/i:-/e:] + B=[/i:-/e:-/i:-/ai:] +C=[/i:-/i:-/i:-/e:] +
D=[/i:-/e:-/e:-/ai:] + E=[-/e:-/ai:] + D.
V.2: F=[/e-/i:-/i:-/e:] + D + G=[a:-/i:-/i:-/e:] + H=[-/a:-/e:-/e:-/ai:] +E
+ H.
V.3: G + D + G + H + E + H. V.4: G + H + G + H + E + H.

Nótaí Mínithe:

8	an bhuí san bhféith .i. plá ar phlandaí;
	na héimh: an t-olagón.
9	rinn ar ghaoth .i. gaoth a d'fheannfadh tú.

7 (a). A Óigfhir Ghrinn cé Binn do Dhréacht

Príomhfhoinse: Mainistir Fhear Maí PB 9, 33, a scríobh Seán Lloyd sa bhliain 1775, do Sheághan Ua Callanáin, i gCorcaigh (Ó Fiannachta, 1978-1980, I, 159).

Foinsí eile: Corcaigh C. 63, 605; T.15, 230.

Ba i gCorcaigh agus in Inis a breacadh an dán i ndiaidh bhás an fhile.

'Ag freagradh don Ahir Uilliam Innlis a ccás na deurca' an ceannscríbhinn in PB9 agus T. 15. 'Muiris Ó Gríobhtha ag freagairt an Bhráthar .i. Uilliam Inglis' atá in C63.

Malairtí ó T15/ *C63*. 9. dá innsint díbh; 10. mar cheird ná ealaín/ *ná aon a chleacht í;* 22. i ngabhadh.

I gCló: Mhág Craith, II 1967 agus 1980, 315-316; Ó Foghludha, 1945, 379.

Meadaracht: Ceathrúna ceathairlíneacha, móide curfá de dhá líne, ar an aiste: ABAB+C+A.
A=[(-)/a:-/i:-/i:-/e:] B=[-/a:-/e:-/e:-/ai:] C=[-/e:-/ai:]. Líne A sa chéad cheathrú = [(-)/o:-/i:-/i:-/e:]

Nótaí Mínithe:

1   'óigfhir' sna trí leagan atá feicthe againn. Fuaim /a:/ áfach, atá de dhíth ón meadaracht. B'fhearr a d'oirfeadh focal mar 'sháimhfhir/áighfhir' anseo?

An Mealltóir Ban

Ba shuntasach an méid sagart a cheap amhráin ghrá anuas go dtí an t-ochtú haois déag. (Ó Tuama, 1960, 261)

Níor thaise do Uilliam English, de dhealramh, bíodh nár scríobhadh na dánta grá go coitianta sna lámhscríbhinní nó gur thuill sé clú na filíochta dó féin lena aistí ar Chogadh na Seacht mBliain. Mar seo a scríobh Seán Ó Dálaigh faoi na hamhráin – Uimh. 10 agus 28:

I have no doubt but the above songs are from the pen of the Revd. Wm. English before he took Holy Orders. (Ac.R.É. 23 O 77, 109)

8. Ag Tarraingt ar Aonach na gCoirríní

Amhrán graosta go leor is ea é seo, ach láimhsítear na tagairtí collaíochta ann go meafarach. Dála na haithrí, **Mar Chéile 'Ghabhaimse leatsa,** gheobhfá blas Ovid ar an dán seo, leis. Féach aistriúchán Harrington ar cheathrú den *Amores:*

Like auncyent Heroyns I count the tall
    mee thinckes they fill a good lardge roome in bedd
Yett nimbler sportes proceed from statures small
    thus tall or small my fansy still have fedd.
(Mac Craith, 1989, 110)

"Aisling ghrá" a ghlaoigh Breandán Ó Buachalla ar cheapadóireacht seo English. (Ó Buachalla, 1996, 541). Ón *Reverdie* a d'eascair an saghas sin filíochta, dar le Seán Ó Tuama (Ó Tuama, 1960, 184). Cuireann an bhean dúil sa chollaíocht anseo, áfach, dála na mná in *Moll Flanders,* le Daniel Defoe. Sa bhliain 1722 a chéadcuireadh cló ar an leabhar sin agus tá trácht ar é a bheith ina ábhar léitheoireachta i scoileanna scairte na hÉireann (McManus, 2002, 250).

Príomhfhoinse: Ac.R.É. 23 N 9, 1-3, a scríobh Seán Ó Dálaigh nó Micheál Ó Mongáin idir 1838 agus 1843.

Foinsí eile: Ac.R.É. 23 L 13, 147; 23 B 4, 5; 23 M 6, 43. M.N. R69, 139; Gaillimh LS. Bhreise 2. Manchain, Ryl. 86, 218.

I ndiaidh bhás an fhile bhreac na scríobhaithe an dán i gCo Thiobraid Árann agus i gCo. an Chláir. Buailtear le leaganacha naoi agus aon cheathrú déag den dán sna lámhscríbhinní. Roghnaíodh an leagan fada mar phríomhfhoinse. Tosaíonn cuid de na leaganacha le 'ag dul'. Is fearr a oireann 'ag tarraingt' don mheadaracht.

Malairtí ó 23 N 9/23 L 13: 2. an deitheamhadh lá mhidh agas dfóghmhar/*an deichiughadh lá do mhí 7 dfhómhar;* 6. tré flightis/*trí lítis;* 9. (bháibinn – Ryl. 86); 21. ní dóith/*ní tuar* (dóith – Ryl. 86); 25. (díograch – Ryl. 86); 27. (gídhear – Ryl. 86); 28. Mhaighdion/ *maighidean;* 32. ('bhogas' in Gaillimh L.Bhreise 2).

I gCló: Ó Foghludha, 1937, 1.

Meadaracht: Ceathrúna ceathairlíneacha, le trí chéim i ngach líne, ach gan aon rialtacht san aiste mheadarachta. Téann ceathrúna 1-3 le chéile, sa mhéid go bhfuil [/i:-] sa chéim dheiridh de línte 1 agus 3, agus [/i:--/o:] sa dá chéim dheiridh de línte 2 agus 4. Athraíonn an aiste ríme ó cheathrú 4 amach, áit a bhfuil [/e:-] sa chéim dheiridh de línte 1 agus 3, agus [/e:--/o:] sa dá chéim dheiridh de línte 2 agus 4.

Nótaí Mínithe:

1   aonach na gCoirríní. Ghlac an Foghludhach leis gur do na Coirríní i bparóiste Theampaill Doire, Co. Thiobraid Árann a bhí an file ag tagairt, agus gur chruthú é sin gur sa chontae sin a rugadh an file (Ó Foghludha, 1937, 51).

2   Dáta an aonaigh ná an deichiú lá de mhí Lúnasa. Ba sna Coirríní gar do Oileán Ciarraí, áfach, a bhíodh an t-aonach ar siúl ar an dáta sin (féach Lodge, "Fairs and Markets" – Curreeny).

9   bábán an aoilchnis .i. cailín an chraicinn bháin.

28-40   caint mheafarach, bunaithe ar réabadh na cathrach agus an
           ghairisiúin atá anseo, ag trácht ar an gcomhriachtain, agus
           ar phléisiúr na collaíochta. Is spéisiúil gur mó tagairt a bhí
           ag Uilliam English do réabadh San Felipe agus do léigear
           Phráig ina dhéantús filíochta ar Chogadh na Seacht
           mBliain.

9. Níl Súgaíocht ná Dúil Ghrinn
go Brách im' Ghaobhar

Béimnítear áilleacht na mná san amhrán seo. Sháigh an bhean saigh-
ead an ghrá trí chroí an fhile, ach ar mhí-ámharaí an tsaoil, ba ghrá
éagmaise é, mar ba bhean do-fhála í. D'fhág sin an file i mbéal an
bháis. Bheadh tionchar ar an "Chanson d'Amour" ar an saghas sin
amhráin ghrá (féach Ó Tuama, 1960, 149-173).

Príomhfhoinse: B.L Eg. 150, f. 357 (lgh. 705-706), a scríobh
Diarmuid Ó Maolchaoine, sa bhliain 1773 ag Droichead Abhann Ó
gCearnaigh.

Foinsí eile: B.L. Eg. 162A, f. 15; 31874, f. 171; Eg. 122, f. 86(b).
M.N. C13, 77; C15, 65; R69, 140. Ac.R.É. 23 L 13, 56; 23 G 21, 449;
24 A 23, [307]; 23 F 18, 76; 23 C 8, 342; 23 Q 3, 188; 23 O 26, 81;
23 N 9, 11; 23 E 12, 191; 23 M 6, 46; 23 P 14, 285 agus 288. Boston
Ath. S22, 51; S28, 80. Aberystwyth A9, 244. Cambridge. Add. 6558,
130. L.N. G206, 42; G207, 89; G234, 95; G434(b), 29. Gaillimh de
hÍde 14, 130, LS. Bhreise 1, 44, LS. Bhreise 2. B.Á.C. Feir. 22, 135;
Feir. 33, 111. Seilbh Phríobháideach an Athar Pádraig Ó Colgáin, 170
(Ó Fiannachta, 1995, 142), maraon le haistriúchán Béarla ar lch. 171.
Manchain, Ryl. 86, 217.

Fad a mhair an file, breacadh an t-amhrán seo i gCo. Luimnigh, sa
Chlár, agus i gCo. Chorcaí. Sa naoú haois déag leag Micheál Ó
hAnracháin, i gCill Rois, Co. an Chláir, é ar Shéamus English, agus

mhol sé an fonn "An Clár Bog Déil" dó (24 L 12, 206). Sa bhliain 1816 leag Eoghan Caomhánach, leis, é ar Shéamus English, agus mhol seisean an fonn "Gráinne Mhaol" dó (23 C 21, 240). Mhaígh Peadar Ó Longáin gur do Ellen Coppinger a cumadh an t-amhrán sa bhliain 1737 (G434, 29).

Malairtí ó Eg. 150 / 23 C 8: 1. go bráth/*le spás;* 2. don bhaeth/*don bhéith;* 7. *cúmhang;* 10. do ghnaith ad dheig/*do ghnáith tar héis;* 14. *ag am rún chroidhe;* 16. dfúig ... teinn/*dfúig ... tínn;* 18. *mo chúis chaoi de ghnath ad dhéig;* 21. *mhuirnín;* 22. *na nárdfhlaith nGréag;* 26. ban bhrog/*bánbhroig;* 27. *ag súgruígheacht* (a ccumusg díbh – Ryl. 86); 28. sa nguis díbh níor shamhluigheas/ *'s nar ghúbhas díobh níor shamhluigheas.*

I gcló: Ó Foghludha, 1937, 4, agus McSweeny, 1843, 56 (arna leagadh ar 'Séamus Englis').

Meadaracht: Ceathrúna ceathairlíneacha, le ceithre chéim i ngach líne. Seo í an aiste mheadarachta: 4[-/u:i:-/u:i:-/a:-/e:].

Nótaí Mínithe

10 'om' chiúintsníomh: mé cráite
27 ag cumhscraíocht le .i. ag dul i ngleic le ...
28 Níor bhuail an file riamh le leithéid clú is méin na mná?

10. Tá Ainnir Chaoin le Seal 'om' Chloí

Fonn 'Caiseal Mumhan' a mholtar don dán **Tá Ainnir Chaoin le Seal 'om' Chloí** sa phríomhfhoinse. Faightear leaganacha de 'Caiseal Mumhan' i gConnachta, in Ulaidh, agus sa Mhumhain. Féach leagan de in *An Duanaire,* le Seán Ó Tuama agus Thomas Kinsella (1981) lgh. 278-280. Ní foláir a rá nach mbuailtear leis an amhrán seo sna lámhscríbhinní go dtí i bhfad i ndiaidh bhás an fhile.

Príomhfhoinse: Ac.R.É. 24 M 5, 56, a scríobh Seán Ó Dálaigh i mBaile Átha Cliath idir 1851-57. Leag sé ar Phádraig Ó Conchobhair é.

Foinsí eile: Gaillimh. de hÍde 14, 129, a scríobh Dónall Mac Consaidín sa Chathair Bheannaithe, Co. an Chláir, sa bhliain 1850. Scríobh an Consaidíneach faoin amhrán: 'Meastar go coiteann gurbh é an tAth. Uilliam Inglis dob údar don amhrán thuas sul ghlac sé cois-reagadh'. Tá fáil air chomh maith i Cambridge. Add. 6558, 129, a chóipeáil Standish Hayes O'Grady ó shaothar Uí Dhálaigh (de Brún agus Herbert, 1986, 71).

Léamha ó 24 M 5:

1. Atá aingir ... am chlaoidheamh; 2. gaeithe; 3. díbh ... theangmhadh; 4. óm ghaoidhealta; 11. me ar baois; 12 méinn; 13 a malla chaoil; 16. bean Pharis Phriam; 23. níor dheonadh; 24. don tsaoigheal; 25. tu am líon; 27. dhearbhuighis; 31. tar sáil a ccéin.

Meadaracht : Ceathrúna ceathairlíneacha, a bhfuil sé chéim i ngach líne. Seo í aiste mheadarachta V. 1, 3, 4, 5, 6, agus 8:
4[-/a-/i:-/a-/i:-/a:-/e:]. Is /i/ atá in áit /a/ sa chéad chéim de V. 2.
Is í aiste mheadarachta V. 7 ná:
A[-/o:-/i:-/o:-/i:-/a:-/e:] + B[-/a:-/i:-/a:-/i:-/a:-/e:] +
C[-/a-/i:-/iə/i:-/a:-/e:] + D[-/a-/i:-/a-/i:-/a:-/e:].

Nótaí Mínithe:

9   'a folt go fíor' sa phríomhfhoinse. Glactar leis go raibh gruaig chatach (fiar) ag an mbean, agus go raibh cead comhfhuaime idir /i:/ agus /iə/. Féach Uimh. 23 (b), líne 11.

21-24   Admhaíonn an file a pheacaí i gcoinne na mban sa cheathrú seo, ach teastaíonn uaidh fós seal a chaitheamh lena ghrá, agus nára maith ag an gcléir ná ag an saol é! 'Is beag an chiall don pheaca collaí a bhíonn in amhráin na ndaoine trí chéile' (Ó Tuama, *An Duanaire, 1600-1900*, 1981, 280).

30   Leath na ráflaí fúthu ar fud Chorca Bhaiscinn .i. ón gClár,
        cóngarach do Dhroichead an Chláir siar go Ceann Léime.

11. Do Tharla Inné orm

An t-aon sampla den amhrán macarónach i saothar Uilliam English is
ea **Do tharla inné orm**. Amhrán an-chliste é, a léiríonn máistreacht
an fhile ar an mBéarla is ar an nGaeilge. Arís eile faightear an
ghraostacht ann, agus shamhlófá le saothar Ovid cuid de na seintim-
intí a léirítear ann:

> Yf she disprayse my verses and the maker
>   to winne her lyking, I some love would lend her
> Goes she well grac'te her gate woulde make me take her
>   Yf not I thinck to touch a man myght mend her.
>   (Mac Craith, 1989, 108)

Shamhlófá an t-amhrán thuas le filíocht ghrá an iar-Reistiréisin, dála
Ag Tarraingt ar Aonach na gCoirríní. Is fiú a thabhairt faoi deara
freisin meafar an léigir ar an mbean ann, a bhfuil a mhacalla sna dánta
cogaidh leis, go háirithe sa chur síos ar léigear Phráig.

Príomhfhoinse: Ac.R.É. 23 C 21, 257-258, a scríobh Eoghan
Caomhánach, in Ospidéal, Co. Luimnigh, idir 1816 agus 1817.

Foinsí eile: Corcaigh. C.40, 309. Aberystwyth. A9, 160. B.L. Eg.
160, 70; Add. 31874, 122. Ac.R.É. 23 N 9, 43.

Ba i Loch Garman, i Luimneach, agus sa Chlár a breacadh an dán seo
sna lámhscríbhinní.

Malairtí ó 23 C 21/23 N 9 : 2. an fánuidhe … mar Venus a gclodh /
fághanach … 7 éistig leam ghlór; 4. ba sámh deas/ *is ba lághach;*
5. do labhair … beol /*do bheanaig … béal;* 9. speak/*speak;* 13. ní
taithniomh liom iad /*ní maith liom féin iad;* 14. céad gráin orrtha is

deacair is asmailt /*ár ortha is easbadh is galar;* 15. 'na mbeadh casa 'na ciabh /*'na meach lasa 'na ciabh;* 22. a lúibín na cruinne /*a bhruinnioll na finne;* 23. go séimh /*go cluthar;* 26. ní baoghal /*ní gábha;* 27. do ghúna is do Hoop is do léine /*do Hoop is do ghúna 's do chóta;* 28. siúd mar do mhúineas dom chúilfhionn a ceacht /*'s as súgach do mhúineas dom stórach a ceacht*; 29-32 ar iarraidh ó 23 C 21. 33. I like well you language young man then said she /*Do chromas dá múine;* 34. I vow and declare I will learn of thee /*is cursa na núdar do thuig sí;* 36. go mbfhearr léi Gaodhailge ná Béarla míle uair / *is dob aite lé Gaoidhilge ná Béarla céad uair.*

I gCló: Ó Foghludha, 1937, 1. Níor chuir sé i gcló, áfach, ach an chéad cheithre cheathrú den dán. Tá fáil air chomh maith in Hardiman, 1831, 82 agus Ó Muirithe, 1980, 65 agus Carpenter, 1998, 327.

Meadaracht: Amhrán macarónach, le ceathrúna a n-athraíonn an aiste mheadarachta iontu ó cheathrú go chéile ann.
V.1: 4[-/a:--/e:--/e:--/o:].
V.2: 2[-/a--/a--/a--/o:] + 2[/e:--/a--/a--/o:].
V.4: 4[-/a:--/a--/a--/i∂].
V.6: [-/i--/i--/e:--/a:] + [-/u:--/i--/e:-/a:] + [-/u--/e:-/a--/a:] + [-/e:--/i--/i--/a:].
V.7: 2[-/e:--/ai-/o:--/a] + 2[-/u:--/u:--/o:--/a].

12. Tá Óigbhean sa Tír

'D'aon adhmad agus d'aon déanamh amháin an iarracht so agus **Raghsadsa féin anonn'**, a scríobh an Foghludhach faoin dán **Tá Óigbhean sa Tír** (Ó Foghludha, 1937, 57). Lean sé air, áfach: 'acht ní maith is féidir amhrán aonair a chumadh asta, go bhfadham déanta é i scríbhinn ón ochtmhadh céad déag'. In aon LS. amháin a fuarthas an ceann seo .i. M.N. M9, 394. Ní chuirtear i leith Uilliam English ann é. Is léir a thionchar, áfach, ar **Tá Óigbhean sa Tír**, sna véarsaí seo leanas go háirithe:

Raghadsa féin anonn faoi thuile bharc na dtonn,
is fágfad mo ghrágheal san áit so fá smúit.
'S é mo chiach mo chreach mo chumha gan fáil foirithin
   dúinn.
'S ní fhágfainn go brách thu, dá mb'áil leat teacht liom.

2

'S eolach dom sa tír óigbhean deas gan teimheal.
Is trom a folt 's is leabhair a crobh, is modhail 's is maiseach í.
Níl claonadh beart 'na croí, ach tréithe is iomad grinn.
'S is é mo chreach ná féadaim teacht i gcéin thar lear 'gus í.

3

'S álainn í i ngach céim ó bharr a cinn go féar.
Bláth an droighin gur sháraigh sí, is scáil a píp' mar aol.
A dhá crobh mhíne réidh ba dháilteach iad sa déirc,
's gurbh í grá mo chroí rug barr ón mnaoi lér' fúigeadh cloíte
   'n Trae.

Arís eile, freagraíonn línte 56-60 den dán **Tá Óigbhean sa Tír** don
dá líne seo leanas:

Do chuirfinn fút gan mhoill gearrán súgach groí,
'd'fhuadódh chugam thú i bhfad ód dhúthaigh mar a gcuirfeá
   an smúit san díot.

Príomhfhoinse: L.N. G434 (b), 59-61, a scríobh Peadar Ó Longáin
sa bhliain 1837 do T. Hewitt (Ó Conchúir, 1982, 136).

Foinsí eile: L.N. G441, 83. Corcaigh. T. iv, 128. Mainistir Fhear Maí.
CF25, 123. Cambridge. Add. 6558, 306. Seilbh Phríobháideach an
Athar Pádraig Ó Colgáin, Carraig an Chabhaltaigh, 160 (Ó
Fiannachta, 1995, 142), maraon le haistriúchán Béarla ar lch. 161 den
lámhscríbhinn.

Cuirtear an dán thuas i leith Uilliam English sna LSí. go léir, ach níor
thángthas ar aon fhoinse a breacadh fad a mhair an file. Sa bhliain
1740 a cumadh é, dar le Peadar Ó Longáin (G434[b], 59). 'The air I
know not' a mhaígh sé.

Léamha ó G434: 5. momhuil; 14. grian ar bóthar; 15. baibín órtha an ghrinn; 20. a ccéin tar gus í; 32. gan gruaim; 53. a ttiocfadh líom; 54. caetheamhuil.

Faightear ceithre véarsa breise curtha leis an dán i CF25, 124:

Tá mo chairde ar mo thí
gach lá geal dá dtigheann,
chion grá 'thabhairt
don bháinchnis,
gur chráigh sí mo chroí.

'A mhaighdean tuigse an ní
gurbh amhlaidh dom ba chuí
bheith súgach sultmhar,
lán de chion,
ag mnáibh le hiomad grinn.

A Bhríd, a mhaighdean tséimh
na gcaoinrosc meidhreach réidh,
Scarlet mhín
atá ina píbse
d'fhág na mílte tréith.

Nach náireach díbh mar scéal
bheith 'om' cháineadh i dtúis gach lae,
's gur le hordú Chríost
fuair ár sinsir
tosach slí ar an saol.

I gCló: Ó Foghludha, 1937, 14.

Meadaracht: Véarsaí cúiglíneacha, a n-athraíonn an aiste mheadarachta iontu ó véarsa go chéile: pátrúin:
V.1: 2A[-/o:--/i:] + 2B[-/au-/o] + C[-/au-/a-/i:].
V.2: 2A[--/e:-/e-/i:] + 2B=[-/e:-/a] + C[-/e:-/a-/i:].

V.3: 2A[-/a:-/o:-/i:] + 2B[/e:-/o:-] + C[/a:-/o:-/i:].

V.4: 2A[-/e:-/a-/i:] + 2B[-/e:-/a] + C[-/e:-/a-/i:].

V.5: 2A[--/o:-/u:-/a:] + 2B[--/o:-/i:] + C[-/o:-/i:-/a:].

V.6: 2A[--/e:-/i:-/a:] + 2B[-/a:-/i:] + C[-/o:-/i:-/a:].

V.7: 2A[-/a:-/e:-/u∂] + 2B[-/a-/e:] + C[-/a-/e:-/u∂].

An Aisling

Straitéis uilí í an aisling i litríocht an domhain, ó na litríochtaí is cianársa dá bhfuil againn anuas go dtí ficsean is béaloideas an lae inniu. Bhí sí ar cheann de na seánraí ba choitianta sa litríocht mheánaoiseach trí chéile agus baineadh earraíocht aisti go háirithe sa litríocht theagascach agus sa litríocht fháithchiallach. Dob fhéidir teacht ar charachtair is ar eolas san aisling nach raibh teacht orthu sa saol laethúil (Ó Buachalla, 1996, 531).

13. Is é Seon an Siollaire

Is carachtar ar leith í, gan aon agó, an neach sa dán thuas, agus tá cuma na Cúirte Éigse ar an mbailiúchán filíochta sa lámhscríbhinn Ac.R.É. 23 L 37, a bhfuil cóip den dán áirithe sin ann. An tAth. Tomás Ó Briain a bhí i gceannas na cúirte, de dhealramh, mar ba é a chuir 'an bhean thar ceann fir, Seán' chun bóthair. Scaoiltear chun bóthair é/í 'gan phlé, gan phas', agus pléitear 'teastas' agus 'séala' na Cúirte chomh maith (Nic Éinrí, 2001[b], 29). Ní bhuailtear le haon bhailiúchán eile ar Sheon Anna sna lámhscríbhinní, ach castar ar na dánta ina gceann is ina gceann. 'Uilliam English cct. d'Anna Prior .i. óinseach éigchialluighe do bhí ag imtheacht ó fhile go file ar fuaid na Múmhan' an ceannscríbhinn atá ar an dán in Ac.R.É. 23 E 16. Ansin a fheictear an chríoch áirithe seo i ndán Shéamais Mhic Coitir ar an neach:

Ye great anatomists behold this creature;
tis more than ever ye saw in nature;
John made a female; Anna made a male.
Anna a male female; John a female made.

'Amalóg mná' ba ea Anna Prior, dar le Torna, a bhíodh ina teachtaire do na filí. Ba í féin údar gach aiste, dar léi, agus chaitheadh sí culaith fir uaireanta, ag áiteamh gur dódh a héadaí féin (Torna, 1954, 472).

Ba dhóigh le Anna Heussaff go raibh an neach seo déghnéasach, agus ghlaoigh sí 'Seán Anna Prióir' uirthi (Heussaff, 1992, 104-106). Áitíonn údair an leabhair *An Mangaire Súgach* gurbh é Seán Clárach Mac Domhnaill an neach; go raibh air teitheadh de bharr na haoire a chum sé ar James Dawson, ach gur lean sé air ag seachadadh filíochta i mbréagriocht (Comer Bruen agus Ó hÓgáin, 1996, 182-184. Féach freisin Nic Éinrí, 2001[b], 23-34).

Príomhfhoinse: Ac.R.É. 23 L 37, 284. Seán Stac a scríobh an chéad chuid den LS. seo idir 1706-1709, i gCorcaigh. Is sa dara leath di atá thart ar scór go leith dán, agus ceann seo Uilliam English san áireamh, faoin neach fireann/baineann Seon Anna. Ní fios cathain a scríobhadh an dara leath seo, ná cé scríobh é (Ó Conchúir, 1982, 185).

Foinsí eile: Ac.R.É. 23 E 16, 350; 23 N 32, 149. M.N. M10, 62; M94, 4. Mainistir Fhear Maí. CF. 25, 293. Corcaigh. T51, 117.

Ba i gCorcaigh, don chuid is mó de, a breacadh an dán seo sna lámhscríbhinní.

Malairtí ó 23 L 37/*M10:* 1. do sgothus; 2. cainnteach caicc/*chaoin tais cháidh;* 3. aoibhneas is grinn/*ionnamhuis grinn;* 6. na dothchus/ *na dothchus* (dá dóchus-23 E 16); 8. is curthar le Seon/*goirthear di Seón;* 11. óinbhid bhile/*bínseach bhuile* (óinseach bhuile-23 E 16); 12. nuagh/*nógh.*

I gCló: Ó Foghludha, 1937, 11.

Meadaracht: Ceathrúna, a n-athraíonn an aiste mheadarachta iontu ó cheathrú go chéile. Mar seo a ghabhann V.1: 4[-/o:-/u--/u--/i:-/a:]. Aiste V. 2 ná: 4[/a-/i--/i--/o:-/e:]. Mar seo a ghabhann V.3: 4[-/o:-/i-(-)/i--/e:-/o:].

Nótaí Mínithe:

3   ionmhas grinn na ndámh .i. staicín áiféise i measc na bhfilí.

6   Is dócha go gciallaíonn an líne seo 'de réir mar a oireann di'. Cabharthach agus tairngeartach ba ea Seon Anna, de réir na filíochta a cumadh fúithi, agus gheobhfá an neach seo a chur i gcomparáid le hAodh Eangach a mhair i litríocht na Gaeilge ón deichiú haois. Samhlaíodh ról an Mheisiais leis (féach Ó Buachalla, 1989, 223 agus 1996, 493. Féach freisin Nic Éinrí, 2001[a], 31).

7   Céin .i. Cian Mac Maolmhuaidhe (960-1015). Mac Rí na Mumhan ba ea é, a phós Sadhbh, iníon Bhriain Bhoraimhe (Ó hÓgáin, 1990, 86-87).

9-10   Tagairt don taisteal a dhéanann Seon Anna ar fud na tíre atá anseo, agus faightear macalla láidir ann de chamchuairt an Chaisidigh Bháin. Bhíodh seisean, leis, ar fán agus é ina fhear grinn in Éirinn san ochtú haois déag. (Nic Philibín, 1938, 23-40). Aibhistíneach ba ea é, dála Uilliam English, ach d'fhág sé an tOrd.

12   Is mó tagairt atá do éadaí tríd na dánta do Sheon Anna sa lámhscríbhinn 23 L 37. 'Aibíd' a chaitheadh sí dar le filí áirithe; 'cóitín' a bhí uirthi, dar lena thuilleadh, fad is gur áitigh údair eile go raibh sí 'gan fothain ón bhfuacht' (23 L 37, 286). Rachadh an tuairisc dheiridh seo leis an tróp filíochta Gaeilge den bhean nocht. Ar deireadh thiar, b'fhéidir nach raibh i Seon an Siollaire ach 'beannacht' ar phár, i bhfoirm filíochta!

14. Ar Leaba Aréir is Mé im' Shuan

'Uilliam English cct. do mhnaoi Sheághain Cláraicc' an ceann scríbhinn atá ar an dán **Ar Leaba Aréir is mé im' Shuan** in Ac.R.É. 23 N 9, 5. 'Dúradh gur phós Seán Clárach bean den chreideamh ghallda – Agnes White – agus nach mó ná maith an rath a bhí ar an bpósadh céadna' (Ó Foghludha, 1934, 12). D'admhaigh an Foghludhach, áfach, nach mó ná cinnte a bhí sé den phósadh, toisc nach raibh aon tagairt dó sna 'Marriage Licence Bonds of the Diocese of Cloyne'. Ráineodh, gan amhras, nach sa deoise sin a pósadh iad; tharlódh freisin nár nascadh riamh é le Agnes White, ach gurbh amhlaidh go rabhthas ag iarraidh an ceangal idir an neach fireann/baineann sin, Seon-Anna Prior agus Seán Clárach a mhíniú. 'Eanach Gheal' a ghlaoití ar an mbean go minic sa LS. Ac.R.É. 23 L 37, agus is léir an ceangal idir an t-ainm sin agus 'Agnes White', agus le 'Úna Bhán' freisin. Pé scéal é, ba dhóigh le Liam Prút gurbh ó bhéal bhean chéile Sheáin Chláraigh a tháinig focail an dáin seo (Prút, 1985, 191). Níorbh ea, gan amhras, mar is Aisling é, ina ndéanann Uilliam English iarracht an spéirbhean a mhealladh chuige féin. Ráineodh gurbh í Anna Prior an spéirbhean seo, bíodh nach luaitear a hainm; ná ní bhuailtear leis an dán seo sa chnuasach ar Sheon Anna sa LS. Ac.R.É. 23 L 37, a bhfuil an chumadóireacht thuas **Is é Seon an Siollaire** ann (Nic Éinrí, 2001[b], 23-34). Pé scéal é, ní raibh gnó an Mheisiais i ndán don fhile, san aiste atá idir lámha againn anseo ach go háirithe, mar nuair a dhein sé iarracht an bhean a mhealladh chuige féin, b'amhlaidh a dúirt sí go bhfanfadh sí mar a bhí sí, go bhfillfeadh a ráib!

Níor cuireadh aon fhonn leis an dán **Is é Seon an Siollaire**, ná le **Ar Leaba Aréir is Mé im' Shuan** sna lámhscríbhinní; buailtear le haiste filíochta eile, áfach, **Ar mo leaba aréir is mé im shuan** nach leagtar ar Uilliam English, ach a mbíonn an teideal 'Ó Bhean a' Tí' leis (Ac.R.É. 23 Q 3, 172; 23 E 1, 307, agus 23 E 12, 241). Oireann an fonn sin do dhán English **Ar Leaba Aréir is Mé im' Shuan** chomh maith. Aisling is ea an dán sin, leis, a bhfuil macalla sa véarsa seo leanas uaidh i gceapadóireacht English:

Léig feasta ded' phlé liom féin ar sí
nó an aithin duit Éire mhaorga mhín?
Is fada tá mé ag feitheamh lem' laoch
's is gairid gurbh é a bhéas 'na rí.
Agus aithris-se dhúinn ar dtúis, más fíor,
go bhfuil dá fhichid is céad gléasta díobh
in arm 's in éide ag taisteal go hÉirinn
chun gramaisc an Bhéarla 'séideadh as tíos.
's a dhuine a chroí nach suairc leat sin?

214 CANFAR AN DÁN

Príomhfhoinse: Ac.R.É. 23 M 6, 44-45, a scríobh Seán Paor sa naoú haois déag.

Foinsí eile: Ac.R.É. 23 L 13, 3; 23 N 9, 5; 23 Q 3, 172 'Ó Bhean an Tighe nó an Cabhair dúinn tú (gan údar); 23 E 1, 307; 23 E 12, 241. M.N. R. 69, 132; C15, 64. Gaillimh. LS. Bhreise 9, 263; de hÍde 17, 119. L.N. G207, 88. Manchain, Ryl. 86, 216.

Sa phríomhfhoinse amháin a fhaightear ceathrúna 3-7. 'Do mhnaoi Sheaghain Chláraicc' an ceannteideal sna foinsí go léir.

Malairtí ó 23 M 6/23 N 9: 1. air leabain; 3. gan bréig/*gan bhréig;* 5. Adubhairt gan stad/*a chúileann tais;* 39. (Ní chreidfin – Ryl. 86); 40. faicfead/*faicfeadh* (nách feicfiod – Ryl. 86)*;* 43. céan tsamhail/*cad é an samhuil duine.*

I gCló: Ó Foghludha, 1937, 12.

Meadaracht: Ceathrúna a bhfuil an aiste seo leanas do 1-2, agus 8 agus 10-11: 4[-/a--/e:-/e:-/u∂].
Seo í aiste mheadarachta 3-7: 4[-/a:/a:-/e:-/e:-/u∂].
Seo í aiste cheathrún 9: 4[-/a--/a:--/a:-/i:].

Nótaí Mínithe:

3-4 Gnáth-chur síos ar spéirbhean na hAislinge atá anseo. Báine is gile a shamhlaítí le Anna Prior.

8 dar Duach .i. ar mo leabhar breac!

15 File atá ar fán. Seán Clárach atá imithe chun sléibhe, is dócha?

19 An léamh a dhéantaí ar an líne sin ná gurbh fhear mór ban é Seán Clárach. Ráineodh, áfach, gur thagairt é don bhean a bhíodh ag seachadadh filíochta dó (Seon Anna, b'fhéidir?) i measc na bhfilí.

21-24 Duine de cheannairí na Traoi ba ea Aeneas, ach ba dhóbair dó i lámha Venus agus Dido. Laoch mór na Gréige ba ea

Ajax, ach bhain Athena díoltas as toisc gur dhein sé éigean ar Cassandra. An bhean Delilah a thraoch Samson, trína chuid gruaige a ghearradh.

26 Bhí caitheamh go drúisiúil i ndiaidh Bathsheeba ag Dáibhí, agus dhein sé deimhin de go marófaí a fearchéile i gcath (1 Rí 7.15, 16, agus 28). Dhíol sé go daor as a chaimiléireacht ar ball, áfach, mar dhein a mhac féin comhcheilg ina choinne (féach Nic Éinrí, 2001[a], 297-298).

29 nár thaobhaigh cnuas .i. nach raibh spriúnlaithe.

35 ná léig mé 'monabhar (monúr) .i. ná fág mé ag olagón, ag clamhsán.

15. 'Eolcha Gasta an Deigh-bhídh

Príomhfhoinse: M.N. M6, 271-273, a scríobh Pól Ó Longáin, sa bhliain 1818, don Easpag Ó Murchú, i bpáirt le Peadar, le Micheál Óg agus le Eoghan Tóibín (Ó Conchúir, 1982, 141).

Foinse eile: G118, 6.

'A fheidhil cháig gasda an deidhbhí' an chéad líne san dá fhoinse, agus ba dhóigh le Pól Breathnach go raibh sí truaillithe (*Clár, M.N., Fascúl 1*, lch. 55). 'The five stanzas deal with the return of the chiefs, and the marriage of Meidhbhín Ní Shúilleabháin, an allegorical name for Ireland' (*ibid.*, lch. 55).

Malairtí ó M6/ G118: 1. Fhéidhil/ *Fheidhil;* 2. beinn; 3. éirgídhig. 7. deidhchroidhe si; 9. leigh; 10. duíbhe; 13. Róighrídhe; 18. a fhadharthaoí/*a fadharthaoi;* 19. ccaoín. 25. tair/*tar;* 33. a cceill/*a cceill.*

I gCló: Ó Foghludha, 1937, 39. Chuir an Foghludhach 'eolcha' in áit 'feidhil', sa chéad líne. Toisc go bhfuil fuaim /o:/ de dhíth ón meadaracht, ghéilleamar dó.

Meadaracht : Véarsaí ochtlíneacha, ar an aiste 4[A+B]. Ó véarsa 1-4, is í an aiste mheadarachta ná: A=[/o:-/a-/∂ii:] B=[-/∂ii:-/u:-/a:]. Athraíonn A i véarsa 5 go [-/o:-/e:-/∂ii:].

Nótaí Mínithe:

1   'fheidhil cháig' sa phríomhfhoinse. Oireann 'eolcha' don mheadaracht, áfach, agus mar sin cloíodh le rogha an Fhoghludhaigh. Tharlódh gur téarma díspeagúil é, agus go raibh imeartas focal i gceist idir 'eolach/ólach'. Ag labhairt le beadaithe a ólann go gasta a bhí an file, b'fhéidir?

9   'leigh' /ai/ sa phríomhfhoinse, agus glactar leis go bhfuil a gcroí á leá le brón.

13   Bhí dhá ainm ar leith ann – 1. Ruaidhrí/Ruairí agus 2. Rudhraighe/Ruaraí. Tá leagan 1. i bhfad níos coitianta ná 2. Más 2. atá i gceist, foirm de 'Rudhraighe' is ea 'Raidhrí'.

18   'a fhadharthaoí' sa phríomhfhoinse. Ráineodh gur 'foithreacha' .i. talamh faoi choillte atá i gceist anseo, nó b'fhéidir gurbh iad na Foidhrí i gCo. Chiarraí a bhí in aigne an fhile. Níl ach cúpla míle slí idir na Foidhrí agus na Coirríní, a raibh tarraingt ag Uilliam English ar an aonach ann.

29-31   Móirín Ní Chuileannáin is ea Éire, an striapach a cheangail leis an táin ghallda. An t-aon Aisling a chum Seán Ó Tuama an Ghrinn – **Im Aonar Seal ag Ródaidheacht** – ba ar an bhfonn 'Móirín Ní Chuileanáin a chan sé é (féach Ó Foghludha, 1952, 118-120 agus Ua Duinnín, 1906, 5-6).

34   creill bhinn á mhúscailt .i. an cloigín binn á bhualadh chun go músclófaí (an ceol).

38   a mhúch an dámh .i. a d'fhág na filí ina dtost.

16. A Bhé na bhFód nGlas Ródach Rannach

Tá an Aisling seo tógtha ar an gcreideamh go mbíodh Éire pósta ar an Rí Cóir (féach McCone, 1980, 136-172). Éire is ea an bhean anseo atá anois ina striapach nó meirdreach ag Seoirse Rí na Breataine, bíodh go mbíodh sí pósta fadó ar Eoghan Mór, ar Éibhear is ar Éireamhóin. Ní uirthi féin an locht, a áitíonn sí, áfach, ach ar na Gaeil a ghéill do chraos is do pheacaí. Tugann an file misneach di leis an ngeallúint go dtiocfaidh Saesar, an *Pretender*, trasna na farraige chun í a phósadh. Tá sampla againn anseo de

insint shimplí neamhchas ar scéal na hÉireann … i bhfriotal fileata ceolmhar a thug sásamh don chluais is don chroí in éineacht. (Ó Buachalla, 1996, 561)

"Inglis follows the standard trope of the brazen harlot, a favourite among Irish literati from Céitinn to Ó Rathaile" a scríobh Eamon Ó Ciardha faoin dán seo (Ó Ciardha, 1998, 24).

Príomhfhoinse: Ac.R.É.23 F 18, 31-33, a bhreac Peadar Ó Longáin, uair éigin i ndiaidh 1825.

Foinsí eile: Ac.R.É. 24 L 38, 75; 23 O 15, 28; 23 C 8, 368; 23 O 26, 25; 24 M 5, 50. Corcaigh T.iv, 95; C. 63, 549. L.N. G441, 28; G 72, 98; G806, 182. Cambridge Add. 6558, 267. B.Á.C. Feir. 1, 728; Feir. 33, 112. Manchain, Ryl. 134 (lgh. gan uimhriú).

Ba i gCorcaigh, i mBaile Átha Cliath, agus in Inis, Co. an Chláir a breacadh an dán i ndiaidh bhás an fhile. 'Clár an Leasa' an fonn a moladh dó in 23 O 15.

Malairtí ó 23 F 18/23 C 8: 7. air nóin/*air neóin;* 12. gobhail; 13. D'éis; 14. dÉibhir Mhór; 19. claonta nódh is Gaodhailge leo/ *bréaga is móide is claonta nódh* ('is Gaoidheilge feodh' in 24 M 5); 21. mhómhrach; 31. téacht.

I gCló: Ó Foghludha, 1937, 25. Tá fáil air chomh maith in O'Daly and Walsh, 1844, 115.

Meadaracht: Ceathrúna le ceithre chéim i ngach líne, ar an aiste: 2A+B+A. A= [-/e:-/o:-/o:-/a-].
B= [-/e:-/o:-/e:-/o:-].

Nótaí Mínithe:

6   Eoghan Mór, ceannaire miotaseolaíoch na Mumhan agus leath theas na hÉireann, fad a bhí an leath thuaidh faoi Chonn Céadchathach (Ó hÓgáin, 1990, 182-183).

14   Éibhear. Ceannaire miotaseolaíoch a rialaigh sa leath theas fad a bhí a dheartháir, Éireamhóin, sa leath thuaidh. Athair Eoghain ba ea Éibhear.

15   Éireamhóin. Bhuaigh sé féin is a dheartháir, Éibhear ar na Tuatha Dé Danann. D'éirigh idir an bheirt deartháir ar ball, áfach, agus mharaigh Éireamhóin Éibhear (Ó hÓgáin, 1990, 175).

16   Tagairt do chath na Bóinne atá anseo a troideadh sa bhliain 1690, agus a raibh na bratacha ar foluain ann, ní foláir.

22   t'fhéinnidh feoite .i. do laochra marbh, críon.

30   'aon den phór a phósais cheana' – Nuair a fuair Eilís I bás i Sasana sa bhliain 1603 ba é Séamas Stíobhard a tháinig i gcomharbacht uirthi. Séamas I, Rí Alban, Saxan agus na hÉireann ba theideal dó feasta. Bhí Aodh Ó Néill, Iarla Thír Eoghain i measc na nGael a dhearbhaigh do phobal na hÉireann gurbh é Séamas I "our only lawful lineal and rightful liege lord" (Ó Buachalla, 1996, 3). Ghlac na filí leis, más ea, go raibh Éire pósta ar an Stíobhartach, mar a bhí sí ina nuachar ag Eoghan Mór nó ag Éireamhóin anallód.

17. Cé Sin Amuigh?

'Seventeenth-century Raparee' ba ea Éamonn an Chnoic, a bhfuil an dán seo tógtha air, agus ar baineadh leas as a íomhá ar ball chun cruachás Shéamais III a léiriú, a scríobh Breandán Ó Buachalla: 'Irish

Jacobite Poetry' in *The Irish Review XII* (Earrach/Samhradh 1992, lgh. 40-49). 'The song was later recycled and utilised again in reference to bonny Prince Charlie in the aftermath of Culloden' (Ó Buachalla, 1992, 47). Éamonn Ó Riain / Ned Ryan (*floruit* c 1704), ba ea Éamonn an Chnoic, a maireann a lán béaloidis faoi sa Teampall Uachtarach, Co. Thiobraid Árann fós. Bhí sé ag dul le sagartóireacht, ach mharaigh sé bailitheoir cíosa a bhí ag cur baintreach as seilbh, agus rinne sin meirleach de. Ba eisean a chum na hamhráin **Éamonn an Chnoic,** agus **Bean Dubh an Ghleanna,** de réir an tseanchais. Bhain 'cara' leis a cheann de le tua, de bharr praghas a bheith air; níorbh eol dó, áfach, go raibh maithiúnas faighte ag Ned ón tiarna, Maude, dar le seanchas Luimnigh thoir/Thiobraid Árann. An 'cnoc' a luaitear lena ainm, ba é 'Cnoc an Mheithil' é, agus ón gcnoc sin a thagann Rianaigh Mheithil, a bhfuil cónaí orthu i bPailís Ghréine sa lá inniu. Bhí sé cairdiúil le Galloping Hogan, agus tá sé curtha i gCorraichín, i bparóiste Thuaim, de réir an tseanchais chéanna. Luaitear Dún, Co. Luimnigh, mar áit a adhlactha, freisin, agus Faill an Chloig, Co. Thiobraid Árann. Mura raibh aithne ag Uilliam English air, is cinnte go mbeadh cloiste aige faoi.

Príomhfhoinse: Ac.R.É. 23 B 38, 11-12, a scríobh Séamas Ó Murchadha sa bhliain 1778 ag Droichead Ceann Poill, i gCo. Loch Garman. Níor leag sé ar Uilliam English é, áfach. Tá leagan trívéarsach de i Mainistir Fhear Maí. PB. 9, 35, a scríobh Seon Lloyd do Sheán Ua Callanáin i gCorcaigh, sa bhliain 1775. Chuir seisean i leith Uilliam English é.

Foinsí eile: Corcaigh. T. 15, 237. Cuirtear an dán i leith Eadbháird de Nógla i lámhscríbhinní eile. Leagtar an dán fada ar an Mangaire Súgach i Mainistir Fhear Maí. CF7, 146, agus i CF. 25, 68. An ceannscríbhinn a ghabhann leis ná: 'Comhrádh idir lanamhuin righeamhail óirdheirc atá cian d'aimsir air deighilt óna chéile, re fóirneart eachtrán, agus air tteangmhail air a chéile do chanadur mar leanus, ar thiúin Eamonn an Cnuic'. Ceannscríbhinn an leagain i PB9, 35 ná: Cómhrádh idir Éire et Chormac air an seanfhonn aerach Éamon a' Chnoic'. Is amhlaidh do leagan T. 15, 237. Cóip eile de in

Manchain, Ryl. 75, 51, ar aon dul le leagan na príomhfhoinse, gan ainm údair luaite.

Malairtí ó 23 B 38/*PB9*: 2. *Séarlus;* 4. *mo mhéalaso soin* (mo bhreun ghoirtse – Ryl. 75); 6. namhaíde/*chinneadh Mhílidh*; 10. gan sult/*gan suilt*; 12. a singnim/*sinim*; 13. *nár chuil;* 15. *ó thuile bíobha;* 25. *A Éigne is gile*; 30. *air bhaoghaluibh briot is laoisig;* 47. sinnim; 52. réighfid; 54. gléasfaid; 58. séidfid.

Meadaracht: Dhá líne dhéag i ngach véarsa, ar an aiste: 4[2A+ B] A= [/e:--/i(-)]. B= [-/e:--/i-/i:-].

Nótaí Mínithe:

2 — Séamas III, an sean-*Pretender* atá i gceist anseo, ní foláir.

15 — ó iomad bíobha .i. óna lán naimhde.

34-35 — Clement: An Pápa, Clement XIV, a chuir Ord na nÍosánach faoi chois sa bhliain 1773.

Pilib: Pilib V na Spáinne (1683-1746). Le linn Chogadh Chomharbacht na Spáinne (1701-1738), b'éigean dó Naples a thabhairt don Ostair (Utrecht, 1713, agus Rastatt, 1714). D'éirigh le Don Carlos na Spáinne Naples a athghabháil, áfach, sa bhliain 1734. Sa bhliain 1738 chuir Síocháin Vienna deireadh leis an gCogadh, agus deineadh Rí Naples agus Sicily de Don Carlos, faoin teideal 'Charles III of the Two Sicilies'.

39 — sa teagmhais go bhfuilim cloíte .i. sa chás go bhfuil buaite orm.

46 — gan time: gan laige .i. go cróga, láidir.

'An tAoire Óg' agus na 'Seáin Bhuí'

Fós is filíocht Sheacaibíteach í filíocht pholaitiúil an ochtú
haois déag trí chéile, filíocht ar buneilimint ina reitric idir
reibiliún is choimheascar idir eirleach is ainscrios, a bheith á
dtuar in Éirinn in ainm an Stíobhartaigh ... Cé nár ghá gur
macalla díreach é an téama liteartha ar an tuiscint choiteann, ní
móide gur gan fhios dá chéile nó neamhspleách ar a chéile a
d'fheidhmíodar sin ná na seintimintí comhchoiteanna eile a
nochtar san fhilíocht agus sa tuairimíocht araon: an díoltas a
bhí le baint amach ar Ghallaphoic, filleadh na huaisle,
athréimiú na nGael. (Ó Buachalla, 1996, 334, agus 618)

Seo leanas cúig dhán déag ar an ábhar sin: aon cheann déag ar an
bhfonn céanna, 'Seán Buí', agus ceithre cinn ar an bhfonn 'An
Craoibhín Aoibhinn Álainn Óg'. Luadh in *Poets and Poetry of
Munster* go raibh 'ten different songs to this air' (Seán Buí). Tá siad
ar fáil sna haistí a leanann an dán seo ó Uimh. 18 go 18 (j). Ní léir gur
freagraí iad go léir ar dhéantús Uilliam English, ach is cinnte go
seasann amhráin eile ar an bhfonn 'Seán Buí' ar leith – **Ag taisteal
na sléibhte dam sealad im aonar,** le Eoghan Rua Ó Súilleabháin (Ua
Duinnín, 1923, 88-89), mar shampla. Níor cuireadh a leithéid isteach
sa chnuasach seo, ná an dá véarsa dhéag a chum Fighnighin Ua
Sgannuill ar Sheán Buí (L.N. G807, 170). Faightear aistriúchán
Béarla faoi gach véarsa dá chuid ar an dul:

My friends salutation as they come in rotation,
Job's comforters aping to change me;
that incessantly airy, though passion prevailing,
Advice I distained and economy. (G807, 205)

18. M'atuirse Traochta na Fearchoin Aosta

Chum Uilliam English **M'atuirse Traochta na Fearchoin Aosta,**
mar shampla, sa bhliain 1742, dar le Ó Foghludha (1937). Níl aon

fhianaise sna lámhscríbhinní a thacódh leis an dáta sin, go bhfios dúinn. Glacann Ó Ciardha (1998, lgh. 20-22) le 1742 mar bhliain a chumtha, áfach, agus áitíonn sé go léirítear ann an buntáiste a ghabhfadh don náisiún Gaelach, Seacaibíteach dá mbeadh an bua ag na Spáinnigh agus ag na Francaigh ar na Sasanaigh. Pé scéal é, béimnítear san amhrán seo an creideamh go mbeadh an tír faoi bhláth dá mbeadh an Stíobhartach i gcoróin. Gheobhadh na Caitlicigh a séipéil ar ais, agus bheadh an Ghaeilge i réim arís.

Príomhfhoinse: Ac.R.É. 23 I 20, 68, a scríobh Conchúr Ó Súilleabháin sa bhliain 1754, do Sheán Mac Cárthaigh, b'fhéidir, i gCo. Chorcaí (Ó Conchúir, 1982, 178).

Foinsí eile: Ac.R.É. 23 L 24, 234; 23 C 16, 77; 23 C 32(b), 18; 23 B 38, 232; 23 L 13, 125; 24 B 29, 138; 23 D 12, 28; 23 E 1, 336; 23 B 14, 134 agus173; 23 M 11, 198; 24 C 55, [263]; 24 L 12, 205; 23 A 18, 49. B.L. Add. 31874, f.122; L.N. G136, 61; M.N. M10, 174; R69, 140; Boston Ath. S22, 282; Aberystwyth, A9, 158; California H.M4543, 205; Mainistir Fhear Maí, CF25, 170; Gaillimh de hÍde 24, 109, LS. Bhreise 1, 189, LS. Bhreise 2. B.Á.C. O'Curry 14, 183; Feir. 1, 568. 81. Seilbh Phríobháideach an Athar Pádraig Ó Colgáin, 180 (Ó Fiannachta, 1995, 142). Manchain, Ryl. 86, 219.

Fad a mhair an file breacadh an t-amhrán i gCo. Chorcaí, i gCo. Luimnigh, i Loch Garman agus sa Chlár. Sa naoú haois déag scríobhadh síos freisin é i gCo. Chill Chainnigh agus i gCo. Phort Láirge.

Malairtí ó 23 I 20/24 B 29:1. fearrachon/*fearrachoin;* 2. air lannaibh (CF25); 4. méirliocc/*mheirdrigh;* 5. na féinniocc/*phaenic;* 7. Shéamus/*Shearlus;* 13. as airuid … sgan tapa ansa ngaedheilge/*as bladhmhur an Béarla níl blas ar nGaoidhlge;* 15. *go gcasuidh la eigin;* 18. *sathadh síos;* 21. éighim/*glaodhm;* 23. go gléasa/*go gleusda.*

I gCló: Ó Foghludha, 1937, 40, Hardiman, 1831, 82, agus McSweeny, 1843, 25.

Meadaracht: Véarsaí ochtlíneacha, ar an aiste 4[A+B] Tá ceithre chéim in A agus trí cinn in B.
A= [(-)/a--/e:--/a--/e:-] B=[(-)-/a--/e:--/a:i:]. Ceathrúna ceathairlíneacha atá sa phríomhfhoinse. Scríobh scríobhaithe níos déanaí i véarsaí ochtlíneacha é, agus toisc gurbh ar an bhfoirm sin a scríobhadh na freagraí air, cinneadh ar an leagan sin a úsáid.

Nótaí Minithe:

4 ardchíos: Mar "quarterage" a mhíníonn Ó Ciardha (1998), 20, é.

7 leasainm ar Shéamas : "Séamus an chaca" an ghluais a chuir Séamas Ó Murchadha air "politely" in 23 B 38, 232 (féach freisin Ó Buachalla, 1996, 169). Dhein na scríobhaithe eile ó Sheon Lloyd (G 136, a scríobhadh sa bhliain 1756) ar aghaidh 'Séarlas' as an ainm. 'Séamas' atá sa phríomhfhoinse, áfach; ráineodh gurbh é Séamas II, a bhí i gceist, ar bhuaigh na Fuigeanna air in Albain, sa bhliain 1715, agus go mb'éigean dó filleadh ar an Eoraip ina dhiaidh sin. Ó 1720 ar aghaidh gheobhfá 'an *Pretender*' a ghlaoch ar a mhac siúd, Séamas III. Ina dhiaidh sin arís ba ar Shéarlas Edward a ghlaoití 'an *Pretender*' (Ó Buachalla, 1996, 402).

8 Seán Buí .i. Protastúnach, Sasanach.

18 (a). Stadaig d'bhur nGéarghol, a Ghasra Chaomh so

Príomhfhoinse: Ac.R.É. 23 B 38, 231, a scríobh Séamas Ó Murchadha, as Droichead Ceann Poill, Co. Loch Garman, idir 1778-79.

Foinse eile: Ac.R.É 23 B 36, 7; 23 B 14, 137, a scríobh Seán Ó Dálaigh sa bhliain 1829. Faightear freisin é ar lch. 174 de 23 B 14. Pádraig Cundún a bhreac an leagan deiridh seo sa bhliain 1825. Tá

224 CANFAR AN DÁN

fáil air chomh maith in Ac.R.É. 24 B 29, 139; 23 M 11, 207,agus 24 P 58, 65. TCD. H.6.14, 75. M.N. M10, 178; R69, 48; C7, 18. Boston Athenaeum S22, 290. Mainistir Fhear Maí CF25, 173. Cambridge Add. 2766, 8; Add. 6485, 153; Add. 6558, 87. B.Á.C. Feir. 1, 571. Manchain, Ryl. 75, 167. L.N. G805, 39

Malairtí ó 23 B 38/23 B 14: 1. stadaig bhur/*stadaidh dbhúr;* 3. *Albain Aosda;* 10. bhur nárd chaoi/*dbhúr nárd chaoi;* 16. a héirinn do Sheadhan Buídhe/*as Éire bhocht Seághan Buídhe;* 17. beith gairm aig gaodhalaaibh go fairsing na dhiaighsin/*beidh gairm dá éis sin go fairsing aig gaodhalaibh;* 18. mar tá thaoi/ *atáthaoi* (atamoimid – 23 B 36).

I gcló: Hardiman, 1831, 50; Breatnach, 2002, 435.

Meadaracht: Aiste 4[A+B] sna véarsaí. Tá ceithre chéim in A agus trí cinn in B.
A= [(-)/a--/e:--/a--/e:-] B=[(-)-/a--/e:--/a:i:].

Nótaí Mínithe:

11   ag tarraingt na cléithe .i. ag treabhadh is ag fuirseadh.

18 (b). A Bhalsam Dheas Mhaorga gan Ghangaid gan Aon Locht

Príomhfhoinse: Ac.R.É. 24 B 29, 141, a scríobh Tadhg Ó Donnabháin, i gCorcaigh, idir 1785-88.

Foinsí eile: Corcaigh. T.xvii, 54; M.N. M10, 179; Mainistir Fhear Maí. CF25, 175; Ac.R.É. 23 B 36, 9, 23 B 14, 176, 24 P 58, 66; Boston. S22, 291; Oll. na hÉir. B.Á.C. Feir. 1, 571.

Malairtí ó 24 B 29/23 B 14: 1. aonlocht/*éalluinn* (éalainng – 23 B 36); 2. a bfáil chrithch/*a bfail crioch* (a bhfáighil Chríoch – 23 B 36);

4. a bféirim/*a bhfeirim* (an éirim – 23 B 36); 7. sgo ttigeadh … go bfeiceadsa/*is go ttagaig … go ndearcfadsa);* 10. go bálltuidhe/*go baltuighe;* 14. an achrann léighin aige páistibh/*an acaran leigthe aig páistaigh* (an anachrann léin aige páistíghe – 23 B 36; a nancrad léin ag páistibhibh-CF25).

Meadaracht: Véarsaí ochtlíneacha, ar an aiste 4[A+B]. Tá ceithre chéim in A agus trí cinn in B.
A= [(-)/a--/e:--/a--/e:-] B=[(-)-/a--/e:--/a:i:].

Nótaí Mínithe:

1   Ag caint le Eibhlín Uí Chaoilte atá an file anseo, agus glaonn sé 'balsam' uirthi .i. ungadh, a leigheasann.
2   is gartha do bhéithibh .i. is cáiliúla i measc na mban.
3   is greanta: is slachtmhar;
         i bpraitinn: ar phár .i. scríofa síos.
4   in éirim na bhfáigí .i. dar leis na daoine léannta.
10   Tá an file ag gol go fuíoch (go báltaí, na deora ag cuimilt dá smig).
20   ag ceáfraíl .i. ag damhsa is ag pramsáil.

18 (c). Mo Dhainid go nÉagaid na Fearchoin Aosta

Mo Dhainid go nÉagaid na Fearchoin Aosta an freagra a thug Uilliam Dall Ó hIfearnáin ar Uilliam English. Aistríodh a dhán go Béarla sa naoú haois déag, faoin teideal **Alas for the Records of Ages afar** (Ac.R.É. 24 L 12, 186, agus Corcaigh T. lxix (c), 59). Seo leanas véarsa 2:

There's Greece and her glory, antiquity's star –
the Caesars of history's pages –
the ancients that gathered on far fam'd Sénaar,
our guides through the gloom of past ages

the Fenians high sway, and the proud palmy day,
when Rome fled afrighted from Daithi –
Sir's offspring of woe- all forgotten I trow,
if sung not in numbers of Shane Bui

'He composed this song in ridicule of the rhymers of that day, with whom this air was a favourite vehicle of verse' a scríobh Micheál Ó Anracháin faoi, i gCill Rois sa bhliain 1856 (24 L 12, 186).

Príomhfhoinse: Ac.R.É. 23 C 32 (b), 36, a scríobh Pilib Mac an Uisce (Waters) idir 1776 agus 1777. I bpáirt le Cláirínigh is mó a fheictear saothar Mhic an Uisce, ach ní fios cárbh as dó.

Foinsí eile: Ac.R.É. 23 B 38, 235; 23 L 13, 108; 23 L 24, 26; 23 D 12, 30; 24 A 5, [138] 36; 24 L 22, 16; 23 I 48, 70; 3 B 3, 70; 24 L 12, 185; 24 B 9 , 95; 23 A 50, 168; 23 A 18, 51. M.N. C5 (a), 119; C15, 52; R69, 39. Corcaigh T.liv, 20; T. xliv, 154. Gaillimh de hÍde 24, 110. 'Alas for the records of ages afar' an leagan Béarla den dán a fhaightear in 24 L 12, 186, a bhreac Micheál Ó Hannracháin i gCill Rois sa bhliain 1856. Manchain, Ryl. 86, 290; Ryl. 134 (lgh. gan uimhriú).

Ba i Loch Garman agus i Luimneach a breacadh an t-amhrán seo san ochtú haois déag, fad a scríobhadh síos i dTiobraid Árann, sa Chlár, i gCorcaigh, i gCiarraí, agus i bPort Láirge é san aois dár gcionn. Mholtaí an fonn 'Seán Buí' dó seasta. Bean amháin a bhí i measc na scríobhaithe a bhreac é, mar atá Mary Ryan (24 A 5, 36). Chuir scríobhaí Ryl. 134 mar cheannteideal leis:

> aig so Seaghán Buidhe do cheap Uilliam Dall air mbeith dho aig iarraidh aoidheachta oidhche a ttigh áirighthe agus ní ffághach sé díon a chinn ann ó gharsún dá raibh san teach muna ndéarfach ramhán dá raibh air siúbhal san am san air a ttugthaoi Seaghán Buidhe. Do gheall sé sin agus an tráth do héiligheadh é a dúbhairt mar leanas …

Sa bhliain 1778 bhreac Séamas Ó Murchadha as Droichead Ceann Poill, Co. Loch Garman, an rann seo mar mhalairt ar véarsa 5 (23 B 38, 236):

'Theacht i gcróin do Liam 'chuir fearg ar Ghaela,
    nuair cailleadh sa scléip úd sliocht Dáil gCais,
's an caisirnín claonmhar a tháinig 'na dhéidh sin
    'chuir maithe na hÉireann fá ardchíos.
Tá an téarma 'nois réidh leo, beidh bodaigh á dtraochadh
    ag clanna Mhiléisius 'tá lán d'aois.
Is geallaim don chléir cheart gur gearr go mbeidh éacht ann
    níos blasta le hinsint ná Seán Buí.

Malairtí ó 23 C 32/R69: 4. ghléidmheach/*léadmhach;* 6. bhfáig-ídibh/*bhfaigibh;* 7. gur mhallarta an saogal/*gur mhalartaigh an saogal;* 11. Shéanor (Senor – 23 A 18); 20. nuair measag leis éigean gach mná dhíobh/*nuair gealag dó an éiricc ón ard Righ;* 22. nuair gealag dó an éiricc ón ard Righ/*nuair measag leis éigean gach mná dhíobh;* 31. gcléirne/*ccléire* (ccléire – 23 A 18).

I gCló: Ó Foghludha, 1939, 56.

Meadaracht: Véarsaí ochtlíneacha, ar an aiste 4[A+B] Tá ceithre chéim in A agus trí cinn in B.
A= [(-)/a--/e:--/a--/e:-] B=[(-)-/a--/e:--/a:i:].

Nótaí Mínithe:

2   Fáilchríoch. Féach Uimh. 18, líne 10.
4   léadmhach: láidir, cróga.
11   Sénor. 'Sainair' (T.xliv, 155). Léitear sa Sean-Tiomna (Geineasas 10-11) faoi chlann Naoi ag iarraidh Túr Báibil a thógaint. Scéal é a mhíníonn bunús theangacha an chine dhaonna. 'Agus ag teacht anoir dóibh thángadar ar mhachaire i dtír Shionár agus chuireadar fúthu ann' (Ó

Fiannachta, 2000, 23). 'Tír Shínair' atá ag Bedel freisin (Bedel, 1830, 13).

Fuaim /e:-/ sa chéad siolla ag teastáil ón meadaracht, áfach. Ba ó *Foras Feasa ar Éirinn*, le Seathrún Céitinn, a fuair Liam Dall an tagairt seo, is léir, mar cuirtear síos ann ar 'dhálaibh Féiniusa Seanathair Ghaedhil go teacht tar a ais ó Mhaigh Seanáir dó' (*ITS.*, 1905 *Leabhar 1* Caib. XV, lch. 2). Ba í an chúis go ndeachaigh Féinius go Machaire Shionár ná 'chun fíreolas forusta do bheith aige féin is ag a scoil san teangaidh Eabhra' (*ITS.*,1905, Caib. XV, lch. 4).

14   Dáithí. Rí stairiúil a d'éag timpeall 445 AD. Insítear faoi na cathanna fíochmhara a throid sé sa Bhreatain agus san Eoraip (Ó hÓgáin, 1990, 147-148).

15   clann Lir. Ceannaire na dTuatha Dé Danann ba ea Lir. Féach *Oidheadh Chlainne Lir,* a scríobhadh sa cúigiú haois déag, a léiríonn mí-ádh na clainne sin.

17   Béinne. Mac Rí na Breataine. Féach thuas, Uimh. 2, líne 122.

19-20   Fearghus. Fearghus Mac Léide atá i gceist anseo, is dócha, mar bhuail sé le hollphéist agus é ag snámh, agus leis an sceon a bhí air cuireadh a bhéal ar cúl a chinn (Ó hÓgáin, 1990, 193).

21   Turgesius. Ceannaire na Lochlannach a d'ionsaigh Éire i lár an naoú haois. Chaith sé a shúil ar iníon Mhaoilsheachlainn, agus gheall an tArd-Rí go gcuirfeadh sé chuige í, i dteannta cúigear ban déag eile. Ach d'imir sé cleas air, agus maraíodh é (Ó hÓgáin, 1990, 410-11).

27-28   Bean Uí Ruairc a d'fhág Breifne chun éalaithe le Diarmaid Mac Murchadha – Mac Maoil na mBó, atá i gceist anseo (Ó Foghludha, 1939, 99).

29   Elizabetha. Eilís I, is a hathair, Anraí VIII atá faoi chaibidil anseo.

31   Oiliféar.i. Oliver Cromwell.

33   oirfideach: ceoltóir.

35   Cuireadh Conall Corc ar altranas chuig Feidhilim, draíodóir mná, sa chúigiú haois (Ó hÓgáin, 1990, 105). Ba é Corc a

'tháinig ar' Chaiseal don chéad uair, agus deirtí gurbh uaidh a shíolraigh géaga éagsúla Eoghanachta a raibh a lán dá sliocht ina ríthe ar Chúige Mumhan.

38   Séarlas an Fánaí .i. an *Pretender* ar fán.

18 (d). A Chara 's a Chléirigh ba Thaitneamhach Tréitheach

Is inspéise meafar leathnaithe na gcártaí tríd an dán seo a chum an tAth. Tomás Ó Gríofa ar an bhfonn 'Seán Buí'. "Cearrbhaigh" a d'imríodh cleas leis na cártaí ba ea na Seáin Bhuí, a mhalartaigh an Rí Cóir ar Sheacht an Spéireat, dar leis an bhfile. Áitítear ar Shamhairle (Séamas Stíobhartach III, is dócha) gan maireachtaint sa mhí-ádh i gcónaí .i. gan seasamh go bás ar a dhrámhasaí, ach an Mámh a imirt. Sa tslí sin caillfidh Seán Buí a léine sa chluiche .i. beidh an bua ag na Gaeil. Cuirtear i gcuimhne do Chathal (Séarlas Eadbhard) go bhfuil *Heart* maith ina láimh aige, ach é a imirt ar Sheán Buí.

Príomhfhoinse: Ac.R.É. 23 B 38, 234-235, a scríobh Séamas Ó Murchadha, as Droichead Ceann Poill, Co. Loch Garman, idir 1778-79.

Léamha ó 23 B 38: 1. a caraid; 2. mbán ccíoch; 10. seasamh … do dhráitibh; 12. mhádh; 18. áiridhig; 20. trí bearta; 29. tteangabhaig.

Meadaracht: Ar aon dul le hamhrán Uilliam English, agus le ceann Liam Dhaill .i. aiste 4[A+B] Tá ceithre chéim in A agus trí cinn in B. A= [(-)/a--/e:--/a--/e:-] B=[(-)-/a--/e:--/a:i:].

Nótaí Mínithe:

14   cásaíg .i. déanaigí cás dlí as, bígí ag gearán!
10 &12   drámhasaí: cártaí gan mhaith.
          mámh: an cárta luachmhar.

27   triallmhuireach. Ráineodh gurbh é an tAimiréal Edward Hawke a bhí i gceist ag an bhfile anseo, mar bhí sé i gceannas an chabhlaigh Shasanaigh.

18 (e). Fanaig go nÉisteam a Cheathair ar Chaoga

Mar seo a bhreac Micheál Ó hAnracháin an chéad véarsa de **O Wait till You Reach but the Year Fifty Four,** arbh aistriúchán é ar an dán thuas, sa bhliain 1856:

> O, wait till you reach but the year fifty four
> and I promise the High God shall free you!
> He shall shiver your Sassenagh chains evermore,
> and victor the nations shall see you!
> The thunder and lightning of battle shall rage –
> 'twixt Tralee and Berehaven it shall be –
> and down by Lough Erin our leader shall wage
> fierce war to the death against Seaghan Buidhe!
>
> (Ac.R.É. 24 L 12, 468)

'This epithet Seaghan Buidhe (Yellow Jack) was applied to the followers of William 3rd., a mhínigh Ó hAnracháin (24 L 12, 468). Leagan Béarla den dán **Fanaig go nÉisteam a Cheathair ar Chaoga,** a chum Seán Ó Cuinneagáin, is ea é.

Príomhfhoinse: Ac.R.É. 23 B 38, 234, a scríobh Séamas Ó Murchadha, as Droichead Ceann Poill, Co. Loch Garman, idir 1778-79.

Foinse eile: Mainistir Fhear Maí. CF25, 172; Ac.R.É. 23 B 36, 5; 23 B 14, 136, a scríobh Seán Ó Dálaigh sa bhliain 1829. Faightear freisin é ar lch. 173 de 23 B 14. Pádraig Cundún a bhreac an leagan deiridh seo sa bhliain 1825. Tá fáil air chomh maith in Ac.R.É. 24 L 12, 467, agus 24 P 58, 63. TCD. H.6.14, 73. M.N. M10, 176. Boston Athenaeum S22, 285. B.Á.C. Feir. 1, 569. L.N. G805, 38.

Malairtí ó 23 B 38/*23 B 36:* 6. do dearcfar ... cois trágha síos/*déanfar ... go tráig síos;* 9. casfadh/*casfa;* 11. a ccobhair/*aig cabhair;* 12. dár sheasamh ... cnámha Fhinn/*do sheasaimh ... gárda fhinn;* 13. sgaipfid/*greadfaid;* 14. Leagfaid/*lasfaid;* 18. a gcleídh/*le grádh croídhe;* 20. a ccealla/*aig agall.*

I gCló: Ó Dálaigh, 1925, 200.

Meadaracht: Véarsaí ochtlíneacha, ar an aiste 4[A+B] Tá ceithre chéim in A agus trí cinn in B.
A= [(-)/a--/e:--/a--/e:-] B=[(-)-/a--/e:--/a:i:].

Nótaí Mínithe:

7 Abhainn i gCo. Dhún na nGall is ea an Éirne. 'Calafort 'Éirne' is ea Béal Átha Seanaidh?
   gasra Shéarlais .i. lucht leanúna na Stíobhartach.
9 tagairt do na Géanna Fiáine atá anseo a mb'éigean dóibh Éire a fhágaint i ndiaidh bhriseadh na Bóinne, Luimnigh, agus Chinn tSáile.
13 Bréantuirc .i. ainm maslaitheach ar na Sasanaigh.
20 ag agall na saorscolaibh .i. ag glaoch ar na scoláirí, nó ag argóint leis an éigse.

18 (f). Cá bhFuil bhur Saothar le Daichead is Caoga

Príomhfhoinse: Ac.R.É. 24 B 29, 140, a scríobh Tadhg Ó Donnabháin, i gCorcaigh, idir 1785-88. 'Deire leis sin mar an ccéadna' a bhreac sé ag bun an dáin.

Foinsí eile: L.N. G805, 41. M.N. M10, 179; Mainistir Fhear Maí. CF25, 173; Boston. S22, 292; Oll. na hÉir. B.Á.C. Feir. 1, 572.

Léamha ó 24 B 29: 1. dá fhithchid; 2. dá ármhaoidhiomh; 4. bhur bféirim; 7. go ttigeadh; 12. aon duine; 13. do chanadar; 17. dá ttigeach; 18. armhadhm; 19. do stathadh; 20. na bfeainatics … do chráig.

Meadaracht: Aiste 4[A+B] sna Véarsaí. Tá ceithre chéim in A agus trí cinn in B.
A= [(-)/a--/e:--/a--/e:-] B=[(-)-/a--/e:--/a:i:].

Nótaí Mínithe:

11	fáil athrach céile do Bhanba .i. ag fáil rialtóra nua do Éirinn. Tá rialtóir nua de dhíth ar Éirinn, a dhearbhaíonn an file, ach b'fhearr aon duine ná Seán Buí.
14	in áthbhaois .i. gan chiall, go hamaideach.
16	An Stíobhartach is ea an tArdmhaoir.

18 (g). Tá an Fharraige ag Taoscadh 's an Talamh ag Réabadh

Príomhfhoinse: Ac.R.É. 24 B 29, 141, a scríobh Tadhg Ó Donnabháin, i gCorcaigh, idir 1785-88. Ba dhóigh le duine go raibh an scríobhaí bréan de na dréachtaí faoin uair a shroich sé an dán áirithe seo, mar bhreac sé: 'Fé dheireadh thiar thall. Ag sin agaibh a léitheoirí críoch agus foircheann ar a ráinig chugamsa do na Seáin Bhuí, agus is leor a bhfuaireas díobh'.

Foinsí eile: M.N. M10, 180; Mainistir Fhear Maí. CF25, 174; Boston. S22, 293; Oll. na hÉir. B.Á.C. Feir. 1, 573.

Léamha ó 24 B 29: 2. Phaébus; 3. feachuinn sa ngealuig; 5. tarang; 6. dá; 7.dá … gaoithibh; 16. cheirt; 20. claímhe.

Meadaracht: Aiste 4[A+B] sna véarsaí. Tá ceithre chéim in A agus trí cinn in B.
A= [(-)/a--/e:--/a--/e:-] B=[(-)-/a--/e:--/a:i:].

Nótaí Mínithe:

12   clanna Mhiléisius .i. na Gaeil.
13   i leabharaibh léire .i. i leabhair chruinne.
20   a hál chlaímh .i. an dream a fuair seilbh ar Éirinn le neart claímh.

18 (h). Is Fada do Ghaelaibh in Achrann Éigin

Príomhfhoinse: Ac.R.É. 23 B 38, 231-232, a scríobh Séamas Ó Murchadha i nDroichead Ceann Poill, Co. Loch Garman, idir 1778 agus 1779.

Foinsí eile: Ac.R.É. 23 C 21, 231.

Léamha ó 23 B 38: 2. phuinn; 7. aroimhe; 8. ár namhadhaibh; 14. anabhfonn; 16. ní fearra liom Éire ná breághan buídhe; 18. an tsním; 21. maradh; 23. go sgaipeadh … go leagadh; 24. na bathlaso.

Meadaracht: Aiste 4[A+B] sna véarsaí. Tá ceithre chéim in A agus trí cinn in B.
A= [(-)/a--/e:--/a--/e:-] B=[(-)-/a--/e:--/a:i:].

Nótaí Mínithe:

9   na féinnidh ná maireann in aon chor: na laochra atá marbh.
11   a gcéadail: a gcuid ceoil.
20   ina chaomhthacht: ina chomhluadar (chaoifeacht)
24   na bathlaigh seo 'n eirligh: na bastúin (na bodaigh) seo a dhein scrios .i. na Sasanaigh.

18 (i). Tríom' Aisling do Smúineas

Mar fhreagra ar **M'atuirse Traochta** a chum Muiris Ó Gríofa **Tríom' Aisling do Smúineas**, ní foláir, agus bíodh go bhfuil athrú beag ar an meadaracht, moladh an fonn céanna .i. Seán Buí, dó sna foinsí lámhscríofa. Chum an Gríofach an Aisling seo, is dócha, de bharr Uilliam English a bheith in ísle bhrí faoi Shéamas III a bheith ar deoraíocht in athuair, agus gan fáil ar na Gaeil chróga ach chomh beag, chun Éire a shaoradh. Taibhsíodh don Ghríofach gur dhein Caralus (Séarlas Eadbhard) na Gaeil a ghairm ar ais, is gur bhrúigh siad na Fuigeanna faoi chois. Bhain sin creathadh as na Sasanaigh (na Seáin Bhuí) dar leis.

Príomhfhoinse: Ac.R.É. 23 I 20, 69, a scríobh Conchúr Ó Súilleabháin, ó pharóiste an Teampaill Ghil, i gCo. Chorcaí, sa bhliain 1754, do Sheán Mac Cárthaigh, b'fhéidir (Ó Conchúir, 1982, 178).

Foinsí eile: L.N. G136, 62. Ac.R.É. 23 L 24, 235; 23 C 16, 78; 23 C 32(b), 19; 23 L 13, 125; 23 D 12, 29; 23 O 47, 4; 23 A 18, 50; 23 E 1, 25. California H.M. 4543, 190. Gaillimh de hÍde 24, 109. B.Á.C. O'Curry 14, 183. Manchain, Ryl. 86, 220.

Breacadh an t-amhrán i gCorcaigh, sa Chlár, agus i gCo. Luimnigh san ochtú haois déag, fad a shroich sé Port Láirge féin sa naoú haois déag.

Malairtí ó 23 I 20/*G136:* 6. (ar shleasaibh na srúill shoir ag ráfluídheacht – Ryl. 86); 10. Gaoidhil; 12. calamtuilt; 15. gcalla Whigg/*gallapoc;* 18. lútar/*Liútar* (Luther – Ryl. 86)*;* 22. suilt mar shláintíoch/*súch sultmhar sláintíoch.*

I gCló: Ó Foghludha, 1937, 41.

Meadaracht: Aiste 4[A+B] sna véarsaí. Tá ceithre chéim in A agus trí cinn in B.
A= [(-)/a--/u:--/a--/u:-] B=[-/a--/u:--/a:i:].

Nótaí Mínithe:

3   'd'fhuil Choirc' Ba ó Chorc a shíolraigh muintir Chorca Dhuibhne, de réir an tseanchais (Ó hÓgáin, 1990, 119).

4   'fánaí'. Féach Uim. 18 (c), líne 38.

6   Malartaítear línte 6 agus a 4 sna foinsí breise. Roghnaíodh
       leagan amach na príomhfhoinse, Ac.R.É. 23 I 20, anseo.

12   Lugh .i. Lughaidh Mac Con a rialaigh sa leath theas
       d'Éirinn, de réir an tseanchais (Ó hÓgáin, 1990, 277).

16   'I don't like that word "mún", tis so very low. I thought to
       change it to "múineas" but feared it would make nonsense
       coming after "bainfidh siad" (scríobhaí Ac.R.É. 23 O 47, 4).

18 (j). Dá dTagadh ár bPrionsa
go Meanmnach Súgach

Lean Seán mac Canaidh den mheadaracht chéanna ina dhán **Dá
dTagadh ár bPrionsa go Meanmnach Súgach,** inar áitigh sé go
mbeadh sé ag ceáfraíl thart dá bhfillfeadh an *Pretender*, bíodh gur
chealg an gúta féin é!

Príomhfhoinse: Ac.R.É. 23 B 38, 233, a scríobh Séamas Ó
Murchadha, as Droichead Ceann Poill, Co. Loch Garman, idir 1778-
79.

Foinsí eile: Mainistir Fhear Maí. CF25, 171; B.Á.C. Feir. 1, 569.
Ac.R.É. 23 B 14, 135, a scríobh Seán Ó Dálaigh sa bhliain 1829.
Faightear freisin é ar lch. 175 de Ac.R.É. 23 B 14, a bhreac Pádraig
Cundún. Leagan ceathairvéarsach a scríobh seisean, agus áitítear sa
cheathrú ceann:

> Dá bhfachfair go séanmhar mo sheabhach suilt Séarlas
>   ag seasamh mar Shaesar 'na Ard Rí,
> is gearr a bheadh Gaeil ghlain ag Galla fá dhaorsmacht,
>   is ba cheannasach cléir cheart ag gáirí.
> Níl *Swadlers* ná *Quakers, Anabaptists* ná *Atheist Whig,*
>   *Presbyterians* is láthraí,
> ná Cailbhineach craosach ná chnapfainn go caothach,
>   go gcnagfainn an plaosc ag Seán Buí.

Téann an téama thuas le seintimintí an Dara Reifirméisin, go háirithe sna tagairtí do *Anabaptists, Swadlers, Presbyterians*, etc. ann (féach de Brún in *Éigse*, 1982-87).

**Malairtí ó 23 B 38/*23 B 14:* 3. aig ceangal mo lúthach/*a cceangal mo lúith me;* 4. mo cheáforaíl/*mo cheathfraoíl;* 6. na mbrúthdach/ *mbúraibh;* 16. 'sa mbeartaibh le Lúitear/*le Calbhin is lúter.*

Meadaracht: Aiste 4[A+B] sna véarsaí. Tá ceithre chéim in A agus trí cinn in B.

A= [(-)/a--/u:--/a--/u:-] B=[(-)-/a--/u:--/a:i:] – don dá véarsa tosaigh.

Athraíonn an aiste ríme i véarsa 3 (agus 4 thuas):

A = [-/a--/e:--/a--/e:-] B = [-/a--/e:--/a:i:].

Nótaí Mínithe:

1   Prionsa .i. An *Pretender.*
12   Clár Choinn .i. Éire.

19. Is Déarach an Bheart do Chéile Ghil Airt

Ar an bhfonn 'Princess Royal' a chan Uilliam English **Is Déarach an Bheart do Chéile ghil Airt**. Is dócha gur cumadh an t-amhrán seo tar éis cath Chúil Odair, nuair a bhí na Gaeil in ísle bhrí, tar éis don "aoire óg" dul ar imirce. Féach an chomhbhá bhréige i véarsa 2. Iompaíonn an file ar Dhia ar deireadh chun Éire a shaoradh, mar a chabhraigh Sé leis na hIsraelaítigh dul trasna na Mara Rua (Ó Ciardha, 1998, 23). Ba réadúla Piaras Mac Gearailt ná Uilliam English, ar fhianaise an ráitis a chuir sé ag deireadh an dáin sa bhliain 1769: 'Ná rabhad-sa im' righ air Éire go mbiadh san mar san agus go dtuga Dia ciall don leath-éarladh dúirt an duanóg, ós é Uilliam English é.' (M.N. M58 [a], 29).

Príomhfhoinse: M.N. M58(a), 28-29, a scríobh Piaras Mac Gearailt sa bhliain 1769. Do bhean de mhuintir Bhuitléir ó Áth na Cise, gar do Mhala, Co. Chorcaí a bhreac sé é (Ó Conchúir, 1982, 27).

Foinsí eile: M.N. M6, 95; L.N. G371, 101; G118, 5; G441, 63; G96, 101; G806, 186. Ac.R.É. 23 F 18, 30; 23 O 26, 24. Mainistir Fhear Maí CF7, 144. B.Á.C. Feir. 1, 540.
Corcaígh a bhí sa treis i mbreacadh an amhráin seo.

Malairtí ó M58/M6: 2. 'saig éibhe/*sagéighmhe;* 3. as géar ghuirt an sgread/*go daorghuith asgread;* 6. *gach lae anois – CF7;* 8. an téighre/*an taodhuire;* 10. aenluith go héadmhar a séana a cceoil/*na héanlaith le héigin ag séanamh a cceóil;* (air chraobhuibh ag déanamh a cceoil – CF7); 12. fá bhréidibh ceo/*fá shláodaibh ceó;* 14. do céasadh ár laochra/*na féinicc dá ttraocha;* 16. an téighre óg/*éire go deó;* 23. ár ttréinbhile/ *ár ttréanpholla.*
Tá an Ceangal seo leanas ar fáil i gcuid de na foinsí breise:

> A Mhic mhaisigh a cheannaigh go péineach slógh,
> 's sa tóir id' dheasca gur cailleadh le Gaeil faoi dhó,
> ordaigh feasta an scaipeadh ar an tréad so treon,
> agus treoir abhaile go Banba an tréanrí óg.

Sa bhliain 1847 bhreac John Windele aistriúchán Béarla den dán ag Blair's Castle, Corcaigh: 'How tearful the act of the spouse of brave Arthur/crying most bitterly and knocking her hands' a scríobh sé. (Ac.R.É. 3 C 28, 11).

I gCló: Ó Foghludha, 1937, 24.

Meadaracht: Véarsaí ochtlíneacha, le ceithre chéim i ngach líne, ar an aiste:
4[A+ B] A=[-/e:--/a-/e:--/a]; B=[-/e:--/e:--/e:-/o:].

Nótaí Mínithe:

1	céile Airt .i. Éire.
6	ag maothú a ndeor: ag cur leis na deora. 'a maethe na ndeór' in Ac.R.É. 23 F 18 .i. le taise, nó fliche na ndeor.
9	éigne: bradán.

10 ag séanadh a gceoil .i. níl na héanlaith ag canadh.

12 fá bhréidibh ceo .i. clúdaithe le ceo.

13 claonadh a rath .i. cuireadh ó mhaith iad.

17 an fear. Leasrí na Fraince, Philippe, duc d'Orleans, a bhí i gceist ag an bhfile, b'fhéidir. Dhein sé a dhícheall comhaontú de shaghas éigin a bhunú idir Sasana agus an Fhrainc, agus d'éirigh lena Aire Gnóthaí Eachtracha, an Abbé Dubois, é sin a chur i gcrích sa bhliain 1716. Nuair a cailleadh an Diúc sa bhliain 1723 chum Seán Clárach aoir fhíochmhar air, inar áitigh sé: "Isé an corbmhac clé corra so do scéidh go fras/ méin fhoilcheach lér hobadh tuile tréan na dtreas" (Ó Foghludha, 1934, 70). Gheobhfá léamh eile a chur ar an líne, áfach, le háiteamh gurbh í an iarracht a dhein na Francaigh teacht i dtír i gCúige Mumhan sa bhliain 1758 a bhí faoi chaibidil. Theastaigh uathu teacht i dtír faoi stiúir Mr. de Conflans san Fhómhar, le súil go seolfadh na príomhghaoithe Sir Edward Hawke agus a chabhlach ar ais go Sasana ag an am sin. D'fhág Conflans Brest ar an gceathrú lá déag de mhí na Samhna, le saighdiúirí Gaelacha, Albanacha agus Francacha. An tIarla Chlainne Chárthaigh, Leasaimiréal ar chabhlach na Fraince, a bhí i gceannas reisimint na hÉireann. Bhí an chóir ghaoithe leis na Sasanaigh, áfach, agus chuir Hawke cath orthu ag Bá Quiberon agus buadh ar Conflans. 'Unsubsidised ally' ba ea an ghaoth, dar le Sasanach ag an am (O'Callaghan, 1870, 584-5). Níor éirigh, más ea, le Marascal an Chláir is Thuamhan 'an scaoth sin den Ghaelfhuil' a thabhairt i dtír. Dá nglacfaí leis an dara léamh ar na línte seo, chuirfeadh sé dáta cumtha an dáin ar aghaidh go dtí an bhliain 1758 ar a luaithe.

18 an scaoth sin : 'Irish Brigades' atá mar Ghluais air sin in M.N. M58, 29.

20 de phréimh Scoit .i. de na Gaeil;
is taomach (tubaisteach) é dul i léig na nGael.

22 'chuir craosmhuir i mbréidfhilleadh .i. d'iompaigh Sé an fharraige ina bréidín .i. d'iompaigh Sé ina léinseach í.

An Craoibhín Aoibhinn Álainn Óg

Éadbhard de Nógla a bhí chun tosaigh sa chumadóireacht ar an bhfonn seo, de réir fhianaise na lámhscríbhinní. Duine de na 'trí triatha' a bhí ag Tadhg Gaelach Ó Súilleabháin ina óige i gCorcaigh, ba ea é. Ba iad an bheirt eile ná an sagart Uilliam English, agus an fíodóir Seán Ó Cuinneagáin. Táilliúir ba ea an Nóglach. Bhí sé ina fhile, leis, agus chónaigh sé i gcathair Chorcaí. Thug an Stíobhartach, Séarlas Óg, cuairt ar a lucht leanúna i Londain sa bhliain 1750. Buaileadh bonn don ócáid a raibh pictiúr de chrann críon agus craobh ghlas ag fás as greanta air (Ó Buachalla, 1996, 435). Ní bonn a buaileadh in Éirinn, áfach, ach cumadh roinnt mhaith dánta sa tír – a bhfuil an ceann **Is Fada mo Chiach gan Riar ar Dhántaibh,** le Éadbhard de Nógla, ina measc – ar an bhfonn 'An Craoibhín Aoibhinn Álainn Óg'. Mhol Tadhg Gaelach an triúr thuasluaite ina dhán **'Eaglaisigh dhiaga, chiallmhair, chráifigh** ar an bhfonn céanna (Nic Éinrí, 2001[a], 133). Sa bhliain 1756 a scríobhadh é sin síos don chéad uair, go bhfios dúinn. Ní foláir, más ea, gur tosaíodh ar an gcumadóireacht don Chraoibhín go luath tar éis na bliana 1750.

20. Is Fada mo Chiach gan Riar ar Dhántaibh

Príomhfhoinse: Ac.R.É. 23 C 3, 59-60, a scríobh Stiabhna Mac Coiligin i gCorcaigh sa bhliain 1760. Na leagain de phríomhfhoinsí na ndánta seo leanas ar an gCraoibhín Aoibhinn, ba é Mac Coiligin, freisin, a scríobh iad.

Foinsí eile: B.L. Add. 31874, f. 127b. Ac.R.É. 24 P 29, 64; 23 B 14, 138 agus 182. M.N. M6, 195; 23 O 77, 38 L.N. G230, 58; G658, 52; G371, 121. Corcaigh. C40, 293; C63, 631. Gaillimh. de hÍde 24, 6. Cambridge. Add. 6558, 44. Manchain, Ryl. 134 (lgh. gan uimhriú).

I ndiaidh bhás an fhile breacadh an dán i bPort Láirge, i Loch Garman, i mBaile Átha Cliath, agus in Inis, Co. an Chláir.

Malairtí ó 23 C 3/23 B 14: 4. chárnadh; 6. rátha/*ráithche;* 10. faoíd-hear/*faobhar;* 12. díth bidhe/*díth bhídhe;* 15. mnáibh/*mná;* 17. Galisineir/*Gallisioneer;* 21. beárnag/*beárnadh* (bhearnaig – Ryl. 134); 26. ríoghan/*ríogain;* 28. a bfíorchaoin dlígh chirt/*a bhfíor chu-ing dlígh chirt;* 35. biaíthe/ *biadhtha* (do biathadh 'na áitreabh – Ryl. 134); 42. saoíghilsídhe/ *soíllsígheadh;* 43 (go bhfaiceam – Ryl. 134).

I gCló: Ó Foghludha, 1945, 50.

Meadaracht: Véarsaí ochtlíneacha, ar an deilbh: ABAB+2A+C+B. Seo í aiste na véarsaí:
A=[(-)/a--(-)/i∂-/i∂-/a:-/].
B=[-/i:i:(-)/i:i:/a:-/o:/].
C=[-(-)/a:---/a:---/i:i:/a:-/].

Nótaí Mínithe:

3　　　　Briseadh ar na Stíobhartaigh i gcath Chúil Odair, in Albain, sa bhliain 1746.

　　　　Tá gá leis an bhfuaim / i∂/ san fhocal 'fiarchath' ó thaobh meadarachta de. 'Fíor' atá i gceist, is dócha, murar theast-aigh ón bhfile a rá go raibh an cath claonta (fiar).

4　　　　Síogaí .i. Charles Edward (nóta mínithe – C. 63, 631).

7　　　　Cúis áthais don Stíobhartach anois, áfach, go bhfuil an báire á chur .i. go bhfuil Louis XV ag buachaint ar fhórsaí an oilc, mar a mhínítear sa chéad véarsa eile.

11　　　　Ba chuid de Chogadh na Seacht mBlian an t-aighneas i Meiriceá Thuaidh idir na Sasanaigh agus na Francaigh, mar chuir an dá náisiún dúil i saibhreas na tíre sin. Ghéill arm Virginia, faoi cheannas George Washington, do na Francaigh, lena gcomhghuaillithe Indiacha ag Fort De Quesne, ar an tríú lá de mhí Iúil na bliana 1754. Cuireadh an Ginearáil James Braddock ó Shasana go Meiriceá sa bhliain 1754, ach maraíodh thall é i gcath i gcoinne na Fraince naoi míle ó Fort De Quesne, ar an naoú lá de mhí Iúil, 1755 (féach, freisin, Ó Foghludha, 1945, 352).

13-14 Tá tagairt sa dá líne seo don chabhair a thug na dúchasaigh Mheiriceánacha ('Indiaigh') do na Francaigh ag cath Fort De Quesne. Bearrann na dúchasaigh seo a gcuid gruaige le scian, dar leis an bhfile anseo. Luadh iad roimhe sin, áfach sa *Cork Journal,* ar an gcúigiú lá déag de Mheitheamh, 1754: Plantation news from Boston states the French are still encroaching on his Majesty's territory both from the Mississipi and Canada. They have engaged three tribes of Indians to take up the Hatchet against the English (Collins, 1958, 95).

17 Gallasoniere. Luaigh Tadhg Gaelach an fear seo ina dhán **'Eaglaisigh dhiaga, chiallmhair, chráifigh.** Tuairimíodh faoin tagairt sin gur chuig an Marquis de Galaiziere (1697-1787) a bhí an file (Nic Éinrí, 2001[a], 134, agus 258). Ba dhóigh leis an bhFoghludhach, áfach, gur ag tagairt do mhuirthaoiseach de chuid na Fraince a bhí an Nóglach anseo; go raibh sé ina Ghobharnóir i gCeanada ar feadh ceithre bliana, agus gur bhuaigh sé i Menorca ar Byng, sa bhliain 1755 (Ó Foghludha, 1945, 353). B'amhlaidh a theith an tAimiréal Byng ó Menorca go Gibraltar sa bhliain 1756, áfach, agus ba leis an Diúc de Richelieu a bhí an lá i gcoinne na Sasanach i Menorca ina dhiaidh sin. Seans gur chuir an míniú ó LS. C63, 632 an Foghludhach ar strae, más ea.

19 Claid Mac Conmara, taoiseach cabhlaigh de chuid na Fraince atá faoi chaibidil sa líne seo. Ghabh sé San Felipe, i Menorca, sa bhliain 1756, go mb'éigean don taoiseach Gallda, Blakeney, géilleadh dó (Ó Foghludha, 1945, 353). Ba dhóigh le Michael Tierney, áfach, gurbh é Richelieu a bhí i gceannas arm na Fraince ag an ócáid sin (Tierney, 1943, 180).

20 Aimiréal Sasanach ba ea John Byng (1704-1757). 'Byng was the English admiral who was shot in 1757' (C63, 632). Sa bhliain 1756, ag tús Chogadh na Seacht mBliain, cuireadh go Menorca é chun an t-oileán a chosaint ar chabh-lach na Fraince. Nuair a shroich sé an áit fuair sé amach go

raibh an garastún Sasanach faoi léigear i Puerto Mahòn ag fórsaí na Fraince, agus theith Byng go Gibraltar. Gabhadh é, áfach, agus lámhachadh i Sasana é, ar chúrsaí meatachais.

21 San Felipe, i Menorca atá i gceist anseo, ní foláir.

22 Blakeney ba ea an 'Blácach'. Taoiseach in arm na Sasanach ba ea é, a saolaíodh i gCill Mocheallóg, Co. Luimnigh. Sa bhliain 1754 bhí sé i gceannas fhórsaí na Breataine sa Daingean, in Oileán Ciarraí, i Sráid an Mhuilinn, agus i Maigh Chromtha (Collins, 1957, 100). Níl dabht ann ná go gcloisfí faoi i Seamlas an Éisc. Ina dhiaidh sin, nuair a theith Byng ó Menorca, b'éigean don Bhlácach an áit a chosaint, bíodh go raibh sé breis agus ceithre scór bliain d'aois ag an am. Is cinnte go raibh an lá leis na Francaigh sa chath áirithe sin, ach go háirithe.

25-26 Tá Máire Treasa na hOstaire sa Chomhaontú ceart, a bhfuil Don Carlos na Spáinne mar bhall de, sa chogadh seo, a áitítear anseo.

27-30 Tuairimíonn an Foghludhach gurbh é Don Carlos na Spáinne a bhí ar aigne an fhile sa líne seo, toisc gur chaith sé seacht mbliana déag i gceannas Napoli (Ó Foghludha, 1945, 353). Féach Uimh. 17, nóta 34-35.

31-32 le neart na gclaíomh (fáisceadh claimhte) is crógacht (dásacht bhuile) buafar an cath (stríocfaidhear bearna).

33 Iarla an Chláir .i. an Comte de Clare, a thuill clú dó féin in arm na Fraince, ag Dettington, sa bhliain 1743 agus ag Fontenoy sa bhliain 1745 go háirithe (Nic Éinrí, 2001 [a], 260). Bhíodh oifigigh liostála de chuid na Briogáide ag gabháil timpeall an Chláir, agus Iarla an Chláir féin i dteagmháil le cuid acu, dar le Williams agus Ní Mhuirgheasa (1979, 261).

39 Le drochmheas ar a naimhde a ghlaoigh an file 'tuirc' orthu.

43 An *Pretender* is ea 'A Ghrása'.

47 gráscar oilc .i. an ghramaisc fhealltach, an daoscarshlua; síogaí: síóg, duine mealltach .i. an *Pretender*.

20 (a). 'S a Éadbhaird Aoibhinn Uasail Álainn

Freagra Uilliam English ar dhán an Nóglaigh atá anseo. Duais dána Éadbhaird de Nógla ba ea é. Cúis áthais do Uilliam English ba ea bás Byng. Lámhaigh a mhuintir féin é, "pour encourager les autres" dar le Voltaire (*Candide*, 246). Bhí nuachtáin na linne lán de choimhlint seo na Fraince le Sasana, agus béimníodh gabháil agus marú Byng iontu (Ó Ciardha, 1998, 27). Léadh Éadbhard de Nógla agus Uilliam English na nuachtáin chéanna, ní foláir. Luann Uilliam English an Blácach (Blakeney). Ghabh Claid Mac Conmara, taoiseach cabhlaigh de chuid na Fraince, San Felipe, i Menorca, sa bhliain 1756, áfach, agus b'éigean don Bhlácach géilleadh dó (Ó Foghludha, 1945, 353).

Príomhfhoinse: Ac.R.É. 23 C 3, 60-61, a scríobh Stiabhna Mac Coiligin i gCorcaigh sa bhliain 1760.

Foinsí eile: Ac.R.É. 23 L 9, 131; 23 B 14, 139; 23 O 77, 40. L.N. G230, 60; G668, 239; G658, 54. Corcaigh. C40, 295; C63, 633. Gaillimh. de hÍde 24, 7. Cambridge. Add. 6558, 46. B.Á.C. Feir. 1, 565. Manchain, Ryl. 134 (lgh. gan uimhriú).

I ndiaidh bhás an fhile breacadh an dán i bPort Láirge, i Loch Garman, i mBaile Átha Cliath, agus in Inis, Co. an Chláir.

Malairtí ó 23 C 3/*C63:* 3. dhlíghim; 4. snuíghte; 5. ráon má raoílle (raon maith raoladh in C40, 295); 6. tréan ár tríthe/*tréan ár dtriatha;* 7. chrobh; 8. sa bhfíoraoíbh díobhchuir (díbir an tsnáthaid – Ryl. 134; a bhfeoribh dibir an tsnaithead – 23 L 9); 13. lán díghin ('lán dídin': G230); 15. déis na ccon fágtha/ *déis na gconfádhtha* ('déis chonn dfhágbhadh': G658; 'déis na Con fágbhadh': G230; na con fágbeair – Ryl. 134)*;* 18. thrí bhínse/*tríd bhíthinse;* 19. Mo chall ('M'fhocal' in 23 B 14, 140); 20. íocuídhe; 26. céasfar/*chráfar;* 27. fiarlag; 29. confa; 30. sgoilfig.

I gCló: Ó Foghludha, 1937, 42.

Meadaracht: Véarsaí ochtlíneacha, ar an deilbh: ABAB+2A+C+B.
Seo í aiste véarsa 1:
A=[(-)/e:-/i:-(-)/u∂-/a:-/].
B=[-/i:i:(-)/i:-(-)/a:-/o:/].
C=[/a-/i-/a--/i-/i:i:-/a:-/].
I véarsa 2 athraíonn aiste ríme A go [(--)/o:-(-)/i:--/o:-/a:-] agus aiste
C go [-/i∂/a-/i-/a-/e:--/a:-/]. I véarsa 3, 4, agus 5 is ionann A agus
[-/o--/ i∂-/ i∂-/a:-/] agus is ionann C agus [(-)/o-(-)/i-/o-/i-/i:i:-/a:-/].

Nótaí Mínithe:

2   Is é Éadbhard an Craoibhín sa dán seo i dtosach, ach ní fada
go mbíonn cúrsaí Seacaibíteacha faoi chaibidil ann.

3   Ó bhreith a bhéil féin is léir go raibh aois mhaith ag an
Nóglach faoin am ar cumadh an duais dána dó.

5   raon má 'raoile is ruathar namhad .i. buachtaint go láidir ar
an namhaid.

7   mac an loin .i. claíomh Fhinn Mhic Cumhail.

8   'Fíoraíocht' is ea cuma nó cruth. 'Fíoraí' a ghlaoitear ar an
áis a choimeádann an t-éadach teann ar an seol – *temple of
the loom*. Bhí imeartas focal i gceist, más ea, ag an
bhfíodóir is an táilliúir, tharla go luaitear 'i bhfíoraíbh' i
ndánta eile ar an ábhar céanna.

10   thar gó .i. gan bhréag. Tá imeartas focal anseo, ní foláir, ar
'ghóshnáithe' an táilliúra.

12   Bhíodh an Nóglach ag marú na sluaite lena chlaíomh i gcónaí.

15   Liath Mhacha .i. capall Chú Chulainn;
d'éis na Con fágtha .i. tar éis dó Cú Chulainn a fhágaint.

19-20   Is dóichí gur ag tagairt do Puerto Mahòn a bhí an file leis an
bhfocal 'pórt' anseo, áit ar bhuaigh Mac Conmara, 'an
t-íocaí fíochmhar' taoiseach cabhlaigh de chuid na Fraince
ar Blakeney, 'an gliaire láidir' sa bhliain 1756 (Ó Fogh-
ludha, 1945, 353). Tá trácht ar 'Tadhg McNamara of Ayle'
a throid ar son an Rí, Séamas II sa bhliain 1689 (Ó Dálaigh,
2000, 101). Ráineodh gur gaol leis ba ea an 't-íocaí
fíochmhar' (an tionónta) seo 'a ráinig an Pórt'.

25-26 sciamh an Fhálghoirt .i. áilleacht na hÉireann. Toisc an dochar a deineadh do Éirinn d'fhás an nimh i gcroí na ndaoine, agus cráifear Sasana (Seon) dá bharr.

27 locartha: creachta, scriosta.

29 Iarla an Chláir. Féach Uimh. 20, líne 33.

31 obair shuilt don iath seo tráite .i. cúis áthais don tír traochta seo (Éire).

33-36 Tá tagairt anseo do chomhghuaillíocht na Spáinne, na Fraince is na hOstaire i gCogadh na Seacht mBliain (1756-63).

Do b'fhéidir gurbh é Carlos III (1716-88) a bhí i gceist ag an bhfile leis an bhfocal 'Spáinneach', mar thaobhaigh sé leis an bhFrainc sa chogadh.

37 ní staonfar (stánfaidh) ó pé cogadh atá le teacht (an goradh seo ag tiacht).

38 go nochtfar a rian don bhFánach .i. go dtaispeánfar eolas an bhealaigh don *Pretender* (Fánach).

20 (b). Bead Feasta le Mian gach Bliain ag trácht

Cara Uilliam English agus an Nóglaigh ba ea Seán Ó Cuinneagáin a chum an dán thuas ar an bhfonn céanna. Scríobhaí agus file be ea é féin, ón mBaile Nua, in oirthear Chorcaí (Ó Conchúir, 1982, 305). Luaitear Máire Treasa na hOstaire ina dhán. I gCogadh na Seacht mBliain (1756-63) thaobhaigh na Francaigh, faoi Louis XV (Laoiseach) le Máire Treasa na hOstaire i gcoinne Fheardorcha na Prúise. Ghabh na Sasanaigh, ámh, páirt na Prúise, mar theastaigh uathu cumhacht na Fraince a bhriseadh san Ind, agus i Meiriceá Thuaidh. Ba ghean le croí na bhfilí an dá Ríon, Máire Treasa na hOstaire, agus Eilís na Rúise, a bheith ag tógaint páirt na Fraince sa chogadh freisin. B'fhuath leo an tAimiréal Edward Hawke (an Hácach), a bhí i gcabhlach Shasana, agus a thaobhaigh le Feardorcha na Prúise i gcogadh na Seacht mBliain. Sa bhliain 1757 sháinnigh na Francaigh, a bhí ar thaobh Mháire Treasa na hOstaire, a chabhlach i mBá na Bioscáine. Bhí na filí sna stártha dá bharr!

Príomhfhoinse: Ac.R.É. 23 C 3, 61-62, a scríobh Stiabhna Mac Coiligin i gCorcaigh sa bhliain 1760.

Foinsí eile: Ac.R.É. 23 B 14, 140; 23 O 77, 41. M.N. M14, 288. L.N. G230, 61. Corcaigh. C40, 298; C63, 634. Gaillimh. de hÍde 24, 8. Manchain, Ryl. 134 (lgh. gan uimhriú).

I ndiaidh bhás an fhile breacadh an dán i bPort Láirge, i gCorcaigh, agus in Inis, Co. an Chláir.

Malairtí ó 23 C 3/23 B 14: 2. dárdaoígheas/*dárduigheas;* 3. *námhuid;* 6. ngar bhfíachas ngránda/*ngar bhfiachuis ngrána;* 7. cláon/*claon;* 13. díarfach/*diarfus;* 14. air fásach; 17. bhráiribh/ *bhráithre;* 18. a ccríoch aoírd/*a ccríoch aoird;* 23. a leaba Byng a bhfíoraoíbh/*a leaba aig Byng;* 26. guíbhim faoi chíos duit/*bíodh fá chíos duit;* 27. cháig/*cháidh;* 28. faoídhear/*fhaoibhir;* 32. an gníomh díon cheart dáll chum gló/*dod ghníomh ceart dfághuil chum gleo.*

Meadaracht: Véarsaí ochtlíneacha, ar an deilbh: ABAB+2A+C+B. Seo í aiste na véarsaí 1-3:
A=[(-)/a--/i∂-/i∂-/a:-/].
B=[(-)/i:i:/i:-/a:-/o:/].
C=[/a---/a---/i:i:/a:-/].
Athraíonn aiste mheadarachta véarsa 4: DBEB+D+F+G+B.
D=[-/e:-/i:-/u∂-/a:-]. E=[-/i:a:/i:-/u∂-/a:-]. F=[/i∂a:/i:-/u∂-/a:-].
G=[/e:---/e:---/i:--/a:-].

Nótaí Mínithe:

2   Laoiseach .i. Louis XV na Fraince.

5-6   Ní thiocfaidh stad ar Laoiseach na Fraince (ár ngliaire) ach ag marú na bpiast atá ina bhféichiúnas (ngarbhfhiachais) ar Éirinn.

11 ⁊ 14 Tagairt don fhia anseo. San Fhiannaíocht ba neach ón saol eile é de ghnáth (Ó hÓgáin, 1990, 34). I litríocht na Breataine Bige ba bhean faoi cheilt é go minic, a d'iom-

paíodh ar ais ina bean tar éis na seilge [Féach Dafydd agus Rhiannon Ifans (Llandysul,1980) *Y Mabinogion*] Ráineodh gur athsheilbhiú na dTíortha gCeilteacha leis an gCraoibhín Aoibhinn a bhí i gceist ag an bhfile sa tagairt don bhánphoc anseo.

12   Tagairt do Fhearghus Mac Róich atá anseo. Bhí cáil ar mhéid a bhoid, agus ghlaoití 'bod Fhearghusa' ar chloch i dTeamhair anuas go dtí an naoú haois déag (Ó hÓgáin, 1990, 195-97).

13   clanna na striapach .i. na Sasanaigh, a d'ól bainne cíche na hÉireann.

14   an fia atá biata ar fhásach .i. an *Pretender* a chothaítear thar lear .i. atá ar deoraíocht.

21   an Hácach .i. an tAimiréal Edward Hawke i gcabhlach Shasana, a thaobhaigh le Feardorcha na Prúise i gcogadh na Seacht mBliain.

22   Gallasoniere. Féach Uimh. 20, líne 17.

23   Byng. Féach Uimh. 20, líne 20. Tugtar an meafar 'i bhfíoraibh' faoi deara arís. Is oiriúnach an aidiacht 'arda' tharla go ndeintí samhail de "a chrochadh", sular daoradh in aon chor é, de bharr alltacht na ngnáthdhaoine faoina mheatacht. Is dócha go bhfuiltear ag rá anseo go raibh rince an ghaid á dhéanamh ag Byng, nó gur deineadh fíoraíocht, nó samhail de a chrochadh go hard.

28   Mac an Loin .i. 'claíomhfhaobhar Fhinn'. Féach Uimh. 20, líne 7.

20 (c). A Shalmaigh Chiallmhair Fhialmhair Fháiltigh

Ghabh an Nóglach buíochas leis an gCuinneagánach is le Uilliam English sa cheathrú ceann den tsraith. 'Buíochas Éadbhaird don dís réamhráite' a bhreac scríobhaí na lámhscríbhinne Ac.R.É. 23 B 14 mar cheannscríbhinn air. Is spéisiúil go ndeireann an file sa dán seo go raibh capall is claíomh i dtaisce ag Uilliam English dó! Ag freag-

248 CANFAR AN DÁN

airt chaint mheafarach na beirte atá an Nóglach anseo, ar ndóigh. Bíodh sé meafarach féin, níor leis ab fhaillí cás an *Pretender* i Vincennes na Fraince a lua. Tá an *Pretender* i sáinn (iata i gcarcar) ann, a áitíonn an file, mar a sháinneodh drochmhná é. Tagairt í seo don ordú a thug Louis XV chun Séarlas Éadbhard a choimeád i bpríosún ann. Cuireadh thar teorainn amach é ina dhiaidh sin, nó gur bhain sé Avignon amach, áit a raibh sé faoin mbliain 1752 (Ó Ciardha, 2002, 327). Moltar don *Pretender* sa dán seo triall chun na Róimhe.

Príomhfhoinse: Ac.R.É. 23 C 3, 60, a scríobh Stiabhna Mac Coiligin i gCorcaigh sa bhliain 1760.

Foinsí eile: Ac.R.É. 23 B 14, 141; 23 O 77, 42. L.N. G668, 242. Corcaigh. C63, 635. Gaillimh. de hÍde 24, 8. B.Á.C. Feir. 1, 567. L.N. G230, 62.

I ndiaidh bhás an fhile breacadh an dán i bPort Láirge, i gCorcaigh, agus in Inis, Co. an Chláir.

Malairtí ó 23 C 3/23 B 14: 1. phsalamaig/*shalmaich;* 10. do bhí/*do bhídh;* 12. ba díontaoibh díon mhic/*ba dhídhean taoibh d'aoin mhic;* 14. a maith/*i ndiaidh;* 18. núadh; 20. faoídhear/*faoibhear;* 22. sliasta aig mnáibh uilc; 31. *cead agaibh* (a Eagailsi – C63, 636).

Meadaracht: Véarsaí ochtlíneacha, ar an deilbh: ABAB+2A+C+B. Seo í aiste na véarsaí go léir:
A=[(-)/a--/iə-/ iə-/a:-/]. B=[-/i:i:/i:-/a:-/o:/]. C=[/a---/a---/i:i:/a:-/].

Nótaí Mínithe:

2   míníonn an salmach (Uilliam English) pointí eolais (poinc) le croí maith mór dom (le páirt im' chomhair).

7   gabhaim sibh .i. samhlaím sibh.

10   Tagairt is ea 'Ármhach', is dócha, do Chú Chulainn agus a sciath?

12   Sa *Táin* cuirtear an tuairisc ar Shéadanda (Cú Chulainn) ag marú na con i mbéal Chonaill Chearnaigh. Comrádaí catha Chú Chulainn ba ea Conall. I ndeireadh a shaoil chuaigh Conall chun cónaithe le Meadhbh.

13-14   In iarthar na Mumhan a mhair Cú Raoi, Mac Dáire, agus Bláthnaid. D'imir Bláthnaid feall ar Chú Raoi, mar theastaigh uaithi go maródh Cú Chulainn é, rud a dhein. D'fhill an feall uirthi féin, áfach, mar bhain file Chú Raoi, Feircheirdne, díoltas aisti trína caitheamh le faill ag ceann Bhéarra (Ó hÓgáin, 1990, 139-142).

18-20   Tír faoi Thoinn: an Ísiltír.

21-23   Tagairt anseo don ordú a thug Louis XV, Séarlas Éadbhard a chur i bpríosún ag Vincennes. Is é moladh an fhile dó ná triall chun na Róimhe.

25-32   Baineann an véarsa seo leis an nós a bhí ag na filí an áirithe sin ban nocht (bean nocht=beannacht) a bhronnadh ar a n-éarlaimh (féach Nic Éinrí, 2001[a], 189, agus 288).

29   'fiar' sna foinsí go léir, ar son an amais ar / iə/. 'Fíor' atá i gceist, ní foláir.

'Alas for Old Georgey – the Tool of a Faction'

Cogadh na Seacht mBliain (1756-63)

Sin é an leagan Béarla de dhán Uilliam English **Is Ródhian a screadann an Seanduine Seoirse** a fhaightear sa lámhscríbhinn Ac.R.É. 24 L 12, 362, arna scríobh ag Micheál Ó hAnracháin sa bhliain 1856:

> Alas for old Georgey – the tool of a faction!
> 'God! what shall I do?' he exclaimed in distraction.
> Not one ray of hope from Hanover flashes –
> the lands of my fathers lie spoiled and in ashes!
> (Ac.R.É. 24 L 12, 362)

Seoirse II, Rí Shasana (1683-1760) a bhí faoi chaibidil ag an bhfile, agus is é is lárphearsa sna dánta seo leanas:

21. Is Ródhian a Screadann an Seanduine Seoirse

Ba ó Hanover do mhuintir an rí. Fear beag ceanndána ba ea é, nár thaitin rómhór le muintir Shasana; go deimhin féin, ba ghaire dá gcroí Feardorcha II, Rí na Prúise! (Sagarra, 1987, 54). Chaill sé urlámhas ina sheanaois, agus ba é Pitt Sinsear a bhí ag rialú i ndáiríre ar deireadh thiar. Ba chrá-chroí do Sheoirse mar ar buadh ar Shasana sa bhliain 1757, ag tús Chogadh na Seacht mBliain, agus níor lig Uilliam English a mhaidí le sruth á chomóradh sin!

Críochnaíodh an leagan Béarla go caithréimeach:

> Yes George! and a brilliant career lies before us –
> the God we have served will uplift and restore us –
> again shall our mass-hymns be chanted in chorus,
> and Charley our king our beloved shall reign o'er us.

Chuir Ó hAnracháin mar ghluais leis seo:

The priests and poets of Ireland felt a peculiar satisfaction in reviling the house of Hanover and praising the cowardly Stewarts'. (24 L 12, 363)

Ba sa bhliain 1856 a breacadh é sin, áfach. A mhalairt de phort a bhí ag na filí céad bliain roimhe sin.

Príomhfhoinse: Ac.R.É. 23 G 22, 80, a scríobh Micheál (Mac Peadair) Ó Longáin, timpeall na bliana 1760, don Easpag Ó Briain, b'fhéidir (Ó Conchúir, 1982, 88).

Foinsí eile: Ac.R.É. 23 C 19, 36; 23 C 36, 121; 23 C 8, 426; 24 L 12, 361. L.N. G658, 109. Corcaigh. C. 63, 416; M.N. B2, 105; M6, 138. L.N. G806, 182. B.Á.C. Feir. 1, 582. Seilbh Phríobháideach an Athar Pádraig Ó Colgáin, 176 (Ó Fiannachta, 1995, 142), maraon le haistriúchán Béarla ar lch. 177.

I gCló: Ó Foghludha, 1937, 35. Tá fáil air chomh maith in Ó Dálaigh, 1925, 118.

Léamha ó 23G 22: 7. ónda; 8. mbarca ('mbailte' in 23 C 36); 10. ghéaga ('dhóid' in 23 C 36); 15. go dísgir ('bríomhar' in Feir. 1).

Meadaracht: Amhrán, le ceithre chéim i ngach líne.
V.1: 4[(-)/o:--/a--/a--/o:-]. V.2: 4[-/u∂-/a--/a--/o:-]
V.3: 4[-/o:-/i--/i--/i:-] V.4: 4[-/ u∂-/i--/i--/i:-]
V.5: 4[-/e:-/a:-/a:--/o:-] V.6: -/i:-/a--/a--/o:-]
V.7 agus 8: 4[-/i∂-/a--/a--/o:-].

Nótaí Mínithe:

1   seanduine: Ceithre bliana déag is trí scór d'aois a bhí ag Seoirse sa bhliain 1757.

2-4   I mí Aibreáin na bliana 1757 thug mac Sheoirse II, William

Diúc de Cumberland aghaidh ar Hanover, d'fhonn tailte a
mhuintire a chosaint i gcoinne na Prúise. D'ionsaigh na
Francaigh, faoi cheannas Louis-César Letellier, é, áfach,
agus bhí an lá leo ag cath Hastenbach i mí Iúil. Dá bharr sin
b'éigean do Cumberland Síocháin Kloster-Seven a chean-
gal i mí Mheáin Fhómhair, 1757, inar fágadh Hanover agus
Hesse faoi na Francaigh, don Gheimhreadh, ach go háirithe
(Buttimer, 1993, 592).

6   Ag tagairt do na hárthaigh sheoil atá an file anseo, agus an
         pháirt a ghlac siad sa chúncas ar muir.

7   ómhanda .i. uamhanda, ó 'uamhan' (eagla).

10   Ní raibh ag éirí go rómhaith le Seoirse agus lucht na
         Parlaiminte in a dtír féin.

11   Ní maith a oireann an meann (mionn) .i. an choróin ríoga,
         do cheann Sheoirse!

14   an cuingeal (an cruachás) 'na bhfuilim .i. táim faoi dhaor-
         smacht.

15-16   Fuair an Rúis an lámh in uachtar ar an bPrúis ag Gross
         Jagerndorf i mí Lúnasa na bliana 1757.

19-20   D'ionsaigh an tSualainn Pomerania i mí Dheireadh
         Fómhair na bliana 1757, fad a ghlac an Ostair, faoi stiuir
         Mháire Treasa, seilbh ar Berlin sa mhí chéanna.

22   Briseadh ar Ghaeil na hAlban ag cath Chúil Odair sa bhliain
         1746, agus chaith Cumberland go cruálach leo siúd a bhí ar
         thaobh na Stíobhartach. Glaodh 'an búistéir' mar leasainm
         air, dá bharr. Laoch ba ea é, dar le daoine eile: *Cork
         Journal,* ar an aonú lá déag de Eanáir, 1754: The gentlemen
         of the Farmers' Club, assembled at Castle Martyr ... Toasts
         were drunk to the King and Royal Family, the glorious
         pious and immortal memory of the great King William the
         Duke of Cumberland and the battle of Culloden (Collins,
         1957, 97).

25-28   Cúrsaí creidimh atá i gceist anseo. 'The despondency hinted
         at in the Irish text could reflect the suggestion that public
         immorality and vice are to blame for England's predica-
         ment' (Buttimer, 1993, 593). Tá giota as Páipéar London ag

Buttimer mar chruthú air sin – 'To be sure this Age, and particularly this Nation, is come to the *Ne plus ultra* of all Wickedness. Drinking, Gaming, Whoring, and Politicks are openly practised even upon the Sabbath ... (Buttimer, 1993, 593).

32   An gliaire gan ainm .i. Charles Edward Stuart.

22. Cré agus Cill go bhfaighe gach Bráthair

Bhíodh an fonn 'Iombó agus Umbó' le dánta ólacháin agus spóirt sa Mhumhain san ochtú haois déag (Ó Fiannachta, 1982, 187-189), agus le caointe, leis, dealraítear. Chum Tadhg Gaelach Ó Súilleabháin **'S a gCualabhair Eachtra ar Pheadar na Péice** ar an bhfonn céanna (Nic Éinrí, 2001[a], 138-9). Théadh na Bráithre ag iarraidh déirce agus thugtaí im dóibh go minic. Is dócha go raibh an feircín rófhada á chruinniú ag an mBráthair áirithe sa dán seo, mar ní raibh an t-im róchumhra faoin am ar shroich sé margadh an ime, ag Ard an Gheata i gcathair Chorcaí. Ní ghlacfaí leis, de bharr 'a thruaillithe' is a bhí sé, le gach dath faoin spéir ann. Bhí Cogadh na Seacht mBliain tar éis briseadh amach san Eoraip ag an am, agus níor le Uilliam English b'fhaillí an chomparáid a dhéanamh idir leastar an Bhráthar agus an 'Eoraip uile ina chuimil-a-mhála'.

Such is the visual, almost cartoon, aspect of the imagery that the latter is likely to have been inspired by its author's acquaintance with engravings or illustrations. ... By likening Europe to the multicoloured components of a mendicant's butter-barrel, Inglis appears to propose that the continent deserves attention more for its humorous potential than as an object of serious reflection. (Buttimer, 1993, 590)

Is í guí an fhile sa dán seo, pé scéal é, ní hé amháin go sásófaí Máire Treasa na hOstaire agus Eilís na Rúise, ach go seolfaí a sciar féin 'den im' chuig Feardorcha II na Prúise chomh maith.

Ba dhóigh leis an Athair Peadar Ó Laoghaire, áfach, go raibh ceacht mórálta le foghlaim ó leastar an Bhráthar, mar chuir sé i gcomparáid é le 'School Reader' na scoileanna:

> Féuch', tá deich mblúire agus dachad cainnte ann! ... Níl aon bhaint i n-aon chor ag aon bhlúire acu le h-aon bhlúire eile acu. Táid siad chómh fada ó chéile agus 'tá Cléire agus Corcaigh. ... Ní féidir an smut beag san do thuisgint gan feuchaint ar chainnt an úghdair roimis an smut beag san agus 'n-a dhiaidh'. (Ó Laoghaire, 1920, 48)

Níor thuig an tAthair Peadar cad chuige a bhí Uilliam English sa dán seo, de dhealramh; cúlra Chogadh na Seacht mBliain a bhí á thabhairt aige, ar ndóigh, le leastar an Bhráthar mar mheafar dó. Ba mhó sin aistí filíochta a rad sé uaidh ina dhiaidh sin faoin gcogadh céanna.

Príomhfhoinse: Ac.R.É. 23 C 3, 58-59, a scríobh Stiabhna Mac Coiligin i gCorcaigh sa bhliain 1760.

Foinsí eile: Longfort. ML 3, 490. Ac.R.É. 23 L 24, 198; 23 C 16, 165; 23 C 26, 63; 23 B 38, 102; 23 G 24, 172; 23 I 17, 159; 23 A 21, 8; 23 C 10, 316; 23 B 36, 154; 23 L 5, 68; 23 E 1, 33; 23 N 32, 279; 24 M 4, 253; 23 D 19, 15; 23 L 53, 7. B.L. Eg. 162, A5; Add. 33567; Add. 31874, F. 117, F.55 Corcaigh. T. lxvi, 147; T.i, 126; C63, 702; T. 6, 81; Mainistir Fhear Maí. PB9, 86. Cill Chainnigh. CC3, 1. M.N. C13, 161; C15, 188; M5, 157. L.N. G230, 55; G218, 23; G206, 96; G819, 263. Aberystwyth. A9, 149. Boston Athenaeum. S21, 15. Cambridge. Add. 6558, 305, a bhreac Standish Hayes O'Grady i mBaile Átha Cliath sa bhliain 1850. Melleray L.Bhreise 11, 120.

Ó breacadh an dán seo i gCorcaigh níor tháinig stad ar na scríobhaithe ach á chóipeáil i gCo. an Chláir, i gCo. Luimnigh, i Loch Garman, i bPort Láirge, agus i dTiobraid Árann. Is beag atá idir na leaganacha, ach gur cuireadh dhá líne bhreise leis an dán i leaganacha 24 M 4, agus 23 D 19, mar leanas:

Siúlfaidh an aiste seo fearann glan Fáilbhe,
ag faisnéis chruinnithe an ime seo an bhráthar.

Ba dhóigh le Anna Heussaff gurbh ó bhéal Uilliam English do na línte thuas, agus go raibh siad 'pas lag' mar chríoch ar an dán (Heussaff, 1992, 157). Ó fhianaise na lámhscríbhinní, áfach, is é is dóichí gurbh amhlaidh gur cuireadh iad leis an déantús filíochta níos déanaí, agus nárbh é Uilliam English a chum iad.

Malairtí ó 23 C 3/23 B 38: 2. mbláithig; 6. lér mhéin crábha/*do ghéill don chrábhadh;* 8. easmuilt/*masla;* 9. a ttárla/*a ttáimsi;* 15. reáinig/*ráinig;* 21. cnúimh/*cúmha;* 28. lonardha/*lonnardha;* 39. tuigim/*creidim;* 42. léidhiob ...*ím;* 44. bhláithig/*bhláthaig;* 50. luinithe/ *luinighthe;* 55. sásaimh/*sásadh;* 57. gaibh/*gaibh* ('brostaigh' in 23 D 19, 18).

I gCló: Ó Foghludha, 1937, 26, agus tá fáil air freisin in Henebry, 1896-97, 141-145.

Meadaracht: Cúplaíocht, a n-athraíonn an aiste go minic ann. Rím /a:-/ mar chéim dheiridh i ngach líne. Athraíonn an aiste amais mar leanas: L.1-2: /ai/ L.3-4: /i/ L.5: /a/ L.6-7: /e:/ L.8-10: /a/ L.11: /i/ L.12: /a/ L.13: /uə/ L.14-15: /a/ L.16-17: /i:/ L.18: /o/ L.19: /au/ L.20: /a/ L.21: /ú/ L.22: /əi/ L.23-24: /o/ L.25: /i:/ L.26: /ú/ L.27-28: /o/ L.29: / uə/ L.30: /ú/ L.31: /iə/ L.32: / uə/ L.33: /a/ L.34-36: /i/ L.37-38: /i:/ L.39: /e:/ L.40: /a/ L.41: / iə/ L.42: /əi/ L.43: /au/ L.44: /əi/ L.45-46: /i/ L.47: /i:/ L.48: /o:/ L.49-50: /i/ L.51: /a/ L.52-54: /i/ L.55: /i:/ L.56: /ú/ L. 57: /o/ L.58: / a/

Nótaí Mínithe:

6 maol. Tagairt do chorann an Bhráthar anseo.
9-10 Ard an Gheata, i gCorcaigh, mar a raibh margadh an ime. 'Ba é ceann sprice na gcarraeirí a chaitheadh trí lá, b'fhéidir, ag iompar ualaí ime saillte ó chathair Saibhín,

thar Charraig an Ime, trí Ghleann na Fleisce, … go barr
Shráid an tSeandúin' (Ó Callanáin, 1992).

13   síoga: stríoca.

16   Louis XV ba ea Rí na Fraince.

17   Don Carlos .i. Rí na Spáinne.

21   Feardorcha II na Prúise atá faoi chaibidil. I mí Lúnasa na
bliana 1756 d'ionsaigh sé an tSacsóin; níorbh fhada go
raibh tíortha eile sáite sa chogadh a mhair ar feadh seacht
mbliana.

24   Máire Treasa na hOstaire atá i gceist anseo.

26   Maximilian Ulysses Browne ba ea an Brúnach, a bhí ina
Ghinearál ar arm na hOstaire i gcaitheamh an chogaidh,
agus a cailleadh i ndiaidh léigear Phráig, ar an séú lá ar
fhichid de mhí an Mheithimh, sa bhliain 1757 (féach
Downey, 2002, 41-58 le haghaidh cuntais ar laochra na
hÉireann in arm na hOstaire ón 17ú haois go dtí an 19ú
haois). Cuireann an file gaisce Browne i gcomparáid le lao-
chas Fhinn Mhic Cumhaill. Luaitear i litir ón Ath. Bernard
Rothe chuig an *Pretender* gur iarradh air litreacha a chur
chuig Impire agus Banimpire na hOstaire leis an 'General
Brown who lies wounded in Prague, that's to say to be
given to him when he gets out from thence sound and safe,
and to be remitted and backed by him when he comes to pay
his court in Vienna' (Fagan II, 1995, 209). Bhí Browne
caillte, áfach, lá sular scríobhadh an litir sin. Saolaíodh
Maximilian von Browne i Basle, sa bhliain 1705, ach
cuireadh luathoideachas air i scoil Phrotastúnach dheoise
Luimnigh (Duffy, 1964, Caib.1). Sin é an fáth gur mhaígh
Uilliam English gurbh 'ó bhrollach an Fhálghoirt' dó.

28   'ó bhrollach an Fhálghoirt' atá sa phríomhfhoinse. Leagan
T. lxvi, 147 ná: 'ó bhrollach Chnuic Áine'. Ba as Camas,
gar don Bhrú, i gCo. Luimnigh do Bhrúnach eile, George
Count Browne de Camus (1698-1792), a thuill clú dó féin
agus don Ostair i gcath Piacenza sa bhliain 1746, mar gur
buadh ar airm na Fraince agus na Spáinne ann. Seans go
raibh scríobhaí T. lxvi ar strae, más ea, mar ba é Maximilian

von Browne a bhí i gceist ag Uilliam English, mar atá ráite thuas. D'oirfeadh 'ó bhrollach Chnoic Áine', áfach, do áit bhreithe George Count Browne de Camus.

30   Eilís a bhí ina banimpire ar an Rúis ó 1741-61. Bhí an tír faoi bhláth faoina riail. Namhaid na Prúise ba ea í le linn Chogadh na Seacht mBliain, toisc gur bhain siad an tSíléis di.

43   An tAimiréal Sir Edward Hawke atá i gceist anseo, a bhí i gceannas cabhlaigh Shasana.

49   id' lánrith: go tapa.

50   Maide a d'oibrítí síos suas sa chuigeann chun im a dhéanamh ba ea an 'loine'. 'Bí air buille do loinighthe lámhuidh' (G819, 264).

51-52   Ordaítear an meadar a cheangal le gad caorthainn. Sa seanchas lean an t-ádh an crann caorthainn, agus thitfeadh an mí-ádh anuas ort dá scaoilfí an tine thar tairseach agus an t-im á dhéanamh.

53-54   Nuair a thagann an t-uachtar ina im tosaítear ar an mbuille cruinnithe (Ó Foghludha, 1937, 62). Ag an bpointe sin, ní foláir blúire di a chur chun na Prúise. Ó fhianaise na ndánta eile a lean ar an gcogadh, ba léir gur ina dhiaidh a tuigeadh a leas do Uilliam English!

55   Máire Treasa na hOstaire, agus Eilís na Rúise ba ea an dá Ríon.

58   Ní raibh sárú shleá Achilles ann, mar gur dhein Hephaestus dó é. Mharaigh sé roimhe is ina dhiaidh leis, ach ar deireadh d'aimsigh Paris a bhall íogair agus chuir sé chun báis é.

22 (a). Mo Chumha is mo Dhainid

B'ábhar magaidh do Uilliam English an cogadh, ag a thús, ach go háirithe, de réir na haiste thuas. Chum Éadbhard de Nógla **Mo Chumha is mo Dhainid** mar fhreagra air, 'ó Bhráthair an Leastair', mar a scríobhtaí sna lámhscríbhinní. Tá cúpla bliain ag príomhfhoinse dhán English ar an gceann seo sna lámhscríbhinní a mhaireann; seans go raibh ciall cheannaithe ag an mbeirt chairde faoin am ar cumadh an freagra. Dála aiste English, gheobhfá an dán seo leanas a léamh ar a aghaidh freisin; sé sin, léitear ann go raibh an Nóglach ag dul siar go stair an Reifirméisin le haghaidh chúis an chogaidh. Ní mar gheall ar éileamh ar thailte atá an Eoraip ina 'chuimil-a-mhála', dar leis, ach de bharr na mBráithre a thréig an creideamh ceart. Cailbhin, is Liútar a bheadh ar aigne an fhile, is dócha. Ní foláir glacadh leis, áfach, go bhfuil tagairtí comhaimseartha ag an Nóglach anseo, agus gurbh é Seoirse II, Rí Shasana, is lárphearsa an dáin. Is dócha, freisin gurbh é an 'ceangal crábhaidh' ónar léim 'an triúr bráthair' (rithe na Fraince, Shasana, agus na Prúise) ná Conradh Aix-la-Chapelle a ceanglaíodh tar éis Chogadh Chomharbacht na hOstaire. B'éigean do Louis XV na Fraince Seoirse II a aithint mar rí ar an mBreatain Mhór agus ar Éirinn, de réir téarmaí an chonartha sin, ach ba é a bhriseadh siúd faoi deara Chogadh na Seacht mBliain.

Príomhfhoinse: Ac.R.É. 23 L 24, 200-202, a bhreac Diarmuid Ó Maolchaoine i gCaisleán Hanraí, Co. an Chláir, idir 1766-1769.

Foinsí eile: Longfort. ML 3, 494. Ac.R.É. 23 C 16, 167; 23 C 10, 318; 23 B 36, 156; 24 M 4, 255; 23 D 19, 19; 23 E 1, 37. Corcaigh. Ti, 128; M.N. C13, 161; C15, 25; M5, 160; C113, 14. Aberystwyth. A9, 153. L.N. G206, 98.

Bhí an Cláiríneach, Diarmuid Ó Maolchaoine i dtús cadhnaíochta leis an dán seo, mar bhreac sé faoi thrí é idir 1764-1768, uair amháin i gCo. an Chláir, uair eile i Luimneach, agus thug sé faoi arís ag Cnoc Uí Ursainte i gCo. Luimnigh. I ndiaidh bhás an fhile breacadh an dán i gCorcaigh, i Luimneach agus i dTiobraid Árann. Is beag idir na leaganacha éagsúla de a mhaireann. Níor thug Stiabhna Mac Coiligin faoi, go bhfios dúinn, mar a dhein sé le ceann Uilliam English, a bhfuil an dán seo ina fhreagra air.

Malairtí ó 23 L 24/23 D 19: 2.Chríoch Fháilbhe/*Críoch Fáilbhe;* 6. sparuinn/*sparruinn;* 8. do bhrudhach na dannair/*do bhruaghadh na*

CÚRSAÍ EAGARTHÓIREACHTA 259

ndanair; 12. air fásach/*air fhásach;* 13. sheanruith/*shán rith;* 17. ag bleadhan stoic/*a bleaghan stuic;* 21. bearna; 52. a thrugh bhocht orthair/*a thrúgh bhocht oirthir;* 55. do readis/*do readair.*

I gCló: Ó Foghludha, 1937, 28.

Meadaracht: Ar aon dul le dán Uilliam English, ach go bhfuil sí níos rialta. Fuaim /a:-/mar chéim dheiridh i ngach líne. Athraíonn an aiste amais mar leanas: L.1-8: /a/ L.9-11: /i/ L.12-22: /a/ L. 23-30: /i/ L.31-44: /a/ L.45: /e/ L.46-50: /a/ L.51-52: /o/ L.53-58: /a/

Nótaí Mínithe:

2   Críoch Fháilbhe .i. Cúige Mumhan. Rí na Mumhan ba ea Fáilbhe Find (+639) (Ó Corráin, *Gaelic Personal Names,* 93).

4   Fearann Luirc .i. Éire. Bhí Laoghaire Luirc ina ardrí ar Éirinn, agus cailleadh é sa bhliain 461 (Ó hÓgáin, 1990, 269).

5   Féach Uimh. 2, ina luaitear na Barraigh, na Gearaltaigh, is na Cárthaigh freisin.

6   Machaire an Ármhaigh .i. Eamhain Mhacha.

7   Shíolraigh Gearaltaigh an Ghleanna ó Sheán na Sursainge, nó Seán Callainne .i. ó John Fitzjohn, a maraíodh i gCallainn, gar don Neidín, Co. Chiarraí, sa bhliain 1261 (Gaughan, 1978, 13).

9-10   An t-árracht a chráigh an file, ba é Seoirse na Breataine é.

11-12   Is beag Béarla a bhí ag an gCéad Rí Seoirse, agus ní mó ná maith a bhí sé ag a mhac ach chomh beag.

Ina reachtaire ar fhásach: i. i gceannas Hanover? 'A dull little man of low tastes he appears to us in England' (Thackeray, 1855/1995, 36). 'The King's fondness for Hanover occasioned all sorts of rough jokes among his English subjects, to whom sauerkraut and sausages have ever been ridiculous objects' (Thackeray, 1855/1995, 53). Féach an tagairt don fhásach, leis, in Uimh. 20 (b), líne 14.

15-16 Salann. Bhain an Phrúis an tSíléis den Ostair, agus bhí mianaigh shalainn sa tSíléis. Ba mhór an buntáiste é sin di.

19 ar mhaol .i. níos déanaí.

27-28 Bhí eagla ar an árracht seo go ngoidfí im .i. an saibhreas uaidh. 'He has been accused of avarice, yet he did not give much money, and did not leave much behind him' (Thackeray, 1855/1995, 36). Ainm ar Éirinn ba ea 'an Droimeann Donn Dílis'. 'Muireann an mháis duibh' ba ea bó a raibh tiarpa dubh uirthi.

32 Bhí an cine a rialaigh Seoirse truaillithe? Thug Seoirse I beirt sclábhaí leis go Sasana a d'fhuadaigh sé ina ruathar ar an Tuirc. B'fhéidir gur tagairt dó sin atá anseo.

35 a gcuingeal do leagadh ar thalamh gur shásta .i. ligidís an tsrathair síos ar an talamh, nó go mbeadh sé sásta. B'éigean do na mná a gcuid ime a roinnt leis an árracht? Dhéanadh sé éigean ar na mná sa chathair? D'fhág sé a shliocht ina dhiaidh? D'fhág Seoirse I a bheanchéile i bpríosún sa Ghearmáin, agus tháinig sé go Sasana le beirt eile: 'Bony Baroness von Schulenberh agus corpulent Baroness Kielmannssegge'. 'In this respect, so much has been said about the first George's manners that we need not enter into a description of the son's German harem' (Thackeray, 1855/1995, 38). Ar leaba a báis mhol bean Sheoirse II dó pósadh arís, ach ba é a dúirt an Rí: 'Non, non; j'aurai des maîtresses' (Thackeray, 1855/1995, 42).

43-44 Mhínigh scríobhaí 24 M 4, lch. 251 'an triúr Bráthair' mar 'Lúther 7 Cailbhin etc.' Níor ainmnigh sé an tríú bráthair. Dá nglacfaí leis an léamh sin, ba é a bhí á rá ag an bhfile ná gur thréig siad an fíorchreideamh, agus gurbh shin cúis le Cogadh na Seacht mBliain. Is é is dóichí, áfach, gur tagairt do Chonradh Aix-la-Chapelle, a ceanglaíodh i mí Mheán Fómhair na bliana 1748 atá anseo. Chuir an conradh deireadh le Cogadh Chomharbacht na hOstaire, agus fuair tíortha na hEorpa athsheilbh ar a dtailte dá bharr, ach gur choimeád an Phrúis an tSiléis. Níor cloíodh leis na coinníollacha, áfach, agus d'fhógair an 'triúr bráthair' cogadh arís sa bhliain 1756. Chuir sin tús le Cogadh na Seacht mBliain. Ba iad an triúr a léim ó chuing an chrábhaidh, más ea, ná ríthe na Fraince, na Prúise, agus Shasana.

47-48   Ní raibh Seoirse II faoi mheas i Sasana. 'In whatever posture one sees this royal George, he is ludicrous somehow; even at Dettingen, where he fought so bravely, his figure is absurd – calling out in his broken English, and lunging with his rapier, like a fencing-master. In contemporary caricatures, George's son, 'the Hero of Culloden' is also made an object of considerable fun' (Thackeray, 1855/1995, 40).

fá ghrathain .i. le gramaisc, nó daoscarshlua, i do thimpeall.

49-50   a mhéadaigh t'samhail le gangaid .i. a chuir fuath fút le mailís.

52   a thrú bhoicht otair: a ainniseoir ollmhór, ata.

54-55   ní dainid le cách tú .i. ní bheidh trua ag éinne duit.

55   An asarlaíocht tacair: na piseoga, an draíocht bhréige. Féach línte 51-52 sa dán roimhe seo le haghaidh na hasarlaíochta a luaitear anseo.

56   mná reachtais Fháilghoirt .i. mná crúite na mbó in Éirinn.

23. Mo Ghearán Cruaidh le hUaislibh Fódla

Is é atá ag cur as do Uilliam English sa dán seo ná gur goideadh a bhróga. Ba chuma leis ach go raibh siad gan cháim, agus é i dtaobh leo, mar nach raibh an dara péire aige! Uilliam mac Sheoirse na Breataine an gadaí, agus ba cheart é a chrochadh de bharr na gadaíochta, dar leis an bhfile. Ina dhiaidh sin arís maitheann sé a choir dó mar ba dhual do shagart a dhéanamh.

Príomhfhoinse: Ac.R.É. 23 C 3, 54-55, a scríobh Stiabhna Mac Coiligin (Stephen Cox) i gCorcaigh sa bhliain 1760.

Foinsí eile: Longfort. ML 3, 500; ML2,119. Ac.R.É. 23 L 38, 83; 23 L 24, 203; 23 C 16, 170; 23 C 21, 227; 24 B 29, 4; 23 N 18, 111; 23 I 36, 83; 23 B 38, 209; F vi, 42 agus 227; 23 E 16, 405; 23 B 4, 173;

24 A 23, 314; 23 L 9, 259; 23 L 6, 330; 23 M 14, 116; 23 N 32, 282; 24 M 4; 246; 23 I 44, 125; 23 I 47, 79; 23 D 19, 245; 23 E 12, 260; 24 B 33, 531; 24 M 30, 79; 23 O 73, 51; 24 P 49 (c), 4. TCD. H.6.21, 59; H.6.10, 217. Corcaigh. T. xii (b), 2; T.i, 285; C40, 311; T. xv, 27; T.xxiv, 389; T. xxxii (d), 2; T.6, 19. Port Láirge. CE 15, 202. M.N. C13, 168; LC2, 80; C15, 83; M94, 1. Gaillimh. L. Bhreise, 1, 200. L.N. G637, 1; G403, 22; G658, 51; G206, 100; G207, 111; G. 122, 193; G819, 235. Aberystwyth. A9, 162. B.L. Add. 31567, f. 49; Add. 31874, f. 122; Eg. 97, f. 150. California. H.M. 4543, 148. L.N. G122, 193.

'A ndiaig a bhróg do guideag le gaduídhe luathlámhach' an ceann-teideal air in Ac.R.É. 23 B 38. 'Mairhne air bhróga Uilliam Inglish sonn' a scríobhadh in Ac.R.É. 23 I 47. 'Uilliam Inglis .i. Ó Maolríain cct.' atá sa cholafan i C15, 83.

I gcaitheamh bheatha an fhile féin breacadh an dán seo i gCorcaigh, i nDún Garbhán, i gCo. an Chláir, ag Cnoc Uí Ursainte, Co. Luimnigh, i nDún ar Aill, Co. Chorcaí, agus i gCeann Toirc. Go grod i ndiaidh a bháis breacadh é ag Droichead Ceann Poill, Co. Loch Garman, agus leanadh á bhreacadh sa Chluainín, Co. Thiobraid Árann, i Mainistir an Éin Duibh, Co. Luimnigh, i mBaile an Mhargaidh, Port Láirge, i nGleann Maghair, agus in Inbhear Sláine, Co. Loch Garman. Scríobh Pádraig Ó Dálaigh leagan de i nGleannúir, Co. Chorcaí, sa bhliain 1849 (Ac.R.É. 24 B 33, 531). Sheol sé a lámhscríbhinn sin 'chun a chara ionmhain Mr. Windeal' (Ó Conchúir, 1982, 59).

Malairtí ó 23 C 3/23 B 38: 3. mhuar/*mhór;* 7. *ar aoincheist;* 12. *don ing si;* 13. (ó Phortsmouth – G819, 235); 15. *sála ródheas;* 16. *eoluis;* 18. *gá ttáim leó nis;* 22. gan acara órdha/*gan eachradh gan bhróga;* 27. *do chuir feasa is teachta;* 28. (Pandóre – G819, 235); 30. *déis an chómhruic;* 34. *na gnótha;* 36. *an iath Hanover;* 43. *a cconar 'sna bóirthibh;* 46. *dorduídhe;* 47. *ón bpluide sgólta.*

I gCló: Ó Foghludha, 1937, 30.

Meadaracht: Cúplaíocht, a n-athraíonn an aiste ríme go minic ann. Fuaim /o:-/ mar chéim dheiridh i ngach líne. Athraíonn an aiste amais mar leanas: L.1-4: /uə/ L.5: /a:/ /L.6: /a/ L.7-8: /e:/ L.9: /a/ L.10: /a:/ L.11: /o/ L.12: /ai/ L.13: /a/ L.14-18: /a:/ L.19: /i/ L.20 /a:/ L.21-22: /a/ L.23: /a:/ L.24: /əi/ L.25-26: /i/ L.27: /a/ L.28: /u:/ L.29: /i/ L.30: /iə/ L.31: /a/ L.32: /i:/ L.33/ e/ L.34: /i/ L.35-36 / iə/ L.37-38: /au/ L.39-40: / uə/ L.41: /a:/ L.42: /u:/ L.43: /o/ L.44: /e/ L.45: /a:/ L.46-47: /o/ L.48: / uə/ L.49: /i/ L.50: /i:/ L.51: /a/ L.52: /iə/ L.53:/i/ L.54: /o/ L.55: /au/ L.56: /o/ L.57-58: /a/ L.59: / a/ L.60: /au/ L.61-64: /a/

Nótaí Mínithe:

2	'om' thuar le deoraibh: ag gol go fuíoch.
3	San Aird Mhór, Co. Phort Láirge? Ba dhóigh leis an bhFoghludhach gurbh i Seandún, Co. Chorcaí a bhí Uilliam English (Ó Foghludha, 1937, 63). Sin é is fearr a théann le 'clocha Chorcaí'.
6	na daoine léannta líofa (saoithe bleacht') a chuir deireadh (comhad) ar dhán.
8	eolchair: brón, síreacht.
9	Ní duine gan aird (futa fata) a dhear na bróga.
10	oirnéis: uirlisí.
15	bálta .i. lasca na bróige.
16	céir is cnáib a shásódh eolaí (go sásamh eolaigh).
23	gan fiú an phráis .i. gan pingin rua. Tugtar an Tuis. Gin. faoi deara, i ndiaidh 'gan fiú', mar a luadh sa *Gaelic Journal V,* lch. 138.
26	Feardorcha Mór na Prúise atá i gceist anseo, ar buadh air ag Kolin ar an 18ú Meitheamh, 1757, ag tús Chogadh na Seacht mBliain. Bhí uireasa mhór air, más ea.
28	pandúir .i. 'eadránaí' ó 'Pandarus' a throid ar thaobh na Traí san *Iliad*? nó 'panzer' .i. an focal ar aonad armtha sa Ghearmáinis?
35	mac ár dtriaith: Uilliam, mac an Diúic Cumberland.

36-38 Bhuaigh an Fhrainc ar Diúc Cumberland ag Hanover ar
26/7/1757.

49-52 Ba dhóigh leat go raibh an file chun peaca an ghadaí a
mhaitheamh, agus go bhfágfadh sé faoi Dhia é. Arís eile,
b'fhéidir nár tháinig an maithiúnas ach ó na fiacla amach!

53-63 Ina dhiaidh sin féin, baineann an file úsáid as cleas cliste,
mar tugann sé cuntas beo dúinn ar an ngadaí á chrochadh,
le baic ar a cheann, is rince an ghaid á dhéanamh aige, an
tua á spóladh, a cheann ar sparra, a chorp á stracadh ag
madraí an bhóthair, agus gurbh ar éigean a d'fheicfeadh sé
sliocht a shleachta i ndiaidh na tiarála sin! Munar bhain an
file sásamh as an tuairisc sin, ní lá fós é!

23 (a) Ná Bí in Earraid Liom

Aiste ghrinn eile ar Chogadh na Seacht mBliain atá againn anseo.
Chuaigh Éadbhard de Nógla sa tóir ar bhróga Uilliam English;
chuardaigh sé dóigh is andóigh, ach in ainneoin a dhíchill ní bhfuair
sé iad! Shroich sé cúirt an Ghinearáil James Wolfe (+ 1759) i
Louisbourg nó i Québec féin de réir líne 55 den dán thíos, ach ba
shaothar in aisce dó é. Chum Oliver Goldsmith dán ag móradh Wolfe
agus a ghaiscí:

O Wolfe! to thee a streaming flood of woe,
Sighing we pay, and think e'en conquest dear;
Quebec in vain shall teach our breast to glow,
Whilst thy sad fate extorts the heart-wrung tear.

(*Busy Body,* Deireadh Fómhair, 1759
www.louisbourg.ca/hero.htm)

Príomhfhoinse: Ac.R.É. 23 C 3, 55-56, a scríobh Stiabhna Mac
Coiligin sa bhliain 1760, i gCorcaigh.

Foinsí eile : Ac.R.É. 23 L 24, 205; 23 C 16, 172; 23 N 18, 119; 23 I
36, 86; Fvi, 45; 23 E 16, 406; 23 B 4, 175; 23 M 14, 118; 23 I 44,
129; 23 N 32, 285; 24 M 4, 249; 23 D 19, 249; 23 I 47, 82; 24 B 33,
535; 24 C 56, 97; 24 B 29, [6]; 24 A 23, [315]; 23 O 73, 53; 24 P 49

(c), 6. Col. na Tríonóide. H.6.10, 218. Corcaigh. T.xii (b), [5]; T. xlii, [11]; T.6, 108; Ti, 288. M.N. C13, 170; C15, 85. Gaillimh. L. Bhreise 1, 202. L.N. G637, 3; G206, 101; G122, 195; G360, 66; G207, 114; G819, 237. Aberystwyth. A9, 164. B.Á.C. Feir. 33, 229; Feir. 1, 473.

Malairtí ó 23 C 3/C15: 1. arruid; 13. reomsa/*rómhamsa;* 17. lothart/ *lóchairt;* 27. do thárla line ansan duine/*tharla liom an duine;* 31. aig triall sme breóighte/*agas mé go dóighte;* 32. is cear thuirseach me/*is cé bhíos tuirseach;* 40. oirdheirc/*órdha;* 42. am láimh/*fá na láimh;* 49. guinnig/*chum;* 52. *do sháitheas;* 54. (a ccúirt mhic tíre an bhuidéil ba bhiléad nuódh agam – G819, 237); 59. do thugais gan ghó dhom/*do thugas gan gó liom;* 78. nach raibh tír ná bruighean san Eoraip/*ná raibh rígheacht ná tír san Eoraip.*

Meadaracht: L.1-4: 4[-/i:-/a--/a--/o:-]. L.5-8: 4[-/a:/uә-/ uә-/o:-]. Tá /o:-/ mar chéim dheiridh i ngach líne tríd an dán go léir, agus comhfhuaim i lár gach líne, mar leanas: L. 9-12:/ uә, o, i:i:, a/ L.13-16: /iәi:, a, uә, ia:/ L.17-20: /a, aui:, u:, a/ L.21-24: /i,e:, a, a:/ L.25-28: /i, a, i, i:/ L. 29-32: /a, uә, iә, i/ L.33-36: /a:, a, a, i:/ L.37-40: /u:, a:, a, a:/ L.41-44: /o, a:, uә, ai:/ L.45-48: / uә, a:, uә, i:/ L.49-52: /i, o, uә, a/ L.53-56: /e, i, a, o/ L.57-60: /a, a, i, i:/ L.61-64: / a, i:, a, a/ L.65-68: /a, aa:, i, a/ L.69-72: /i:, i:i:, a, uә/ L.73-76: / iә, a:, i:, i/ L.77-80: /a, i:, i, i/ L.81-84: /a, a, a, a/ L.85-88: /a:, i, i:, a:/.

Nótaí Mínithe:

1 Ná bí in earraid liom .i. ná bí thiar orm, ná cuir an milleán orm.

6 macalla ar theideal an dáin le Uilliam English, a bhfuil an ceann seo ina fhreagra air atá sa líne seo.

8 an fuaid : an gadaí.

11 fíobhaí: foraoiseacha.

9-12 curraithe: riasca. Tá an áibhéil in uachtar sa dán seo, mar a fheictear anseo, agus cuireann sin leis an ngreann, a bhfuil macalla ann ó áibhéil an Bharántais.

14 Tá dhá bharúntacht i gCo. Chorcaí, Cairbrigh Thoir agus Cairbrigh Thiar.
Barúntacht i gCo. Chorcaí is ea Barraigh Rua (Barryroe) freisin.

15 Ceantar ar bhruach na hAbhann Móire, in iarthuaisceart Chorcaí is ea Múscraí Luachra.
Tuath Bharóideach: Barúntacht eile i gCo. Chorcaí (Barretts).

16 An dá Chineál: Cineál Aodha agus Cineál mBéice, dhá bharúntacht i gCo. Chorcaí.
an tOileán Mór: Great Island i gCo. Chorcaí.

17 Dúiche Ealla: Barúntacht i gCo. Chorcaí.
lóthart, lóthairt (23 N 32, 23 E 16, 24 B 33) lóghthairt (24 M 4) lóthair (23 I 47). Baile fearainn is ea *Lohort* atá suite ar theorainn thoir Bharúntacht Dhúiche Ealla.

18 Dúthaigh Mhic Amhlaoibh, in iarthuaisceart Cho. Chorcaí. Bhí Clann Amhlaoibh i nDúiche Ealla, Co. Chorcaí ón gceathrú haois déag ar aghaidh (Ó Murchadha, 1985, 7-12). Tá Críoch Róisteach i mBarúntacht Fhear Maí, i gCo. Chorcaí.

19 'Condons and Clangibbon' (Condúnaigh agus Clann Ghiobúin) atá i gceist .i. barúntacht i gCo. Chorcaí. Normannaigh ba ea na Condúnaigh, a bhí lonnaithe i nGleannúir, Co. Chorcaí ón mbliain 1230 (Ó Murchadha, 1985, 95).

20 Barraigh Mhóra in oirthear Cho. Chorcaí atá i gceist anseo.

21 Uí Mac Coille, nó Uí Mhic Coille, barúntacht eile i gCo. Chorcaí.

36 Thriail sé gach áit i Leath Mhogha is i Leath Choinn, a deir an file anseo.

38 Cionn Aird in Albain atá i gceist anseo, ní foláir.

41 Louis XV na Fraince ba ea an Breitheamh, is dócha, a thug barántas cuardaigh don fhile.

53 Ba le Seoirse Shasana Hesse.

54 Cúirt Mhictíre: Tharla gur i gcinnlitreacha atá 'mhictíre' i gcuid de na lámhscríbhinní, ba dhóigh leat go raibh ainm

duine i gceist. B'fhéidir gur tagairt é don Ghinearál James Wolfe (1727-1759), a thóg Québec ar son na Sasanach ó na Francaigh i mí Mheán Fómhair na bliana 1759. Laoch Louisbourg ba ea é. Thuill sé clú dó féin i gCogadh na Seacht mBliain san Eoraip sular cuireadh go Cape Breton é sa bhliain 1758. Bheadh le tuiscint ón tagairt seo, más ea, gur shroich Éadbhard Ceanada ar a chamchuairt ar thóir na mbróg! Nó gur fhág an Ginearál Wolfe cúirt ina dhiaidh i Hesse, sular fhág sé an Eoraip.

58-60   Féach Uimh. 20 (c) áit a ghabhann an Nóglach buíochas le Uilliam English toisc gur thug sé 'leathanghlaid riastach 'stiallfas namhaid' dó (línte 1-5).

74   d'ionsaí Mháire .i. i dtreo Mháire Treasa na hOstaire.

79   cóbach (caobach): bathlach, scraistín .i. Cumberland.

81   coirneach: tíoránach .i. Seoirse, athair Cumberland.

23 (b). Cúis Aoibhnis le hInsint

San amhrán seo dearbhaíonn Éadbhard de Nógla gur aimsigh sé bróga Uilliam English, agus gur chúis aoibhnis dó an scéal a insint! Níorbh iad na seanbhróga a fuarthas ar ais, áfach, ach péire ceartaithe nuaghlan. Uilliam mac Sheoirse na Breataine a chuir ar ais iad, agus más aisling féin í sin, bímis sásta léi mar scéal!

Príomhfhoinse: Ac.R.É. 23 C 3, 57-58, a scríobh Stiabhna Mac Coiligin sa bhliain 1760, i gCorcaigh.

Foinsí eile : Ac.R.É. 23 L 38, 91; 23 N 18, 119; 23 B 38, 211; 23 M 8, 149; 24 C 56, [101]; 23 B 4, 180; 23 D 19, 252; 23 O 73, 56. M.N. C15, 83; M6, 186. L.N. G641, 291; G637, 6; G403, 24. B.Á.C. Feir. 1, 474.

Malairtí ó 23 C 3/23 B 38: 2. ghardachuis dfáigibh/*gárdachuis dfáigibh;* 8. *na ccóige;* 10. treóra; 12. mo bhrónsa/*gan bhróga;* 15. paighire/*péighre;* 21. Dún Bóinne; 26. ngabhthar; 31. cith trácht/cídh tracht; 38. fios na sgéal; 78. gan fáoghal díbh/*gan saoghal díobh;* 79. bídhig.

Meadaracht: Tá /o:-/ mar chéim dheiridh i ngach líne tríd an dán, agus comhfhuaim i lár gach líne, mar leanas: L.1-4: /i:, a:, a, a/ L.5-8: /i, i:, a, i/ L.9-12: / i∂, au, i:, a / L.13-16: / u∂, a:, a, a/ L.17-20: /e:, a, a:, a/ L.21-24: / u∂, a, u∂, u:/ L.25-28: / i:, a, u∂, a / L.29-32 / i∂, a, a:, a:/ L.33-36: /o, a, o, ia:/ L.37-40: /i, e:, a, a/ L. 41-44: /i:, ai:, a, a/ L.45-48: /i:i:, i:, a, a/ L.49-52: /i, i, a, e/ L.53-56: /a, a, e:, a/ L.57-60: /a, i:, a:, a/ L.61-64: /e, i:, aa:, u/ L.65-68: /i, e:, a, a/ L. 69-72: /i:, i:, aa:, aa:/ L.73-76: /i:, i, e, a:/ L.77-79: /i:i:, i:i:, i/ .

Nótaí Mínithe:

11 Faightear an fhoirm 'díocht' do 'diagacht' i bhfilíocht agus i gcaint Mhúscraí. (*cf.* Donncha A. Ó Cróinín: 'A Devotional Poem by Seán Máistir Ó Conaill' in *Celtica 7* (1966), lch. 63. Féach freisin Nic Éinrí, 2001[a], 133 agus 259).

14 Is deacair a dhéanamh amach cérbh é 'Seán geal Gagán'. I measc na síntiúsóirí don leabhar *Remarks Upon The Religion, Trade, Government, Police, Customs, Manners, And Maladys Of The City Of Corke,* le Alexander the Coppersmith (1974 – an chéadchló 1737) léitear an t-ainm 'Richard Gaggin' ar lch. 127.

Arís eile, 'aon do bhreithiúnaibh na héigse agus d'uaislibh na síochána' i gCo. Chorcaí ba ea 'Donnchadh Gógán' (Ó Fiannachta, 1978, 205).

16 Chaith an Diúc de Cumberland a lán ama in Albain, agus bheadh fáil amhlaidh aige ar an mbreacán, chun é a fhilleadh timpeall bhróga Uilliam English!

21 Dún Búinne, Co. na Mí, atá i gceist le 'Dún na Bóinne'.

23 Barryroe, barúntacht i gCorcaigh is ea Barraigh Rua.
Cruachain: Ráth Cruachan, i gCo. Ros Comáin.

36 borrthach: ata. Glactar leis gur chuig an Diúc de

Cumberland an tagairt don bhúistéir anseo, tharla gur thuill sé an leasainm sin de bharr a bhrúidiúlachta in Albain sa bhliain 1746.

50 Príomhchathair Moravia ba ea Olmutz a gabhadh le linn an Chogaidh Tríocha Bliain (1618-1648) ag na Sualannaigh. Lean Feardorcha Mór na Prúise ag gabháil stealladh dó ar feadh seacht seachtain sa bhliain 1758, ach theip air i gcoinne neart Mháire Treasa na hOstaire. Is dó sin tagairt an Nóglaigh anseo, ní foláir. Áit mhór dhéantús bhróg ba ea Olmutz i gcaitheamh an Chéid Chogadh Domhanda, ach ní fios an raibh an tionscal sin bunaithe ann nuair a goideadh bróga Uilliam English!

54 Barbary i dtuaisceart na hAifrice atá i gceist le 'Bairbrí'.

58 Díoladh Íosa Críost ar thríocha píosa airgid.

59 Ba é Vulcan dia Rómhánach na tine, a bhí ina éarlamh ar cheardaithe.

62 Bhíothas chun seithe ó thóin na heilifinte a úsáid le haghaidh sáile is boinn na mbróg.

65-68 Gheall Cumberland go dtabharfadh sé gach a raibh ag teastáil ón Nóglach dó. Féach Uimh. 23 (a), línte 80-84.

70 guith: milleán, gearán, is náire.

73-76 Tagraítear anseo don bhua a bhí ag Louis XV na Fraince i gcoinne na Sasanach is na Prúise, i dtosach Chogadh na Seacht mBliain. Pléitear arís é in Uimh. 25, línte 26-30.

24. Táid seo sa Teannta

Príomhfhoinse: Ac.R.É. 23 M 51, 72-73, a bhreac Aindrias Mac Mathghamhna i Luimneach sa bhliain 1767. 'Brónchur na buídhnesi san nGearmáin' an ghluais a chuir an Mathghamhnach leis.

Léamha ó 23 M 51: 1. Atáidsi ansa teannta; 2. amhgar; 3. Shagsaibh; 8. Cormac St – t; 9. go mbloíghtear; 10. a ccóbhaltach … air tráig; 13. ansa gclámpar; 16. … bhrisfidh air Láudon is air Marasgall Dáun; 18. an éugchruighith; 19. an seannreacht go lunnrach; 20. a ccléiricc a bhfanntuis a tteampoill sa neasbuig go hárd; 21. ar Éigceas biadh; 22. le fághan.

I gCló: Ó Foghludha, 1937, 49.

Meadaracht:
V.1: 2[A+B] A=[-/o-/au--/au--/a-]. B=[-/i--/au--/a--/a:].
V.2-3: 2[A+B] A=[-/i--/au--/au--/a-]. B=[-/i--/au--/a--/a:].
V.4-5: 2[A+B] A=[/e:--/au--/au--/a-]. B=[-/e:--/au--/a--/a:].
Curfá: A[/a--/i:i:i:-/e:-/o:] + B[/a--/i:--/a--/a:] +C[/a--/i:--/a--/i:-] + D[-/o--/i:--/a--/a:]

Nótaí Mínithe:

1   Bhí an Diúc de Cumberland ag cosaint Saxony ar son na Sasanach, agus bhuaigh na Francaigh air ag Hastenbeck, mí Iúil na bliana 1757.

3   gan bogadh ar a ndrandail .i. gan aon ní le n-ithe acu (ag na Sasanaigh thar lear).

9   Buadh ar chabhlach na Sasanach ag Rochefort mí Dheireadh Fómhair na bliana 1757, agus ag St. Malo i mí Mheán Fómhair na bliana 1758.

13-14   Buadh ar an bPrúis ag Kolin ar an ochtú lá déag de Mheitheamh na bliana 1757, agus is dóigh leis an bhfile anseo nach raibh aon tacaíocht acu.

15   Bhí an lá leis an Rúis i gcoinne na Prúise ag Gross Jagerndorf i mí Lunasa sa bhliain 1757. Chúlaigh siad ar ais chun na Rúise ina dhiaidh sin, áfach.

16   Ag faire ar Laudon is ar Marascal Daun atá na Rúisigh anois, dar leis an bhfile. 'Is brisfidh ar Loudoun ag Marascal Daun' an léamh a dhein an Foghludhach ar an líne seo (Ó Foghludha, 1937, 49). Leascheannaire Daun ba ea Laudon, agus ba de bharr a chlisteachta a buadh ar Fheardorcha II ag Hochkirk sa bhliain 1758, agus ag Kunersdorf sa bhliain 1759 (Tierney, 1943, 184-85). Ar éigean, más ea, go gciallódh an líne go mbrisfeadh Daun ar

a leascheannaire féin. Duine ar fad eile a bhí i Laudon, dar leis an bhFoghludhach; Seán Caimbéal, Iarla Loudoun, a bhí ann, a throid i gcoinne an *Pretender* ar thaobh na Sasanach in Albain. Ó 1756 ar aghaidh bhí sé i gceannas airm Shasana i Meiriceá (Ó Foghludha, 1937, 72). Ar éigean a bheadh seans ag Daun buachaint air, áfach, tharla gur i Meireacá a bhí sé. Mar a scríobhadh thuas, ba dhóigh le Tierney gur leascheannaire Daun ba ea é, ar tháinig a mhuintir ó Livonia sa cheathrú haois déag. B'amhlaidh a dhein an Foghludhach míléamh ar an líne, dar leis (Tierney, 1943, 184). Tagaimid leis an tuairim sin, mar san aon fhoinse atá faoi láimh anseo léitear: 'bhrisfidh air Laudon is air Marascal Daun'. Ní foláir nó tá focal in easnamh roimh 'bhrisfidh' sa lámhscríbhinn – 'cé' nó 'ní', b'fhéidir? Roghnaíodh 'ní' don leagan seo.

20   Séidfidh an seanreacht .i. beidh seandlí na hÉireann i réim. Ní hamhlaidh don namhaid, dar leis an bhfile, mar beidh a gcléirigh in ísle brí (i bhfanntais) agus a dteampaill leagtha go talamh (gan aird).

Trí Dhán ar dul an Luimnigh

Ar an bhfonn 'Seanbhean Chríon an Drantáin' a cumadh Uimh. 25, 25 (a), agus 25 (b) seo leanas. I gceathrúna ceathairlíneacha ba ghnách na dánta ar an bhfonn sin a bhreacadh sna lámhscríbhinní, i dtreo is gur dóigh le scoláirí áirithe nár deineadh 'Limerick' de dhánta scigiúla fhilí na Máighe, a cumadh ar an bhfonn sin, mar shampla, nó gur aistrigh James Clarence Mangan go Béarla iad sa naoú haois déag (Ó Héalaí, 1975, 109). Is suimiúil, áfach, gur breacadh ceann Uilliam English (Uimh. 25 thíos) i véarsaí cúiglíneacha in B.L. Eg. 160, Art. 6 (Flower, 1992/1926, *II*, lch. 202) sa bhliain 1781, ar aon dul leis an 'Limerick' mar is eol dúinn inniu é.

25. An Eol Díbhse 'Dhaoine i bhFonn Fáil

Tús Chogadh na Seacht mBliain (1756-63) is ábhar don dán seo, dála a lán eile dár chum Uilliam English. Ba gheal leis an bhfile an cás ina raibh Sasana, go háirithe toisc go raibh Seoirse II, an Rí, á chloí; go raibh sé ag cac ina bhríste le teann eagla, agus nach nglanfadh an taoide a thóin! Ní gá a rá gur chúis mhórtais dó Laoiseach XV, Rí na Fraince, a bheith ina shea. Thabharfadh sé sin seans don *Pretender*, Charles Edward, filleadh ar a dhúchas, dar leis. Dá bharr sin bheadh an creideamh Caitliceach i mbarr a réime arís, agus dhéanfaí comóradh le ceol agus beoir, a d'áitigh sé. Le teacht na nuachta seo go hÉirinn a chrom an file ar a dhán, agus is inspéise go raibh sé ag tabhairt eolais faoi dá chairde. (Ó Ciardha, 2002, 341). D'fhreagair siadsan ar ball é, ar an bhfonn 'Seanbhean Chríon an Drantáin'. Faoi dheireadh na bliana 1757 bhí Feardorcha II ag téarnamh. Ní foláir nó cumadh an dán seo i bhFómhar na bliana, más ea, nuair a bhí seans buaite fós ag na Francaigh ar na Sasanaigh.

Príomhfhoinse: Ac.R.É. 23 B 38, 191, a scríobh Séamas Ó Murchadha sa bhliain 1778 ag Droichead Ceann Poill, i gCo. Loch Garman.

Foinsí eile: Ac.R.É. 23 B 36, 198; 23 M 14, 210; 23 M 11, 220. B.L. Eg. 160, Art. 6. Corcaigh. T.i, 159; C.40, 302; M.N. M14, 394. California. H.M. 4543, 234. Boston. S28, 273. B.Á.C. Feir. 9, 8. L.N. G351, 84, a scríobh Muiris Camshrónach Ó Conchúir idir na blianta 1758 agus 1764. Saor loinge i gCorcaigh ba ea an Conchúrach (Ó Conchúir, 1982, 54).

Ba i Loch Garman, i Luimneach, i gCorcaigh, agus i dTiobraid Árann a breacadh an dán i ndiaidh bhás an fhile.

I gCló: Ó Foghludha, 1937, 32.

Malairtí ó 23 B 38/23 B 36: 1. an eóil/*an ait*; 2. Seóirse/*uilliam* ('Wally in G 351)'*;* 5. theampán/*thiompán;* 37. streangcáin/*streanncáin;* 40. streanncan/*bproinn sámh* ('steanncán' in 23 M 14).

Meadaracht: Tá sí ar dul an Luimnigh. Féach Ó Fiannachta, 1982 agus Nic Éinrí, 2001 [a], 261 agus 320-21, áit a ndéantar plé ar dhánta le Tadhg Gaelach ar an meadaracht chéanna. Moladh na foinn 'Sean bhean Chríon an drantáin', agus 'Giolla na Scríbe in antráth' – 'The beardless boy' do na dánta sin.

Véarsaí cúiglíneacha atá againn anseo, ar an aiste: 2A+2B+C. I Véarsa 1 is ionnn A agus [-/o:--/i:-/au/a:] B=[(-)/a--/i:-] C=[-/a--/i:-/au/a:]. Fanann aiste B agus C socair tríd an dán go léir. Athraíonn A i véarsa 2 go [-/o--/o--/au/a:]. Sna véarsaí. 3, 5, agus 7 is ionann A agus [(-)/a--/i:-/au/a:]. I véarsa 4 is ionann A agus [-/a--/a--/au/a:]. I véarsa 6 is í aiste A ná =[-/o:--/o:--/au/a:]. Mar seo atá A sa véarsa deiridh: [-/a:--/a:-/au/a:].

Nótaí Mínithe:

2   Seoirse II, rí Shasana (1683-1760) atá faoi chaibidil anseo. 'Uilliam' agus 'Wally' atá i bhfoinsí eile. Seans go raibh

William Pitt Sinsearach (1708-78), a chuaigh i gceannas an chogaidh ar son Sasana sa bhliain 1757, i gceist ag na scríobhaithe? Nó ráineodh gur William, mac George Cumberland, a gabhadh i Hanover, a bhí ar aigne acu. Téann 'Seoirse' le 'eol' ó thaobh meadarachta de, agus ba ghnách 'An ait libhse' a scríobh sna leaganacha a raibh 'Wally' iontu.

5　Tiarpa: 'tiompán' (tóin), dar leis an bhFoghludhach (Ó Foghludha, 1937, 64).

6　Naimhde na Fraince ba ea 'na bodaigh' .i. an Phrúis agus Sasana.

10　Laoiseach ba ea Louis XV na Fraince (1710-74).

11　Prág. Bhí sí faoi léigear ag na Prúisigh, ach theith Feardorcha II uaithi, agus neartaigh sin misneach na hOstaire agus na Seacaibíteach (Ó Ciardha, 2002, 354). De bharr ionsaí na bPrúiseach bhí Prág in umar na haimléise ón ngorta agus ón bplá, agus bheartaigh Maurice Lacy (1725-1801), mac Peter Lacy ó Luimneach, agus gaol Maximilian Ulysses Browne, a shlí a ghearradh isteach tríd an namhaid, le 12,000 saighdiúir Ostaireach, d'fhonn teacht i gcabhair ar mhuintir na cathrach. D'éireodh leis an bplean, ach gur scéitheadh air (Hayes, 1943, 414-415). Maraíodh Maximilian Ulysses Browne i gcath lasmuigh de Phrág, agus dúnadh na saighdiúirí Ostaireacha isteach sa chathair. Sé sheachtain ina dhiaidh sin bhuaigh Daun, comharba Browne ar Fheardorcha II ag Kolin, cúpla míle ó dheas ó Phrág. Saoradh Prág amhlaidh (Tierney, 1943, 181).

15　Count Daun. Ceannaire ar arm na hOstaire ba ea é a bhuaigh ar Fheardorcha II na Prúise sa Bhóithéim sa bhliain 1757.

16　Brown. Maximilian Ulysses Browne a bhí ina Ghinearál ar arm na hOstaire i gcaitheamh an chogaidh.

26-30　An chloch ba mhó ar phaidrín Shasana i gCogadh na Seacht mBlian ná an bua a fháil ar na Cóilíneachtaí thar sáile, agus bhí géar-iomaíocht idir Sasana is an Fhrainc fúthu. Le Sasana a bhí an lá ar deireadh, ach ní hamhlaidh a bhí i dtosach, agus cúis mhaíte don fhile anseo is ea go bhfuil an bua ar muir is ar tír ag an bhFrainc.

Tagairt do thine an ghunna mhóir, nó an chanóin ar muir ar na báid atá i líne 27 .i. réabfar poill sna báid le linn an chatha.

38   flatha ceart-Mhílidh .i. flatha na hÉireann. Ba ó Mhíl a shíolraigh muintir na hÉireann, dar leis an *Lebor Gabála* (Ó hÓgáin, 1990, 296).

40   ár steancán: ár ndeoch

25 (a). Is Acmhainneach Aoibhinn do Rann Breá

Ag freagairt Uilliam English a bhí Pádraig Ó hÉigeartaigh nuair a mhol sé é leis na focail thuas. Dóchas ar fad a ghintear anseo agus maítear go mbeidh na Gaeil i réim arís i gCaiseal Mumhan, agus an creideamh Caitliceach faoi lántseol. Tiocfaidh an Stíobhartach, agus déanfaidh sé gaisce, mar a dhein Oscar, nó Goll, nó Cú Chulainn féin fadó.

Príomhfhoinse: Ac.R.É. 23 B 38, 192, a scríobh Séamas Ó Murchadha sa bhliain 1778 ag Droichead Ceann Poill, i gCo. Loch Garman.

Foinsí eile: Ac.R.É. 23 M 14, 212; 23 M 11, 222. L.N. G351, 85. Corcaigh. T.i 160; M.N. M14, 395. California. H.M. 4543, 235. Boston. S. 28, 273.

Ba i Loch Garman, agus i gCorcaigh, a breacadh an dán i ndiaidh bhás an fhile.

Malairtí ó 23 B 38/23 M 14: 1. rann bhreágha/*bhreadha;* 2. anntlás; 4. na ccathana cnaosguir/*na cathana caoimheasgair;* 5. naoide/ *neimhde;* 6. biadh/*biaid;* 10. calamacht/*calmacht;* 11. biadh/*beith;* 15. go fleasgabhach/*fleasgamhuil;* 19. *innsin;* 20. na líon rithsin/*na lionn-rithe;* 23. naoide/*naimhde;* 26. annrádh/*anrádh;* 31. a neabhuicc chách/*a ndeabhadh chách;* 32. dháibh/*dáibh;* 34. currantach gníomharthach/ *curata gníomharthach;* 37.*námhuid;* 39. laochuis/ *laoichuis;* 40.Congcullainn/*Cúchullainn, nóch budh chrann fáil.*

I gCló: Ó Foghludha, 1937, 33.

Meadaracht: Véarsaí cúiglíneacha atá againn anseo, ar an aiste: 2A+2B+C. I Véarsaí 1-6 is ionnn A agus [-/a--/i:--/au/a:], B=[(-)/a--/i:-], C=[-/a--/i:-/au/a:]. Is í aiste mheadarachta V.7 ná: A=[-/u--/i:-/au/a:] B=[-/u--/i:-]. Is í aiste C=[-/o--/i:--/au/a:]. I V.8 is ionann A agus [-/a--/a--/au/a:] B=[(-)/u--/i:-] C=[-/o--/i:--/au/a:].

Nótaí mínithe:

2	gan antlás .i. gan saint.
7	agall – féach Uimh. 18 (e), líne 20.
11	amhailt namhad .i. taibhsí na namhad.
12	ceannsmách: údarás, ceannas
20	reachtaibh na líonrith: dlíthe an uafáis atá thall (i Sasana).
25	Gan beann dóibh (dáibh) .i. neamhsplách orthu.
31	Giolla na Scríbe .i. An Stíobhartach.
32	Iolann Iolchruthach atá i gceist anseo.
38	ursain: crann taca .i. Cú Chulainn.
40	noch crann Fáil .i. atá ina chosantóir ar Éirinn.

25 (b). Is Bagarthach Díoltach i nGeall Báis

B'shin í an bhreith a thug Éadbhard de Nógla ar an scéal agus é ag déanamh gairdis faoin gcruachás ina raibh an tAimiréal Byng. Thiocfadh an caitheamh anuas sin le drochmheas an daoscarshlua i Sasana air, mar spreag an Rialtas iad chun samhail Byng a chrochadh ann, sular daoradh in aon chor é! Ó na nuachtáin Sasanacha a fuair na filí an dearcadh sin, ní foláir, nó ó amhráin Albanacha, mar déistin a léirigh Francaigh mar Voltaire ina leith: 'Qu'est-ce donc que tout ceci? dit Candide et quel démon exerce partout son empire?' Il demanda qui était ce gros homme qu'on venait de tuer en cérémonie. 'C'est un amiral', lui répondit-on. 'En pourquoi tuer cet amiral?' 'C'est lui dit-on parce qu'il n'a pas fait tuer assez de monde. Il a livré un combat à un amiral francais, et on a trouvé qu'il n'était pas assez près de lui.' 'Mais,' dit Candide, 'l'amiral francais était aussi loin de l'amiral anglais que celui-ci l'était de l'autre!' 'Cela est incontestable,' lui répliqua-t-on; 'mais dans ce pay-ci il est bon de tuer de temps en temps un amiral, pour encourager les autres' (*Candide*, lch. 214). Léiríodh déistin chomh maith i leith mharú Byng i *Précis du siècle de Louis XV* (eagrán Geneva, 1770), inar áitíodh: 'Il mourut avec une grande fermeté'(gallica.bnf.fr/scripts/Consultation Tout. exe?).

Príomhfhoinse: Ac.R.É. 23 B 38, 193, a scríobh Séamas Ó Murchadha sa bhliain 1778 ag Droichead Ceann Poill, i gCo. Loch Garman.

Foinsí eile:; Ac.R.É.23 M 14, 213; 23 M 11, 223. L.N. G351, 85. Corcaigh. T.i 161. M.N. M 14, 396. Boston. S. 28, 274. B.Á.C. Feir. 9, 11.

Buailtear leis an dán seo le hais an dá cheann roimhe sna foinsí céanna ar an mórgóir.

Malairtí ó 23 B 38/*23 M 14:* 3. Ríceach/*Ríocach;* 5. no tóll dád/*ionna tholl dád;* 6. angrollfá/*a ngroll fá;* 7. dáibh; 11. thríd/*tríd;* 15. an tsean Spáinn/*an tseann Spáinn;* 19. na draoibigh/*na draoibe;* 25. tsámhdáin/*tseamhdáin;* 34. Mac Finn Sgaith/*Mac Fínn Sgoth;* 36. socaracht, ghnáth/*socaracht, ghnáth;* 37.go molfainn na tabar na leabhair ghrás/*go molfamna tobar na leabhar ghrás;* 38. bhíodhmair/*bíodhmar.*

Meadaracht: Véarsaí cúiglíneacha atá againn anseo freisin, ar an aiste: 2A+2B +C. Is í aiste mheadarachta V. 1, 3, 5 agus 7 ná: A=[-/a--/i:--/au/a:] B=[-/a--/i:-] C=[-/a--/i:--/au/a:].

Is í aiste mheadarachta A sna véarsaí 2, 4, 6 agus 8 na:
[-/o--/o--/au/a:].
Fanann B agus C socair.

Nótaí Mínithe:

3   'Ríceach/Ríocach' Glactar leis go gciallaíonn sé 'an té a bhfuil ríoga (an bháis) air', agus go bhfuil an file ag tagairt do Byng á mharú sa líne seo. 'Wastrel' an chiall a bhaineann an Duinníneach as 'ríceach', agus tá 'ríocach' mar mhalairt aige ar an bhfocal (Ó Duinnín, 1927, 898).

4   Daoradh Byng chun a lámhachaidh ar deic a bháid féin, an *HMS Monarch.* Bhailigh báid eile ón scuad *Spithead* ina thimpeall i Portsmouth, fad a scaoileadh cúig philéar isteach ann, agus thit sé marbh láithreach.

5   Bhí a thóin ar lasadh toisc gur cuireadh tine leis, .i. mharaigh scuad lámhaigh é.

11   na fealltáin .i. na Sasanaigh.

12   leabhairlámhach: lámhach a leanann ar aghaidh ar feadh i bhfad.

15   Séarlas III (Don Carlos – 1716-88) a bhí ina rí ar an Spáinn, Napoli agus an tSicil atá i gceist anseo. Thóg sé taobh na Fraince i gCogadh na Seacht mBliain. Is dainid do na Sasanaigh má bhaineann seisean díoltas astu, a deir an file anseo.

20   Clann Tomáis ba ea na bodaigh aineolacha a bhí i réim in Éirinn sa seachtú haois déag, tar éis imeacht na n-uaisle Gaelacha. Féach *Páirlement Chloinne Tomáis,* in eag. ag NJA. Williams (1981, Institiúid Ard-Léinn, B.Á.C.).

25   'Samhdán' .i. duine ramhar atá i gceist, is dócha, mar mhasla ar Byng. Ghlaoigh Voltaire 'gros' air (*Candide,* Caib. 23).

28-30   Maslaíonn naimhde an fhírchreidimh (an deamhan ard) Muire (banaltra Íosa).

34   Cairbre Catcheann: Bhuail sé bob ar an Rí Ceart in Éirinn, agus chuaigh sé féin i gceannas. Ach thit plá ar an tír, toisc nach raibh an Rí Cóir i gceannas.

35   I ndiaidh bhás Chairbre tugadh flaitheas na hÉireann don Rí
Cóir .i. Fearadhach Fionn, agus chuaigh sé chun cónaithe i
dTeamhair. Meafar é seo dá bhfuil i ndán don tír, dar leis an
bhfile, nuair a bheidh an Stíobhartach .i. an Rí Cóir, i réim
arís.

26. Tá an Báire Buile seo Imeartha Réidh

> One nonetheless senses a growing urgency in 'Atá an Báire imeartha réidh' as the nonchalance and levity of the previous compositions give way to a more intense absorption with the issues at hand. (Buttimer, 1993, 564)

Ba as leagan M.N. M10 a bhí an Foghludhach ag tarraingt don dán seo, ní foláir, a bhfuil V. 1, 2, 5 ón bpríomhfhoinse anseo ann, agus an dáta 1757 leis. Ba chirte, áfach, an bhliain 1758 a thagairt dó, á chur san áireamh na himeachtaí a gcuirtear síos orthu i Véarsa 6: Ba ar an ochtú lá de mhí Iúil na bliana 1758 a bhuaigh na Francaigh ar an Sasanach, Abercromby, ag Ticonderoga. Níor fágadh ach an trian de na Sasanaigh beo i ndiaidh an chatha sin. Idir an dá linn, san Afraic bhí na Sasanaigh ag iarraidh an ruaig a chur ar na Francaigh ó Senegal, toisc gur theastaigh uathu cur le trádáil na sclábhaithe i Meiriceá.

> He (Uilliam English) rejoiced that in America the devil is on them (na Sasanaigh) altogether as they were left oppressed and afflicted after the battle of Ticonderoga where only one-third of them survived. Moreover, at Fort De Quesne they lay with their arses to the sun (stretched out dead) on the shattered timbers of their fallen flags. (Ó Ciardha, 2002, 341-342)

Cuireann Cornelius Buttimer an dán le hais na nuachta a raibh fáil uirthi sa *Cork Journal* na bliana 1758. In eagrán an 4ú lá de mhí Mheán Fómhair na bliana sin léitear "We hear that upon Advice received at Louisbourg of the Repulse of the Troops under the Command of General Abercromby at Ticonderoga" (Buttimer, 1993, 563). Bíodh go raibh an taoide ag casadh i leith na Sasanach ón mbliain 1758 ar aghaidh, níor lig Uilliam English lena ais é. Mar sin féin, is léir an t-amhras sa dán seo.

Príomhfhoinsí: M.N. M11, 15-16, agus M10, 123 a scríobh Seán Ó Muláin i gCorcaigh, sa bhliain 1817.

Foinsí eile: M.N. M14, 479. Corcaigh. C. 40, 304. Manchain, Ryl. 134 (lgh. gan uimhriú).

Níl teacht ar an dán seo anois, go bhfios dúinn, ach i LSí. ón naoú haois déag, a breacadh i gCorcaigh agus i Loch Garman.

I gCló: Ó Foghludha, 1937, 38.

Téann leaganacha M11 agus M14 den dán seo le chéile. Is ó leagan M10 a fuarthas Véarsa 6 den dán.

Malairtí ó M11/*M10:* 2. *curtha ortha is léir;* 3. *tréan;* 5. rith seo/*Ruisig* (Russians – C40); 11. cuirre ná cáob/*currach ná caob;* 13. puibill 'na ccuisne (puibill na ccuisne – C40); 15. an tádh (an tréad – C40); 28. do ghnáthamh; 30. *cinn árd* (ceann ard – Ryl. 134)*;* 34. ciadh fiartheas/*cé éisteas;* 36. do dháilfeas an cúig beag na cárta/ *do ghéilfeas do chúig beag ná card iad;* 39. raibheadar ag cách/*ana rabhadar ag St. Cas* (St. Cás-C40).

Meadaracht: Véarsaí ochtlíneacha. Mar seo atá aiste mheadarachta V.1 agus 2: 3A[-/a:-/i--/i--/e:] + B[-(-)/a:-/u:--/a:-] + 3A+B.
V.3: 3C[-/e:-/i--/i--/e:] + B +3C + B.
V.4: D[-/au--/o:--/o:--/e] + E[/a:--/i:-/i:--/e] +D +B +3F[/o--/a--/a--/o:] +B.
V.5: 3G[-/i:-/au--/au--/a:] + B + 3H[/e:--/au--/au--/a:] + B.
V.6: 3J[--/a:--/iə--/ iə--/a] + K[-/a:--/i:--/i:--/o:-] + 3L[-/o:--/e:--/e:--/a] + B.

Nótaí Mínithe:

3   Daun .i. ceannaire arm na hOstaire.

5-6   Cuireann Niall Buttimer an dá líne seo le hais cuntais ón *Cork Journal,* 4ú Meán Fómhair, 1758: Vienna, Aug. 5. ... a body of Russians having been sent against a Prussian regiment ... (the Prussians) threw down their arms, and went over to the Russians, crying out, 'God save Maria Theresa ...' (Buttimer, 1993, 563).

6   ní táir (náireach, lag) an ursain (taca) .i. is breá an taca iad.

7   an Pruiseach is a scaoth .i. Feardorcha II, Rí na Prúise, agus a arm.

17-18   In Aibreán na bliana 1758 d'ionsaigh an Rúis oirthear na Prúise agus thóg siad Konigsberg, agus d'fhan siad ann go deireadh an chogaidh. Dá bhrí sin, is saobh (ní ciallmhar) a rá gur traochadh iad, mar b'amhlaidh a cuireadh an bhéim ba throime air féin, .i. ar Fheardorcha.

21   Stettin .i. Szczecin, i mBá Pomerania, idir an Ghearmáin agus an Pholainn. D'ionsaigh an tSualainn (na Swedes) Pomerania i mí Dheireadh Fómhair na bliana 1757.

23   Ar an séú lá déag de mhí Dheireadh Fómhair na bliana 1757 ghlac an Ostair seilbh ar Berlin.

26   Soubize .i. an Marascal Soubise, ar bhuaigh Feardorcha II air ar an dara lá de mhí na Samhna, 1757. Féachadh ar an mbua sin, i nuachtáin na linne, mar chomhartha go bhfaigheadh an 'True Religion' an lámh in uachtar ar 'Popery' (Sagarra, 1987, 53).

29   Contades. Bhí sé i gceannas arm na Fraince ag Hanover ar an ochtú lá déag de Lúnasa, na bliana 1758, nuair a thug sé aghaidh ar 50,000 de arm na Breataine (Buttimer, 1993, 563). Bhuaigh an Fhrainc ar Diúc Cumberland ag Hanover ar 26/7/1757, ach chuir Brunswick an ruaig orthu as Hanover ar 27/3/1758.

31   Brunswick .i. Prince Ferdinand of Brunswick, a chabhraigh le harm na Breataine ag Hanover i gcoinne Contades. B'éigean dó teitheadh, áfach, dar leis an bhfile anseo.

35   an mámh: an cárta luachmhar.

36   cúig bheag .i. cárta gan luach.

38-39   I mí Iúil na bliana 1758 ghabh na Sasanaigh Louisbourg faoin nGinearál Boscawen, agus faoi Shamhain na bliana céanna bhí an bua ag Boscawen ag Fort De Quesne. Sa *Cork Journal 28ú Meán Fómhair,* na bliana 1758 tuairiscítear go raibh cabhlach na Breataine i dteannta ar chósta na Briotáine, de bharr na stoirme, agus gur ionsaigh na Francaigh iad. "We have lost between 6 and 700 Men killed, drowned and taken Prisoner ... the present State of the Troops makes it necessary to return to England" (Buttimer, 1993, 564).

39   St. Cás .i. St. Cast ar chósta na Briotáine, gar do Dinan. Bhí an Chevalier John Redmond, ó Cho. Loch Garman ina Cheann Ceathrún ar arm na Fraince ann, agus ba de bharr a chrógachta a brúdh cuid de arm Shasana ar ais go dtí a mbáid ón gcuan ann (Hayes, 1943, 418). Ba dhóigh leis an bhFoghludhach, áfach, gur shráidbhaile, St. Cassien, a bhí i gceist, inar chónaigh 300 duine, míle is caoga ó Quebec (Ó Foghludha, 1937, 68). Glacann Éamonn Ó Ciardha le léamh Uí Fhoghludha ar an scéal (Ó Ciardha, 2002, 341). Ar fhianaise an *Cork Journal 28ú Meán Fómhair,* na bliana 1758, thuas, áfach, is é is dóichí gurbh é St. Cast, sa Bhriotáin, a bhí ar aigne an fhile.

44   Ticonderoga: ar an ochtú lá de mhí Iúil, sa bhliain 1758, bhuaigh na Francaigh ar an Sasanach, Abercromby, ag Ticonderoga. Níor fágadh ach an trian de na Sasanaigh beo i ndiaidh an chatha.

46   Tháinig tórmach ar an gcléir Senegal chuig na Sasanaigh, .i. bhíodar i bhfeirg leo.

47   na Sasanaigh ba ea 'baothlaigh na mbrat' .i. na búir, a raibh bratacha ar foluain acu.

'Time now has worn me; my locks are turned to gray'

27. Cois na Bríde

'An Clár bog Déil' an fonn a mholtar don dán **Cois na Bríde** go coitianta sna lámhscríbhinní. Tá fáil ar aiste filíochta den ainm sin in Ac.R.É. 12 M 14, 439 a scríobh Pat O'Mahony sa bhliain 1829. Ní leagtar ar Uilliam English é. Tá ceathrú 1 mar an gcéanna san dá dhán, áfach. Freagraíonn ceathrú 2 do cheathrú 4 de leagan na príomhfhoinse, agus tá comhthreomhaireacht idir ceathrúna 7 agus 2 freisin:

> Ghlacfainn tú gan ba gan púint gan áireamh spré,
> is do leagfainn chugam tú maidin drúcht' ar barr an fhéir,
> mo ghalar dubhach gan mé is tú, a bháb an tséin,
> i gCaiseal Mumhan 's gan de leaba fúinn ach an clár bog déil.
>
> (12 M 14, 439)

Is mó sin leagan den dán a mhaireann sna lámhscríbhinní. Léitear i Corcaigh. T. 4, 80:

> Cois na Bríde seal do bhíos-sa go súgach sámh,
> ag priocadh míol as mo sheanabhríste is á gcur chun snámh.
> Ba mhó gach míol díobh ná gearrachaoirigh 'bheadh ag siúl
>   ar bán,
> agus scrios nimhe orthu murab ea thug sceimhle dom' dhá
>   chromán

Ceathrú 3 a chuireann séala Uilliam English ar an leagan áirithe den dán anseo, mar nár tháinig stad air ach ag tagairt do Chogadh na Seacht mBliain. Ina theannta sin, ba ó na nuachtáin a d'fhaigheadh sé a chuid eolais. Shroicheadh na nuachtáin na ceantair tuaithe san ochtú haois déag ar an Mháirt is ar an Satharn, sé sin, ar laethanta an phoist (Munter, 1967, 56). Sa phríomhfhoinse amháin a fhaightear ceathrú 3, ná níor ghnách don fhile, ach chomh beag, tagairt chomh hoscailte sin a dhéanamh do na páipéir nuachta agus a dhéantar sa dán seo. Mar sin, gheobhfá amhras a chaitheamh ar a údar, á chur san áireamh a dhéanaí a fheictear curtha ina leith é sna lámhscríbhinní (In Feir. 1 a scríobh Pádraig Feirtéir idir 1889 agus 1913 a chéadleagtar air é, go bhfios dúinn).

Chuir Kathleen Hoagland i leith Uilliam English é, áfach, san aistriú Béarla a rinne Samuel Ferguson air:

> I'd wed you without herds, without money, or rich array,
> And I'd wed you on a dewy morning at day-dawn gray;
> My bitter woe it is, love, that we are not far away
> In Cashel town, though the bare deal board were our marriage
> bed this day! ...

> My purse holds no red gold, no coin of the silver white,
> No herds are mine to drive through the long twilight!
> But the pretty girl that would take me, all bare though I be
> and lone,
> Oh, I'd take her with me kindly to the county Tyrone.
>   (Hoagland, 1947/1975, 197-198)

Príomhfhoinse: M.N. M9, 374, a bhreac Seán Ó Muláin sa bhliain 1818 (níor chuir sé ainm údair leis).

Foinsí eile: Ac.R.É. 12 M 14, 439, a bhreac Pat O'Mahony idir 1822-40 (gan ainm údair); 23 O 77, 116 (gan ainm údair-fonn 'Caisioll Múmhan'). Gaillimh. de hÍde 14, 129 (dhá cheathrú), a scríobh Domhnall Mac Consaidín i gCill na Móna, Co. an Chláir, sa bhliain 1850. Corcaigh. T. 4, 80, a bhreac Tadhg Ua Donnchadha i gCorcaigh sa bhliain 1895. B.Á.C. Feir. 1, 406, ar scríobh Pádraig Feirtéir cuid di i dTrá Lí idir 1889 agus 1913 (leag seisean ar Uilliam English é). Seilbh Phríobháideach an Athar Pádraig Ó Colgáin, Carraig an Chabhaltaigh, 166 (Ó Fiannachta, 1995, 142), maraon le haistriúchán Béarla, 'By the Bride's pleasant water', ar lch. 167. Roghnaíodh leagan M9 mar phríomhfhoinse de bharr na ceathrún ar Chogadh na

Seacht mBliain a bheith ann. Tugtar faoi deara gurb é 'An Clár Bog Déil' an gnáth-theideal air sna lámhscríbhinní.

Malairtí ó M9/*12 M 14:* 1. do bhímse/*do bhíosa;* 4. is coigeadh-chrich me; 8. a ccaisioll múmhan; 12. geainn; 13. agam mhuirnín.

I gCló: Ó Foghludha, 1937, 48.

Meadaracht: Aiste: V.1: 4[--(-)/i:---/i:--/u:-/a:]
V.2, 3 agus 5: 4[-/a-/u:-/a-/u:--/a:-/e:]
V.4: 4[-/u:i:--/u:i:--/a:-/e:].

Nótaí Mínithe:

11   Ba é Puerto Mahòn príomhchathair Menorca ó 1721 ar aghaidh, agus ba aige a bhí an cuan ab fhearr sa Mheánmhuir ónar theith Byng.

12   Caithfidh na nuachtáin a dhearbhú gurbh iad na Sasanaigh máistir lucht scríofa na nuachtán .i. go bhfuil na Sasanaigh i gceannas.

19-20   Ráineodh go bhfuil tagairt anseo don iarracht a dhein na Francaigh teacht i dtír i gCúige Mumhan sa bhliain 1758 faoi Conflans. Níor éirigh, áfach, le Marascal an Chláir is Thuamhan 'an scaoth sin den Ghael-fhuil' a thabhairt i dtír.

Dáth Ó Glasán ón Áth Fhada

28. A Dháith Uí Ghlasáin

Fear loinge ba ea Dáth Ó Glasán, a bhíodh ag tabhairt sagart ón bhFrainc leis ar ais go hÉirinn tar éis a n-oirnithe thar sáile (Ó Foghludha, 1937, 59). Mairnéalach den scoth ba ea é, agus ba ón Áth Fhada in oirthear Chorcaí a théadh na hábhair sagairt sin ar bord loinge leis (Ó Buachalla, 1958, 34). De bharr ainm Uilliam English a bheith leis an dán **A Dháith Uí Ghlasáin**, glacadh leis gur i mbád Dháith a thaistil sé abhaile ón Róimh (Ó Callanáin, Meitheamh,1992, 5). Ní mar mhairnéalach amháin a léirítear sa dán seo é, ach mar fhear cróga, agus mar lúthchleasaí den scoth. Níorbh ionann é, de dheal-ramh, is an Dáth Ó Glasáin ar chum Seán Ó Murchadha na Ráithíneach aoir air, mar ghlaoigh Seán "bumbáille" air "do maraíoch i gCorcaigh Abrán, 1737" – **Sin feasta dhon dáimh cúis gháire is aitis le mian** (Ó Donnchadha, 'Torna', 1954, 355). Tá leac uaighe i gCarraig Thuathail ar a bhfuil 'David Gleeson of Ballyvodoh – 1837' scríofa. Ba dhóigh le Liam Ó Buachalla (1958) gur gharmhac nó ghaol do Dhath Ó Glasáin an David sin.

Príomhfhoinse: Ac.R.É. 23 M 14, 122-124, a breacadh sa bhliain 1828.

Foinsí eile: L.N. G218, 169; G819, 241. LSí. na nÍosánach IL 8, 411.

Ba i leith Uilliam English a cuireadh an dán, bíodh nach mbuailtear leis sna lámhscríbhinní go dtí i ndiaidh bhás an fhile. Corcaígh ar fad a bhreac é.

Léamha ó 23 M 14: 3.a ccruig-tuathail; 5. búdh buclach; 7. crobh-dhearg; 9. an buingheán; 10. furranta; 12. bhasal; 15. a cclódh bhruid; 17. Carruig-Thuathuil; 20. neón doch; 21. bóchana; 23. nár bhfólltha; 24. mhaoidhimh; 42. féiniog, acharan; 48. an phionnsa chóir; 55. gárrtha; 57. mairbhne.

I gCló: Ó Foghludha, 1937, 20.

Meadaracht: Caoineadh, leis an bhfuaim /o:-/ ag deireadh gach líne.
Tá comhfuaim i lár gach líne, mar leanas: V.1: /aa:,ia:,uƏ, uƏ/
V.2: /u:,u:,e:,uƏ/ V.3: /ia:,a:, au, a/ V.4: /e:,e:,au,au/ V.5: /uƏ,uƏ,i:,e:/
V.6: /i:,i:,a,i:/ V.7: /a,u:,a,i:/ V.8: /i:,a,i,a/ V.9: /i:,i:,i:,i:/
V.10: /a:,a:,o,a/ V.11: /a,a,a,a/ V.12: /a:,a:,i,au/ V.13: /iƏ, iƏ, a:,a:/
V.14 /e:, uƏ,a:,a/ V.15 /a,a,a,a/.

Nótaí Mínithe:

12	baiseal – féach Uimh. 2, líne 60.
15	asain: colpa na coise.
19	Cuan na bhFaoileann: 'Cuainín atá díreach taobh amuigh de Carlisle Fort. Do dhéineadh na faoilinn gor ann go dtí gur tógadh an túr,' an ghluais a chuir Fiachra Éilgeach? leis in L.N. G819, 241. Luann Tadhg Gaelach Cuan na bhFaoileann freisin (Nic Éinrí, 2001 [a], 171).
20	Tá an Bhéillic taobh theas de Mhainistir na Corann, Co. Chorcaí.
21	Abhainn i gCo. Chorcaí is ea an Bhríd, a bhfuil tagairt ag Tadhg Gaelach di chomh maith (Nic Éinrí, 2001 [a], 190 agus 289).
23	an fear nárbh fhólta .i. an fear a bhí láidir (nach raibh lag).
31	Bhí lámh ag an bhfear ar rópaí an bháid.
40	Glactar ón líne seo go ndéanadh Dáth Ó Glasáin a phais-inéirí a chosaint ar a naimhde.
46	An Ráth i gCo. Chorcaí atá i gceist anseo.
47	go himeall Tí Móire .i. go Tigh Mhóire, i bparóiste Dhún Chaoin in iarthar Chorca Dhuibhne (féach *Triocha-Céad Chorca Dhuibhne* [An Seabhac, 1939]. Bhí dul amú ar an bhFoghludhach, a mhínigh é mar 'an áit is sia siar i mBéarra' (Ó Foghludha, 1937, 59).

An File sa tSúsa

29. Táimse sa tSúsa

Choimeádtaí **House Book** i ngach clochar Aibhistíneach san ochtú haois déag, agus ar ámharaí an tsaoil maireann na nótaí a bhreac An tAth. John McSwiney ag tús an fhichiú haois as **House Book** Chorcaí, a bhfuil fáil orthu anois i gCartlann na nAibhistíneach, i mBaile Átha Cliath. Sa bhliain 1764, de réir na nótaí sin, ba é an tAth. Ó Tuathail a bhí ina Phrióir, agus luaitear ann: 'Fr. O'Toole suffers from gout'. Taca an ama sin a chum Uilliam English a dhán **Táimse sa tSúsa.** Cailleadh an tAth. O'Toole go gairid ina dhiaidh sin. Níl aon trácht ar ghúta Uilliam English, ach faoin mbliain 1765 scríobhadh: 'Father William English being in the country and questing for himself, left his vestry to be divided between the Fathers who served the House in his absence, which absence was extended for seven months.' (féach O'Connell, 1969, 167). Bhí sé as baile ar feadh seacht mí thart faoin mbliain 1765, más ea. Gheobhfá a áiteamh gur chum sé an dán ar an ngúta i rith na tréimhse sin, tharla gurbh iad scríobhaithe Luimnigh agus an Chláir a bhreac ar phár é. Ghairm Tomás Ó Míocháin 'príomhluibheach' de Sheon Lloyd, agus é ag déanamh gairdis faoina fhorógra ar leigheas an ghúta. Dúirt sé: 'Is subhach linn an scéal do léightear le fírinn'/ Ag éigse 's ag saoithe Inis Fáile/ An gúta mar traochadh go déanach i Luimneach/ Le féine fliuch fíoroinigh fáilteach' (Ó Muirithe, 1988, 49). Ba dhóigh leat ó fhreagra Sheoin Lloyd air go raibh an gúta ar an *Pretender,* leis: 'Mar shúil go mbeadh Séarlus an Maodhar so go maoiteach/ caithréimeach 'na Rígh ar an Ardfhlaith/ gan gúta gan clé-ghalar éirim ná inntine/ déanaimis rince go ceáfrach' (Corcaigh. T. 15, 234). Áirítear an gúta i measc na n-iliomad galar a chéas Feardorcha II na Prúise, agus bhí sé ar an Diúc de Cumberland chomh maith. 'Cumberland dubhach 's an gúta á chéasadh' a dúirt Piaras Mac Gearailt faoi (Ó Foghludha, 1905, 25). Leag an Foghludhach an líne sin ar Aindrias Mac Craith ina dhiaidh sin, áfach (Ó Foghludha, 1952, 212). 'Búistéir' a gairmeadh de Cumberland, de bharr a bharbarthachta in Albain tar éis chath Chúl Odair. Ar an láimh eile, ní mó ná sásta a bhí rialtas

Shasana leis le linn Chogadh na Seacht mBliain, toisc conradh Kloster Zeven a cheangal sa bhliain 1757, a d'fhág an Phrúis agus Hanover gan chosaint in aghaidh na Fraince. Cailleadh Cumberland sa bhliain 1765.

Bíodh go raibh an máisiúnachas fréamhaithe sa chreideamh Caitliceach ó thús, faoin am ar bunaíodh an mórlóiste i Londain sa bhliain 1717, bhí deighilt tagaithe idir é agus aon chreideamh ar leith. Go deimhin féin, d'éirigh an máisiúnachas frithchléireach amach is amach san Iodáil san ochtú haois déag. Chuir Louis XV na Fraince ina choinne, ach ba mháisiún é Feardorcha II na Prúise.

Gheobhfá an dán seo a léamh 'ar a aghaidh', agus comhbhrón a dhéanamh leis an bhfile a bhí ag fulaingt pianta Ifrinn. Éiríonn leis, pé scéal é uafás an ghalair a chur ina luí orainn, ag tréimhse nach raibh trácht ar dhrugaí a bhainfeadh den phian, agus nach raibh de leigheas ag dochtúirí air ach an sábh.

Tharla, áfach, go múineann na máisiúin a gceachtanna móráltachta go fáthchiallach, á léiriú le siombail, seans go raibh duine ar leith ina cheann ag Uilliam English, agus an dán á chumadh aige; pearsantú an ghúta, b'fhéidir? Cuimhnímis go raibh Feardorcha II na Prúise ina mháisiún, agus gur chéas a ghníomhartha an file, toisc gur throid sé i gcoinne na Fraince i gCogadh na Seacht mBliain. Gheobhfá a rá, más ea, ina chás siúd gur deineadh máisiún den ghúta!

Arís eile, seans gurbh é atá sa dán seo ná tagairt mheafarach do ghúta Uí Thuathail, an Prióir. 'Toole' a ghlaoití air i **House Book** an Chlochair, agus ráineodh go raibh comhfhoclacht ar siúl ag an bhfile sna tagairtí a dhéanann sé do na huirlisí sa dán. Bhí Ó Tuathail ina phrióir sa bhliain 1764.

Príomhfhoinse: Ac.R.É. 23 M 51, 68, a bhreac Aindrias Mac Mathghamhna i Luimneach sa bhliain 1767. Bhíodh an Math-ghamhnach seo ag soláthar lámhscríbhinní do Sheán Ua Maol-domhnaigh, a raibh cónaí air i Sr. an Chaisleáin, Luimneach (Ó

Madagáin, 1974, 26). Chaith Seon Lloyd tamall ann freisin. Maireann teach Uí Mhaoldomhnaigh sa chathair fós.

Foinsí eile: L.N. G207, 6; G989, 207. M.N. C15, 6.

Is i lámhscríbhinní Luimnigh agus an Chláir amháin a fhaightear an dán seo. Níor bhreac scríobhaithe Chorcaí é, de dhealramh. 'Uilliam English ar pheannaid an ghúta' an ceannscríbhinn a cuireadh leis sa phríomhfhoinse, agus i leagan C15, 6, chomh maith.

Malairtí ó 23 M 51 / *C15*: 1. Atáimse ansa; 3. dearnag/*dearnadh*; 8. léigfe/*léigfeadh*; a ccursaibh caoínghaodhailge; 10. sighnibh/*síne*; 12. croidhe cráidhte/ *croidhe céasta*; 19. a bhacard; 21. nam gabhadh ghníomh éachtaicc/ *nam gábha ná gnímh éachtaig*; 22. liaithan/ *liaghan* ... mo ghiadhag/ *mo gheug;* 25. 'amach' in C15, G186, G207; 28. do ghreatfuinn/ *do ghreadfain.*

I gCló: Ó Foghludha, 1937, 46.

Meadaracht: V.1: 2A[/a:--/u:-] + B[-/a:--/u:-/i:e:-] + 2C[/e:---/u:-] + D[-/e:--/u:-/i:e:-].
V.2: 2C + D + 2E[-/i:--/e:-] + F[-/i:--/e:-/i:e:-].
V.3: 2G[-/a--/i:-] + H[-/a--/i:--/i:e:-] + 2J[-/a:--/∂i] + K[-/a:--/i:-/i:e:-].
V.4: 2L[-/a--/aua:] + M[-/a--/a:-/i:e:-] +2N[-/ao:-(-)/i∂] + O[-/o:-/i∂-/i:e:-].
V.5: 2P[-/i:--/i:] + Q[-/i:--/a-/i:e:-] + 2R[-/a--/ai-] +S[-/a--/ai-/i:e:-].

Nótaí Mínithe:

7-12   1. Ní phléann an dochtúir a chás leis i mBéarla ná i nGaeilge, ná ní thugann sé aon leigheas ar an ngúta. *nó* 2. Rúndiamhair is ea an gúta, nach féidir a scaoileadh. *nó* 3. Is í 'an phearsa' seo atá á chrá, mar nach bpléann sé le haon fhadhb, agus ní scaoiltear an file as an ngéibheann dá bharr.

19-22   Baineann na huirlisí a luaitear anseo le ceird an tsaoir chloiche. Is siombail iad, áfach, sa mháisiúnachas. Seasann an bacard don saol ceartchreidmheach nárbh fholáir don mháisiún a chaitheamh, fad is gur comhartha é an compás do Cheart Dé.

24   Riail an mháisiúin, nó riail an ghúta, nó smacht an Chlochair a chuir ceangal na gcúig gcaol air?

25   craoiseach: sleá; manaois: sleá leathan.

Comhfhreagras

30. Stiúraigh le Cúnamh an Dúilimh

Chuir Seon Lloyd an dán seo chuig an "Ath. William English of Fishamble Lane, Cork" (Ac.R.É. 23 L 38, 37). Ó Luimneach a sheol sé é.

Sa leagan den dán **Níl súgaíocht ná dúil ghrinn go brách im' ghaor**, a scríobh Nicholas O'Kearney, sa bhliain 1846 tá an nóta seo le léamh:

> Mr. Eugene Curry says the name of English or Gallóglach was not the real writer's name but Ryan; he was called English antithetically as it were, in consequence of the attachment he evinced for the language and music of Ireland. This is not the case. Vid. Revd. Dr. Russell's a/c opposite. (Ac.R.É. 23 E 12, 191)

Ag tagairt don cholafan a scríobh Maolsheachloinn Ó Comhraidhe sa bhliain 1816, in M.N. C15, 83: 'Uilliam Inglis .i. Ó Maol Ríain cct.' a bhí O'Kearney anseo, ní foláir. Ar mhí-ámharaí an tsaoil, ní mhaireann cuntas Dr. Russell sa lámhscríbhinn sin, 23 E 12 anois. Glactar leis gurbh é an Dr. Russell, a bhí ina uachtarán ar Choláiste Phádraig, Maigh Nuad, sa dara leath den naoú haois déag a bhí i gceist ag an scríobhaí, agus a bhfuil iontrálacha uaidh i gcló i *Chamber's Encyclopoedia, Dublin Review, Edinbourgh Review,* etc. (féach Macaulay, Ambrose, 1983, *Dr. Russell of Maynooth).*

Níor chuir an Foghludhach ach ceathrú amháin den dán áirithe seo i gcló, agus ghlac sé leis mar chruthú gur 'Ó Riain' ba shloinne do Uilliam English. Má thógtar an leagan fada, áfach, atá i gcló anseo, feicfear gur dán Stíobhartach é, a chum Seon Lloyd agus a sheol sé chuig Uilliam English leis an Athair Ó Riain. Sa bhliain 1775 a bhreac Seon Lloyd é, agus mhaígh sé gurbh é 'S. Ll. cct.' Bhí an dá chuid ar an bhfód roimhe sin, áfach, tiomnaithe do Uilliam English, mar is léir ó leagan Ac.R.É. 23 L 38, a scríobh Risteard Ó Murriain

(Ó Maoilriain) sa bhliain 1765. Bhí an tAthair Augustine Ryan ina Aibhistíneach i dteannta Uilliam English sa Chlochar i gCorcaigh, mar a léiríodh i **House Book** Chlochar Chorcaí. Shroich an tAth. Patrick Ryan an áit ní ba dhéanaí, agus ní foláir gur leis-sean a sheol Seon Lloyd na beannachtaí chuig Uilliam English. Dhein an Rianach sin freastal ar an gComhdháil Chreidimh ag Cnocán Idir Dhá Bhóthar, i bparóiste Gréine ar an naoú lá de Mheitheamh, sa bhliain 1752, agus ag an am sin bhí sé ceangailte leis an gClochar Aibhistíneach i dTiobraid Árann (O'Dwyer, 1975, 79). Bhí sé lonn-aithe i Seamlas an Éisc, i dteannta Uilliam English, áfach, faoin mbliain 1765 (féach nótaí ó **House Book** an Chlochair).

Príomhfhoinse: Ac.R.É. 23 B 38, 6-8, a bhreac Séamas Ó Murchadha sa bhliain 1778 ag Droichead Ceann Poill, i gCo. Loch Garman.

Foinsí eile: Ac.R.É. 23 L 38, 37; 24 C 55, 349; 23 B 14, 205. M.N. M58 (a), 26; C73 (j), 64. 'An Críochnú' amháin a fhaightear in Ac.R.É. 23C30 (d), 275; 23E9, 235; agus in M.N. C25 (a), 156, a bhreac Seon Lloyd féin, mar theachtaireacht chuig Uilliam English. Ní mó ná cinnte a bhí Piaras Mac Gearailt faoi údar an dáin, mar bhreac sé ag a dheireadh: 'Is iomdha glór díobhaoin a cceann an ti a chom an t-abhrán is go bhfóire Dia ar do chiall.' (M58 [a], 26). Níor chuir sé an Críochnú' leis.

Malairtí ó 23 B 38/23 L 38: 30. meídhreach … air sóigh; 38. diúg-aim/ *diúgam;* 40. sinntior; 45. treibh Ghaoidhil ghraoidhe ghlais ghli-aidh/ *treibh Ghaoídhil ghraoidhe ghlais an ghasra ghliaidh;* 47. sgímhle.

I gCló: Ó Foghludha, 1937, 46. Níor chuir sé i gcló, áfach, ach an chéad cheathrú den 'Chríochnú', agus ghlac sé leis mar chruthú gur Rianach ba shloinne do Uilliam English.

Meadaracht : Na ceathrúna deiridh (An Críochnú) V.1: 4[-/au-/a--/a--/e:-/iə]. V.2: 4[-/a--/i:i:--/a--/ iə].

Nótaí Mínithe:

2   Tagairt do chuairt an *Pretender* ar Londain sa bhliain 1750 atá anseo, ní foláir.

4   De uaisle na Mumhan (de phréimh Chaisil) an té atá á mholadh anseo.

32   scála: báisín, miosúr.

34   Is é an Stíobhartach an má .i. an cárta luachmhar, .i. an Rí Cóir.

41   Bhí sagart den sloinne Ó Riain sa chlochar Aibhístíneach i gCorcaigh fad a mhair Uilliam English ann. Bhí sé ina phrióir ann sa bhliain 1757. Luaitear ainm Pat Ryan san **House Book** don bhliain 1777 ('Augustinia Corcagiae 1746-1834', lgh. 165-174, in *Analecta Hibernica 12*).

42   beachtaimse .i. seolaim go cruinn, beacht.

Ar Binn Chnoic Ghréine

31. A Dhochtúir Heidhin an Ghrinn gan Éalaing

Bhí cáil na flaithiúlachta is an léinn ar an Ath. Heidhin i measc na bhfilí. Thóg sé páirt ghníomhach freisin sna comhdhálacha creidimh a tionóladh ar an gCnocán idir dhá Bhóthar, i bparóiste Gréine sa bhliain 1752. Bhí sé as láthair ón gceann a reachtaíodh ar an gceathrú lá déag de mhí Iúil na bliana 1752. Ghabh 'Dr. Hynes' a leithscéal, ag an ócáid sin, ach chuir sé achainí ar aghaidh faoi cholcheathracha pósta dá chéile. Moladh ina gcás siúd go scaoilfí leo, 'by imposing on them and their parents condign punishment' (O'Dwyer, 1976/7, 29). Bhí tuiscint ar an nádúr daonna aige, ní foláir, mar ag comhdháil eile a reachtaíodh ar an aonú lá déag de Lúnasa na bliana céanna loirg sé:

> relief for a couple who are in 2 et 2. They were marryd in Limk, abt, 4 years ago by one Cleary. The woman is big with child. (O'Dwyer, 1976/7, 35-36)

Is léir ón dán seo, leis, nach raibh Uilliam English ag brú ar an doicheall nuair 'a seoladh' é i dtreo an tsagairt léannta seo.

Príomhfhoinse: Ac.R.É. 23 O 73, 14 (d) – 14 (e) a scríobh Tomás Ó hÍceadha, i gColáiste Eoin, Port Láirge. Leag seisean ar Uilliam English é.

Foinsí eile: Ac.R.É. 23 A 17, 7, a breacadh sa bhliain 1803; 3 B 31, 46, a scríobh Micheál Ó Raghailligh, sa bhliain 1827. Corcaigh, T52 (lii), 138. Cambridge. Add. 6532 (c), 3v.

Ní luaitear ainm údair leis an déantús ach i leagan na príomhfhoinse amháin. Ní fheictear é i lámhscríbhinní an ochtú haois déag, agus tharlódh go raibh dearmad déanta ar an údar faoin am ar scríobhadh síos é. Tá 'séala' Uilliam English, áfach ar an dán, sa titim chun áiféise i dtreo chlabhsúr na cumadóireachta. Tugtar a leithéid faoi deara ag deireadh dhánta Uimh. 21 agus 23 freisin. Ina theannta sin, mhair an Dr. Tadhg Ó Heidhin cóngarach do Chnoc Gréine, an áit ba ghean le croí an fhile, agus bhí sé ina choinfeasóir ag an Ath. Patrick Ryan, sagart Aibhistíneach a chuaigh chun cónaithe sa Chlochar i Seamlas an Éisc, i gCorcaigh, i dteannta Uilliam English.

Malairtí ó 23 O 73/3 B 31(23 A 17) : 1.heidhn/*Hyne* (Hynes); 2. folt úr fillteach (foltúil feidhilteach); 3. aitcher linn ort (aithristear); 4. bhladhmon; 9. seoileag linn go coim na deigbhe (do seolaig sin a ccaoim na déinbhe – 'déinmhe' in Cambridge Add. 6532); 10. an t-eolus cruinn (ar an eolus ccruinn badh bhinn a dhéanamh – Add. 6532); 12. dreach dhuach dréachtach – Add. 6532; 19. donn den leann (donn de liun); 21. thoisig (labhair); 33. riull … Fénis/*Phanius*; 34. Séanair; 35. armach almasach/*calma* (calma); 40. Cath Chnoca; 42. do stiall a ngeuga (a ngeibhionn); 45. gorta; 49. lonnra a mhéir gheil (lúith a mhéir ghil); 53. táiplis chaomh san /*chaol deas* (chaol deas); 54. leomhanta (gleoite); 58. ronnaire; 59. laidir an éisg; 66. is oil liom; 71. léig lem phoc is mo chosa créimeach / *dhein inad coinne dá chléireach* (ní hé do dhein ionnad cuinne dá chléireach míle ó aon teagh); 72. ar fuaid bothán ar an aird éigneach / ar maidin Luain ag cnuasach déirce; 74. a bhuí … is féine / *mo bheannacht … féile.*

Meadaracht: Tá /e:-/ mar chéim deiridh i ngach líne, agus comhfhuaim i lár gach líne mar leanas: L.1-4: /ai/ 5. /uə/ 6. /a:/ 7. /i:/ 8. /iə/ 9-11. /ai/ 12. /a uə/ 13. /a:/ 14. /o/ 15-16. /i/ 17. /a:/ 18. /u:/ 19-20. / au/ 21. /ai/ 22. /a/ 23. /i/ 24. /a/ 25. /a:/ 26. /i/ 27-29. /i:/ 30-32. /a/ 33. /u:/ 34-35. /a/ 36. /o:/ 37-38. /a/ 39. /a:/ 40. /a/ 41. /o:/ 42. /iə/ 43-44. /au/ 45-46. /o/ 47. /i/ 48-49. /u:/ 50. /ai/ 51. /a:/ 52. /o:/ 53. /a:/ 54. /o:/ 55. /i:/ 56. /a:/ 57-59. / a/ 60. /uə/ 61. /a/ 62. /i:/ 63. /o/ 64. /u:/ 65. /e/ 66. /o/ 67-68. /a/ 69. /e/ 70. /a:/ 71. /i/ 72. /uə/ 73. /o:/ 74. /uə/.

Nótaí Mínithe:

9 Tar éis na tiarála go léir sa stoirm seoladh an file go coim na déighbheatha – go pearsantú na flaithiúlachta is na deabheatha? Débhean ba ea Grean? 'A suspiciously solar heroine'

a ghairm Westropp (1905, 444) di. Líne 10 ar iarraidh ó leaganacha Ac.R.É. 23 A 17, agus 3 B 31. Má bhí atharacht Thaidhg Uí Heidhin i gCathair Ailí, san Déis Bheag (Smale Countie), i gCo. Luimnigh (*Simington, Vol IV,* lch. 76), tharlódh gur truailliú ar 'go coim na Déise Bige' atá i líne 9. Glacadh le 'i gcoim na déine' .i. 'i lár na stoirme' don leagan seo.

12   Uí Chathbhua, nó Uí Chafua (Caffoe) – an sloinne sin i dTiobraid Árann sa seachtú haois déag. Sa bhliain 1665-67 bhí dhá shimléar ag Nicholas Caffoe sa tSulchóid Bheag. Gabha dubh ba ea é. Bhí Edmond Heine agus Edmond English in aon pharóiste leis, fad a chónaigh 'Dermod O'Caffoe' i bparóiste Chuillinn (Laffan, 1911, 114-115). Faoin mbliain 1830 bhí William Coffee, agus John Coffee ina dtionóntaithe i bPailís (**Tithe Applotment Books**).

18   im crúbach: im aibí.

34   Sénor: Féach Uimh. 18 (c), líne 11.

37   Lugh is Colpa: mic Mhíleadh. Féach *Foras Feasa,* Index, 224.

39   Béinne: Féach Uimh. 2, líne 122.

69   den cheisneamh bheag bhréan sin: den chlamhsán suarach gan dealramh.

73   gaelach .i. gan a bheith ródhathúil; simplí, ainnis.

Na hÚdair a Ceadaíodh

Abbott, T. K., & Gwynn, E. J., 1921, *Catalogue of Irish Mss. in Trinity College, Dublin* (B.Á.C.)

Alexander the Coppersmith, 1974 (chéad chló, 1737), *Remarks Upon The Religion, Trade, Covernments, Police, Customs, Manners and Maladys of the City of Corke*

Bartlett, Thomas, 1996, 'Féiniúlacht agus Náisiúnachas in Éirinn san ochtú haois déag', in Máirín Ní Dhonnchadha (eag.) *Nua-Léamha* (lgh. 140-148)

Battersby, W. J., 1856, *A History of all the Abbeys, Convents, Churches, and other Religious Houses of the Order, particularly of the Hermits of St. Augustine in Ireland, from the earliest period to the present time*

Béaslaí, Piaras, 1934, *Éigse Nua-Ghaeilge I & II*

Bedel, Uilliam, 1830 (an chéadchló 1681) *An Bíobla Naomhtha* (London)

Begley, John Archdeacon, 1938, *The Diocese of Limerick from 1691 to the Present Time*

Black, Ronald, 1992, 'Four O'Daly Manuscripts', *Éigse, XXVI* (lgh. 43-79)

Bolster, Evelyn, 1989, *A History of the Diocese of Cork From the Penal Era to the Famine*

Brady, John, 1965, *Catholics and Catholicism in the Eighteenth-century Press*

Breatnach, Breandán, 1989, *Ceol agus Rince na hÉireann*

Breathnach, Diarmuid, 1981, *Almanag Éireannach*

Breathnach, D., agus Ní Mhurchú, M., 1986, *Beathaisnéis a hAon, 1882-1982*

Breathnach, Pádraig, 1923, *Ceol ár Sinnsear* (Baile Átha Cliath)
——1924-6, *Sídh-cheol*

Breatnach, Pádraig A., 2002, 'Eibhlín Ní Choillte' in Angela Bourke, Siobhán Kilfeather, Maria Luddy, Margaret Mac Curtain, Gerardine Meaney, Máirín Ní Dhonnchadha, Mary O'Dowd, agus Clair Wills (eag.), *The Field Day Anthology of Irish Writing, Vol. IV* (lgh. 435-436)

Bunting, Edward, 1796, *A General Collection of the Ancient Irish Music, Vol. I* (Dublin & London)

Bunting, E., 1840, *The Ancient Music of Ireland* (Dublin)

Burke, William P., 1969 (athchló) *The Irish Priests in The Penal Times 1660-1760*

Butler, T.C., 1986, *The Augustinians in Cork*
——1988, *The Augustinians in Limerick*

Buttimer, C., 1983, 'A Catalogue of Irish Manuscripts in the Boston Athenaeum', in De Brún, Ó Coileáin, Ó Riain (eag.), *Folia Gadelica* (lgh. 105-123)

——1988, 'A Paul Street Poem c. 1760' in *CHAS, 93* (lgh. 126-137)

——1989, *Catalogue of Irish Manuscripts in the University of Wisconsin – Madison*

——1990, 'An Irish Text on 'The War of Jenkin's Ear' in *Celtica XXI* (lgh. 75-99)

——1993, 'Gaelic Literature and contemporary Life in Cork 1700-1840' in O'Flannagan and Buttimer (eds.), *Cork History and Society* (lgh. 585-653)

Byrne, Thomas J., 2001, 'The Four Brothers – Eighteenth Century Knights of Glin' in *The Glencorbry Chronicle – Glin Historical Society, Vol. 1, No. 2* (lgh. 28-48).

Byrne, Thomas J., Tom Donovan, Bernard Stack (eag.), 1998, *Home Thoughts From Abroad: The Australian Letters of Thomas F. Culhane*

Cahusac, Thomas, 1795, *Twenty Four Country Dances for the Year 1795* (London)

Carpenter, Andrew, 1998, *Verse in English from Eighteenth-Century Ireland*

Céitinn, Seathrún, *Foras Feasa ar Éirinn, Leabhar 1,* Caibidil XV (ITS. Vol VIII- 1905)

Collins, J. T., 1957-8, 'Gleanings from Old Cork Papers' in *CHAJS Vols. LXII-LXIII*

Comer Bruen & Ó hÓgáin, 1996, *An Mangaire Súgach*

Corcoran, T., 1932, *Some Lists of Catholic Lay Teachers and Their Illegal Schools in the Later Penal Times*

Corkery, Daniel, 1967 (chéadchló 1924) *The Hidden Ireland*

Costello, Con, 2000, *Faith or fatherhood? Bishop Dunboyne's dilemma*

Cullen, Louis, 1981, *The Emergence of Modern Ireland*

Cullen Malachy, 1959, 'Of The Hidden Ireland' in *Good Counsel Vol. X, No. 9* (lgh. 23-25)

Culligan-Hogan, Matthew J., 1979, *The Quest for the Galloping Hogan* (New York)

Curtis, Edmund, 1935, *Calendar of Ormond Deeds, Vol. III*

de Bhulbh, Seán, 2002, *Sloinnte Uile Éireann: All Ireland Surnames*

de Brún, Pádraig, 1967, *Clár Lámhscríbhinní Gaeilge Choláiste Ollscoile Chorcaí: Cnuasach Thorna*

——1982-87, 'The Irish Society's Bible Teachers', in *Éigse XIX,* 281-331, *XX,* 34-92, *XXI,* 72-149, *XXII,* 54-106, *XXIV,* 71-120, *XXV,* 113-149

——1988, *Lámhscríbhinní Gaeilge: Treoirliosta*

de Brún P. & Herbert, M., 1986, *Catalogue of Irish Manuscripts in Cambridge Libraries* (Cambridge)

de Paor, Liam, 1988, 'Contae an Chláir le linn Thomáis Uí Mhíocháin' in Diarmaid Ó Muirithe (eag.), *Tomás Ó Míocháin Filíocht*

Dillon, Myles, 1939-1940, 'An Irish Manuscript in the Henry E. Huntington Library', *Éigse I* (lgh. 285-304)

Downey, Declan, 2002, 'Wild Geese and the Double-Headed Eagle: Irish Integration in Austria c.1630-c.1918, in *Da Favorita Papers – Austro-Irish Links through the Centuries* (eag.) Paul Leifer, Eda Sagarra (lgh. 41-58)

Duffy, C., 1964, *The Wild Goose and the Eagle: A life of Marshal Browne 1705-57* (London)

Fagan, Patrick 1996, *Ireland in the Stuart Papers I & II*

Fenning, Hugh, 1965, 'Some Problems of the Irish Mission 1733-1774' in *Collectanea Hibernica 8* (lgh. 58-109)

——1966, 'John Kent's Report on the State of the Irish Mission in 1742' in *Archivium Hibernicum, Vol. XXVIII* (lgh. 59-102)

——1969, 'Some 18c. Broadsides' in *Collectanea Hibernica 12* (Cambridge University Press) (lgh. 45-55)

——1972, *The Undoing of the Friars of Ireland* (Louvain)

——1981, 'Irish Friars in the Augustinian Schools of Italy: 1698-1808' in *Analecta Augustiniana XLIV* (lgh. 329-362)

——1990, *The Irish Dominican Province 1698-1797*

——1996, 'Irishmen Ordained at Rome' in *Archivium Hibernicum 50* (lgh. 29-49)

Ferguson, Samuel, 1888, 'Cashel of Munster' in *Irish Minstrelsy* (eag.) H. H. Sparling (lgh. 232-33)

Ferrero, Fabriciano, 1969, 'El Convento Romano De San Mateo in Merulana, 1623-1825, in *Redemptorists' Publication: Spicilegium Historicum Congregationis Ssmi. Redemptoris, Vol. 17* (lgh. 383-399)

Fleischmann, Aloys, 1998, *Sources of Irish Traditional Music c. 1600-1855 I & II* (New York & London)

Fleming, John, 1978, *Ardpatrick, Co. Limerick*

Flower, Robin, 1962, *Catalogue of Irish Manuscripts in the British Library, Vol. 1-2* (an chéad chló 1926)

Gaughan, J. Anthony, 1978, *The Knights of Glin*

Gibbons, Margaret, 1932, *Glimpses of Catholic Ireland*

Gillies, William, 1989, 'Gaelic Songs of the Forty Five' in *Scottish Studies* (lgh. 19-58)

Gross, René, 1954 (ed.), *Romans et Contes – Candide*

Guibbory, Achsah, 1993, 'Sexual Politics – Political Sex, Seventeenth-century Love Poetry' in Claude J. Summers and Ted-Larry Pebworth (eds.), *Renaissance Discourses of Desire* (lgh. 206-222)

Hardiman, James, 1831, *Irish Minstrelsy, Vol 1-4* (London)

Hayes, Richard, 1943, 'Irishmen in the Seven Years War' in *Studies 32* (lgh. 413-418)

Henebry, Richard, 1896-97, 'An unpublished Poem by William English', in *Zeitschrift fur Celtische Philologie, Vol. 1* (lgh. 141-145)

Heussaff, Anna, 1992, *Filí agus Cléir san Ochtú hAois déag*

Hoagland, Kathleen, 1947/1975 (eag.) *A Thousand Years of Irish Poetry*

Hogan, E., 1910, *Onomasticon Goedelicum*

Hogg, J., 1874, (ed.) *The Jacobite Relics of Scotland* (2 Vols) (Paisley) – (lch. 144)

Hosler, Matthaus, 1991, 'Irishmen ordained at Prague 1629-1786' in *Collectanea Hibernica, Vol. 33* (lgh. 7-53)

Ivans, Dafydd a Rhiannon, 1980, *Y Mabinogion*

Joyce, P. W., 1873, *Ancient Irish Music* (Dublin)

——1909, *Old Irish Folk Music and Songs*

Laffan, Thomas, 1911, *Tipperary's families: being the hearth money records for 1665-6-7*

Lodge, J. 'Fairs and Markets' – LS. sa Chartlann Náisiúnta

Mac Craith, Mícheál, 1989, *Lorg na hIasachta ar na Dánta Grá*

Macaulay, Ambrose, 1983, *Dr. Russell of Maynooth* (London)

Mac Lysaght, Edward, 1957, *The Surnames of Ireland*

——1982, *More Irish Families*

Martin, F.X., 1955, 'Archives of the Irish Augustinians, Rome' in *Archivium Hibernicum XVIII* (lgh.157-163)

——1994, 'The Irish Augustinians in Rome, 1656-1956' in *The Irish Augustinians in Rome, 1656-1956* ed. F. X. Martin & Claire O'Reilly (Rome) (lgh. 5-56)

Maxwell, Constantia, 1940, *Country and Town in Ireland under the Georges*

——1979, *The Stranger in Ireland*

McCone, Kim, 1980, 'Fírinne agus Torthúlacht' in *Léachtaí Cholm Cille XI* (lgh. 136-172)

McManus, Antonia, 2002, *The Irish Hedge School and Its Books 1695-1831*

McSweeny, C., 1843, *Songs of the Irish,* sraith 7 (B.Á.C., Machen)

Mhág Craith Cuthbert, 1967/1980 (eag.), *Dán na mBráthar Mionúr I & II*

Milner, J., 1808, *An Inquiry into Certain Vulgar Opinions* (London)

Moloney, Colette, 2000, *The Irish Music MSS. of Ed. Bunting*

Munter Robert, 1967, *The History of the Irish Newspaper 1685-1760* (Cambridge)

Murphy, Martin, 1992, 'St. Gregory's College, Seville, 1592-1767' in *Catholic Record Society Publications* (lgh. 48-114)

Neal, John & William, 1726, *A Choice Collection of Country Dances* (Dublin)

Ní Annagáin, Máighréad & de Chlanndiolúin, Séamus, 1925, *Londubh an Chairn* (O.U.P.)

Ní Dheá, Eilís, 2000, 'Seon Lloyd (? – c.1785)' in *The Other Clare, Vol. 24* (lgh. 18-22)

Ní Dhonnchadha, Máirín, 2002, 'Caoineadh ón Ochtú hAois Déag: Téacs agus Comhthéacs' in *Téada Dúchais* (eag.) Máirtín Ó Briain agus Pádraig Ó Héalaí (lgh. 181-214)

Ní Mhurchú, Máire, agus Diarmuid Breathnach, 1999, *1782-1881 Beathaisnéis*

———2001, *1560-1781 Beathaisnéis*

Ní Shéaghdha, Nessa, 1967-87, *Catalogue of Irish Manuscripts in the National Library of Ireland, Vol. 1-10*

Nic Éinrí, Úna, 2001 [a], *An Cantaire Siúlach*

———2001[b] 'Seán Clárach Mac Domhnaill sa Chúirt', in Liam Irwin (eag.), *North Munster Antiquarian Journal, Vol. 41* (lgh. 23-34).

Nic Philibín, Mairghréad, 1938, *Na Caisidigh agus a gCuid Filidheachta*

Ó Buachalla, Breandán, 'Na Stíobhartaigh agus an t-Aos Léinn: Cing Séamas' in *Proceedings of the Royal Irish Academy, Vol. 83, C, Number 4*

———1989, 'Aodh Eangach and the Irish King Hero' in Donnchadh Ó Corráin, Liam Breatnach, Kim McCone (eag.), *Sages Saints and Storytellers* (lgh. 200-232)

———1992, 'Irish Jacobite Poetry' in *The Irish Review XII* (lgh. 40-49)

———1996, *Aisling Ghéar*

Ó Buachalla, Liam, 1958, 'Aghada' in *Cork historical Archaeological Journal, Vol. LXIII, Ser. 2* (lch.34)

Ó Callanáin, 1992, 'Beirt fhile ó Chorcaigh', *Agus* 1992-1993 (Uimh. 1-16)

Ó Catháin, Diarmaid, 1995, 'Augustinian Friars and Literature in Irish: 1600-1900' in *Analecta Augustiniana LVIII* (lgh. 103-152)

Ó Ceallaigh, Proinsias, 1963, 'The Tunes of the Munster Poets IV' in *Ceol, a Journal of Irish Music* (lgh. 18-21)

Ó Ciardha, Eamon, 1998, 'A voice from the Jacobite Underground' in *Radical Irish Priests 1660-1970,* ed. Gerard Moran (lgh. 16-38)

———2002, *Ireland and the Jacobite Cause, 1685-1766*

Ó Cléirigh, Gearóid, 1973, 'Cérbh é Mac an Cheannaí?' in *Irisleabhar Mhá Nuad* (lgh. 7-34)

Ó Concheanainn, Tomás, 1970, *Catalogue of Irish Manuscripts in the Royal Irish Academy, Fasc. XXVIII*

Ó Conchúir, Breandán, 1982, *Scríobhaithe Chorcaí 1700-1850* (B.Á.C.)

———2000, 'Na Cúirteanna Éigse i gCúige Mumhan' in *Saoi na hÉigse,* (in eag.) Pádraigín Riggs, Breandán Ó Conchúir, Seán Ó Coileáin (lgh. 55-81)

———1991, *Clár Lámhscríbhinní Gaeilge Choláiste Ollscoile Chorcaí: Cnuasach Uí Mhurchú*

Ó Cróinín, Donncha A., 1966, 'A Devotional Poem by Seán Máistir Ó Conaill' in *Celtica 7* (lch. 7)

Ó Cuív, Brian, 1953, 'Deascán ó Chúige Mumhan' in *Béaloideas, Iml. XXII* (lgh. 102-119)

———1960, 'Dhá Ghné Déag na hAithrighe' in *Éigse IX* (lch. 222)

Ó Dálaigh, Brian, 2000, 'Poet of a Single Poem' in *County Clare Studies* (lgh. 101-136)

Ó Dálaigh, Seán, 1860, *The Poets and Poetry of Munster* (an chéad eagrán: 1849)

———1876, *The Irish Language Miscellany*

———1925, *The Poets and Poetry of Munster* (ceathrú heagrán)

Ó Danachair, Liam, 1947, 'Memories of My Youth' in *Béaloideas XVII* (lgh. 58-72)

Ó Fiaich, Tomás, 1975, 'Irish Poetry and the Clergy' in *Léachtaí Cholm Cille IV* (lgh. 30-56)

Ó Fiannachta, Pádraig, 1965-73, *Lámhscríbhinní Gaeilge Choláiste Phádraig, Má Nuad, Fascúil II-VIII*

———1978, *An Barántas*

———1978-1980, *Clár Lámhscríbhinní Gaeilge- Leabharlanna na Cléire agus Mionchnuasaigh, I agus II*

———1995, 'Lámhscríbhinn Eile ó Chontae an Chláir' in *Ómós do Eoghan Ó Comhraí* (lgh.132-144)

Ó Foghludha, Risteárd, 1905, *Amhráin Phiarais Mhic Gearailt*

———1924-1925, 'An tAthair Liam Inglis, O.S.A.' in *The Irish Rosary, Vol. 28, No. 12* (Nollaig, 1924), *Vol. 29, No. 1* (Ean. 1925), *Vol. 29, No. 2* (Feabhra, 1925).

———1934 *Seán Clárach*

———1937 [a] *Cois na Bríde*

———1937 [b] *Cois na Cora*

———1938 [a], *Carn Tighearnaigh .i. an tAthair Conchubhar Ó Briain, D.D.*

——1938 [b], *Eoghan an Mhéirín Mac Carthaigh 1691-1756*
——1939, *Ar bhruach na Coille Muaire*
——1945, *Mil na hÉigse*
——1946, *Cois Caoin-Reathaighe*
——1952, *Éigse na Máighe*
Ó Héalaí, Pádraig, 1975, 'Seán Clárach Mac Dónaill' in *Léachtaí Cholm Cille IV* (lgh. 100-110)
Ó hÓgáin, Dáithí, 1982, *An File*
——1990, *Myth and Legend and Romance*
——2001, *Binsín Luachra*
Ó hÓgáin, Éamonn, 1990, 'Liam Dall sa Seanchas' in *Dúchas 1986-1989*
Ó Laoghaire, Peadar 'Cómhairle ár Leasa' (1920)
Ó Macháin, Pádraig, 1991, *Catalogue of Irish Manuscripts in Mount Melleray Abbey*
——1990-96, *Catalogue of Irish Manuscripts in the National Library of Ireland, Vol. 11-13*
——1997, 'Additions to the Collection of Irish Manuscripts at Mount Melleray Abbey' in *Éigse*, vol. 30 (lgh. 92-108)
Ó Madagáin, Breandán, 1974, *An Ghaeilge i Luimneach 1700-1900*
——1985, 'Functions of Irish Song in the Nineteenth Century' in *Béaloideas, Iml. 53* (lgh. 130-216)
Ó Maolfabhail, Art, 1990, *Logainmneacha na hÉireann – Imleabhar I: Contae Luimnigh*
Ó Muirithe, Diarmaid, 1980, *An tAmhrán Macarónach*
——1988, *Tomás Ó Míocháin Filíocht*
Ó Murchadha, Diarmuid, 1985, *Family Names of County Cork*
Ó Riain, Pádraig, 1968, *Clár na Lámhscríbhinní Gaeilge sa Bhreatain Bhig*
Ó Súilleabháin, Eoghan, 1992, 'Scríobhaithe Phort Láirge', in Nolan & Power (eag.) *Waterford History & Society* (lgh. 265-307)
Ó Súilleabháin, Pádraig, 1952 (eag), *An tAithríoch Ríoga*
Ó Tuama, Seán, 1960, *An Grá in Amhráin na nDaoine*
——1961 (eag.) *Caoineadh Airt Uí Laoghaire*
——1981, *An Duanaire, 1600-1900*
Ó Tuathaigh, Gearóid, 1986, 'An Chléir Chaitliceach, an Léann Dúchais agus an Cultúr in Éirinn c. 1750-1850', *Léachtaí Cholm Cille XVI* (lgh. 110-139)
O'Brien, Conor Cruise,1992, *The Great Melody* (London)
O'Callaghan, J. C., 1969, *Irish Brigades in the Service of France* (athchló, Shannon)
O'Connell, Patricia, 2001, *The Irish College at Lisbon 1590-1834*

O'Connell, William, 1969, 'Augustinia Corcagia 1746-1831' in *Analecta Hibernica 12* (lgh. 165-174)

O'Daly, John, 1849, *The Poets and Poetry of Munster*

O'Daly, John, & Walsh, 1844, *Reliques of Irish Jacobite Poetry*

O'Dwyer, Christopher, 1975, 'Archbishop Butler's Visitation Book' in *Archivium Hibernicum XXXIII* (lgh. 1-90)

——1976/77, 'Archbishop Butler's Visitation Book, Vol. 2' in *Archivium Hibernicum XXXIV* (lgh. 1-49)

O'Farrell, 1804-16, *O'Farrell's Pocket Companion for the Irish or Union Pipes* (London)

O'Ferrall, Fergus, 1975, 'The Population of a Rural Pre-Famine Parish: Templebredin, Cos. Limerick and Tipperary, in 1834' in *North Munster Antiquarian Journal, Vol. XVII* (lgh. 91-102)

O'Flynn, Criostoir, 1995, *The Maigue Poets*

O'Rahilly, Mulchrone, Byrne, Delargy (-1950), *Catalogue of Irish Manuscripts in the Royal Irish Academy, Fasc. I-XXVII*

O'Rahilly, T. F., 1933, 'Notes on Irish Place Names' in *Hermathena, Vo. 25, No. 48* (lgh. 196-220)

——1946, *Early Irish History and Mythology*

O'Sullivan, D. J., 1960, *Songs of the Irish*

O'Sullivan & Ó Súilleabháin, 1983, *Bunting's Ancient Music of Ireland* (Cork)

Oswald, J., 1745, *The Caledonian Pocket Companion Bk I*

Pender, Séamus, 1939, *Census of Ireland – General Alphabetical Index to the Townlands and Towns, Parishes, and Baronies of Ireland, c. 1659*

Petrie, George, 1855, *Petrie Collection of the Ancient Music of Ireland*

Pochin-Mould, Daphne, 1957, *The Irish Dominicans*

Prút, Liam, 1985 'Liam Dall Ó hIfearnáin' in William Nolan and Thomas G McGrath (eag.) *Tipperary History and Society* (lgh. 189-214)

——1990, 'Saothar Liam Dhaill Uí Ifearnáin' in *Dúchas 1986-1989* (lgh. 3-41)

Quane, Michael, 1958, 'Charleville Endowed School' in *Journal of the Royal Antiquaries of Ireland, Vol. 88* (lgh. 25-48).

Reaney, P. H., 1961, *A Dictionary of British Surnames*

Sagarra, E., 1987, 'Frederick II and his Image in Eighteenth Century Dublin' in *Hermathena CXLIII* (lgh. 50-58)

Seoighe, Mainchín, 2002 'Ó Déis Bheag go Déise Mumhan' in *An Linn Bhuí* (in eag.) Pádraig Ó Macháin agus Aoibheann Nic Dhonnchadha (lgh. 150-156)

Simington, *The Civil Survey 1654-56, Vol. IV, Co. Limerick.*

Skehan, Walter G., 1993, *Cashel and Emly Heritage* (Abbey Books – as liosta Skehan, 1965)

Stanford, C. V., 1905, *The Complete Collection of Irish Music as noted by George Petrie (1789-1866), part 3* (London)

Sweetman, 1879, *Calendar of Documents, Ireland, 1285-1292* (London)

Thackeray, W. M., 1855, *The Four Georges and The English Humorists* (an chéadchló 1855; an t-eagrán seo – 1995 – Pocket English Classics)

Thumoth, Burk, c. 1745, *Twelve Scotch and Twelve Irish Airs* (London)

Tierney Michael, 1943, 'Ireland in the Seven Years War' in *Studies, 32* (lgh. 175-185)

Tierney, Dom Mark, 1965, *Murroe and Boher*

Torna, 1954, *Seán na Ráithíneach*

Ua Duinnín, Pádraig, 1906, *Amhráin Sheain Uí Thuama 7 Aindriais Mhic Craith*

———1923, *Eoghan Ruadh Ua Súilleabháin*

Wall, Maureen, 1961, *The Penal Laws 1691-1760*

Walsh, John, c. 1745, *Caledonian Country Dances Bk. IV* (London)

Walsh, Paul, 1943, *Lámhscríbhinní Gaeilge Choláiste Phádraig Má Nuad, Fascúl I*

Westropp, Thomas Johnson, 1905, 'A Survey of the Ancient Churches in the County of Limerick' in *Proceedings of the Royal Irish Academy, Vol. XXV C No. 8*

Williams, E. N., 1980, *Dictionary of English and European History 1485-1789* (Penguin)

Williams, N. J. A., 1981, *Páirlement Chloinne Tomáis*

Williams, J. E. Caerwyn, & Ní Mhuiríosa, Máirín, 1979, *Traidisiún Liteartha na nGael*

Woulfe, Patrick, 1923, *Sloinnte Gaedheal is Gall*

Clár na gCéad Línte

Údair na nDánta

Innéacs: Áiteanna agus Daoine (18ú-19ú Céad)

Cairbrigh Thoir (bar. Co. Chorcaí) 266
Caiseal 88, 116, 136, 146, 152, 275, 284-5
Caisleán Hanraí 31
Caisleán Nua (An) (Newcastle West) 27-8, 38
Caisleán Ó Liatháin 31, 175, 193
Camas (Co. Luimnigh) 257
Canada 241
Caomhánach, Eoghan 203, 205
Cape Breton 267
Cappagh White, féach Ceapach
Caralus 116, 120
Carlos III (Rí na Spáinne 1716-88) 24, 120, 220, 242, 245, 256, 278
Carn Tighearnaigh 69, 177
Carraigh an Easa 190
Carraig an Ime 255
Carraig an Phoill 180
Carraig na bhFear 56-7, 184
Carraig Ó gCoinneall 184
Carraig Thuathail 56, 153, 193, 287
Casey, Patrick (O.S.A.) 25, 36, 39, 42
Castle Lloyd 61
Castle Martyr 252
Castletown 30
Cathair Ailí Thiar 64, 298
Cathair Ailí Thoir 64
Cathair Bheannaithe 204
Cathair Chinn Lis 187
Cathair Dhroinge 58
Cathair Dhúna hIasc 53
Cathair Maothail 185
Cathair Saibhín 255
Ceann Léime 89, 205
Ceapach (An Ch), (Cappagh White; Co. Thiobraid Árann) 28
Charles Edward (Stíobhartach) 20, 240, 253, 272
Charleville, féach Ráth (An)
Chelsea, Massachussetts 31
Ciarraí 15, 28, 136
Cill Chainnigh 15, 95, 136
Cill Dara 73
Cillín an Chrónáin 31
Cill Mhichíl 61
Cill Mocheallóg 54, 242
Cill Náile 37
Cill na Móna (Co. an Chláir) 285

Cill Rois 61, 202, 226
Cineál (An Dá) 136, 266
Cinéal Aodha (an dá Chineál, Co. Chorcaí) 266
Cineál mBéice (an dá Chineál, Co. Chorcaí) 266
Cionn Aird (Albain) 137, 266
Clanna Amhlaoibh 136
Clann Ghiobúin (Clangibbon, Co. Chorcaí) 266
Clann Liam (bar.) 28-9, 33, 64
Clár, Corca Baisceann 89, 205
Clement XIV (Pápa) 42, 103-4, 220
Cloichín 74, 183
Clonymolynton 33
Cluainín 37, 262
Cluain Meala 15, 17, 73, 136
Cnocán Dúlas 30
Cnocán Idir Dhá Bhóthar 63, 186, 294
Cnoc Gréine 19, 27, 30, 45, 61, 63, 65, 77, 160, 186, 188, 190, 297
Cnoc an Mheithil 219
Cnoc na Croiche 45
Cnoc Uí Ursainte 195, 258, 262
Cóbh 20, 153
Cogadh Chomharbacht na hOstaire (1740-8) 49
Cogadh Chomharbacht na Spáinne (1701-38) 21, 220
Cogadh na Seacht mBliain (1756-63) 21-2, 27, 31, 48, 200, 202, 240-1, 245, 250, 253-4, 257-8, 261, 263-4, 269, 272, 284-5, 290
Cogadh Tríocha Bliain (1618-48) 269
Coill Bheithne 27, 56, 173-6
Coimín, Micheál 61
Coirríní (Co. Chiarraí) 28, 84, 201, 216
Coirríní (Co. Thiobraid Árann) 28, 201
Collins, James 16, 18, 20
Comyn, David 197
Condúnaigh (Condons, bar. Co. Chorcaí) 136, 266
Coneelly, Paddy 166
Contades 24, 151, 282
Coppersmith, Alexander 268
Coppinger, Ellen 203
Corcaigh 15-6, 18, 20, 26, 32, 35-6,

41-3, 47, 54, 57, 60, 138, 154, 176,
179-80, 185-6, 192-3, 195-7, 199,
202, 205, 207, 211, 217, 219, 222,
224-6, 231-2, 234, 237, 239, 243,
246, 248, 251, 253-5, 258, 261-2,
264-5, 267-8, 273, 275, 277, 280-
1, 284-5, 287, 289, 294-7
Craobh an Easa 77
Críoch Róisteach 266
Cruachain 139
Cuan na bhFaoileann (Co. Chorcaí)
20, 153, 288
Cúil Odair (féach Culloden)
Cuilleann, Co. Thiobraid Árann 63
Culloden (Cath) 50, 219, 236, 240,
252, 261, 289
Cumberland, William Duke of 134,
140, 251-2, 263-4, 267-70, 274,
282, 289-90
Cundún, Pádraig 223, 230, 235
Currach, An 73

D
Daingean, An (Ciarraí) 139, 242
Danair 127, 151
Daun, Leopold Count Von (1705-66)
24, 50-1, 142, 144, 150, 270-1,
274, 281
Dawson, James 211
Déamar, Seán 57
Deasumhain 190
de Barra, Neilí 52
de Barra, Standis Óg 52
de Bhál, Éamainn 180, 184
de Bhulbh, An tAth. 33
de Conflans, Mr 24, 238, 286
de Clare, Comte, féach Iarla an
Chláir
Defoe, Daniel 200
Déis Bheag, An (bar. Co. Luimnigh)
298
de la Tocnaye 19
de Nógla, Éadbhard 15-8, 21-2, 46,
48-54, 57, 66, 119, 121, 125, 131,
136, 139-140, 148, 219, 239, 241-
4, 247-8, 257-8, 264, 267, 269,
276
Deoise Imligh 39
Dettington 242, 261
Doire 69, 95, 154

Don Carlos (féach Carlos III)
Dowdall, John (O.S.A.) 36
Driscoll, Captain 20
Droichead Abhann Ó gCearnaigh 202
Droichead Ceann Poill (Co. Loch
Garman) 219, 223, 227, 229-30,
233, 235, 262, 272, 275, 277, 294
Dúiche Ealla 15, 136, 266
Dún (Co. Luimnigh) 183, 219, 267
Dún Búinne (Co. na Mí) 139, 268
Dún Dealgan 137
Dún Garbhán 175, 262
Dún Geanainn 139
Dún Droma (Co. an Dúin) 183
Dún Guairne 54
Dún na Sciath 30
Dún dTéide 182
Durlas 63

E
Egypt 140, 160
Eilís na Rúise 20, 24
Eilís na Rúise, féach Elizabeth
Éirne (Co. Dhún na nGall) 112, 231
Eiscir, Co. na Gaillimhe 27
Elizabeth, Eilís na Rúise, Ríoghan
Rúise (1709-61) 130, 245, 253,
257
Engleys, Thomas and Patrick 29, 33
English, Uilliam 16 et. passim.
Englishe, John 28, 29
English, Séamus 202-3
Eochaill 136, 139, 154, 179
Exchange, The 16, 23

F
Faill an Chloig (Co. Thiobraid
Árann) 219
Feardorcha II (Rí na Prúise) 20, 23,
44, 133, 137, 245, 247, 250, 253,
256, 263, 269, 272, 274, 282, 289-
90
Feirtéir, Pádraig (scríobhaí) 285
Feoir (An Fh) 73
Fiodh Ard 43
Fionnúir 33
Fishamble Lane, Seamlas an Éisc 25,
27, 34, 42-3, 45, 52, 60-1, 63, 65,
242, 294, 297
Fitzgerald, Mary 185
Foidhrí, Na (Co. Chiarraí) 216

Ord na nAmhrán ar an Dlúthdhiosca

arna gcanadh ag

Pádraig Ó Cearbhaill